盐有味 品有道

——从『问题驱动』走向『问题解决』的课堂教学实践

刘建周◎编著

四川大学出版社

SICHUAN UNIVERSITY PRESS

项目策划：唐　飞　段悟吾
责任编辑：荆　菁
责任校对：李畅炜
封面设计：墨创文化
责任印制：王　炜

图书在版编目（CIP）数据

　　盐有味　品有道：从"问题驱动"走向"问题解决
"的课堂教学实践 / 刘建周编著．— 成都：四川大学
出版社，2021.11（2024.6重印）
　　ISBN 978-7-5690-5163-6

　　Ⅰ．①盐… Ⅱ．①刘… Ⅲ．①课堂教学－教学研究－
小学 Ⅳ．① G622.421

　　中国版本图书馆 CIP 数据核字（2021）第 231845 号

书名　盐有味 品有道——从"问题驱动"走向"问题解决"的课堂教学实践
　　　YAN YOU WEI PIN YOU DAO——CONG "WENTI QUDONG" ZOUXIANG
　　　"WENTI JIEJUE" DE KETANG JIAOXUE SHIJIAN
编　　著　刘建周
出　　版　四川大学出版社
地　　址　成都市一环路南一段 24 号（610065）
发　　行　四川大学出版社
书　　号　ISBN 978-7-5690-5163-6
印前制作　四川胜翔数码印务设计有限公司
印　　刷　永清县晔盛亚胶印有限公司
成品尺寸　170mm×240mm
印　　张　14.25
字　　数　266 千字
版　　次　2021 年 11 月第 1 版
印　　次　2024 年 6 月第 2 次印刷
定　　价　68.00 元

◆ 读者邮购本书，请与本社发行科联系。
　　电话：(028)85408408/(028)85401670/
　　(028)86408023　邮政编码：610065
◆ 本社图书如有印装质量问题，请寄回出版社调换。
◆ 网址：http://press.scu.edu.cn

四川大学出版社
微信公众号

成都市盐道街小学（东区）（简称"盐小东区"）始终遵循"和而不同，各得其乐"的办学理念，基于区域学生发展现状和未来发展需求，学校提出了"和风润雨，顺木之天"的课程理念，十年如一日不断探索，锐意创新，努力培育"和谐健康、乐学聪慧、多元发展"的盐小东区学子，聚焦课程优化，聚力课堂变革，展现出学校发展的蓬勃生命力。回顾盐小东区课堂改革的历程，就会发现其实质上是在不断拷问与实践"什么是真正的学习""怎样让学习真正产生"。

什么是学习？《现代汉语词典》给出的解释是："从阅读、听讲、研究、实践中获得知识或技能。"也有定义指出，学习是一种使个体可以得到持续变化的行为方式。上面的定义给出了学习的方式和学习后的结果特征，却没有指出学习是通过什么机制、在什么条件下发生的。对不同的人来说，阅读、听讲、研究、实践并不一定能引发学习。阅读中过目即忘，听讲中"左耳进右耳出"，研究实践空忙一场等现象并不鲜见。因此，这几个定义在指导教学实践方面还存在不足之处。

再看《辞海》对学习的解释："个体经过一定练习后出现的，且能够保持一定时期的某种能力或倾向方面的变化。是个体在适应环境过程中，心理和行为上产生的适应性变化过程。"这个定义也没有给出学习是如何发生的这一"固着点"，其关注点在学习后的过程和结果。

以上定义代表了我们当前对学习的认识水平，对于教学和学习行为的影响是巨大的。尤其是《辞海》将"练习"作为学习中的关键项，带来的影响是不言而喻的。其一，学习中重视练习，"学不会，练会；练不会，考会"，我们便看到了学校中常见的情景：练习、练习、再练习；月考、周考、节节考。其二，我们对学习停留于表面形式甚至失之偏颇的认识，体现在教育教学中的一个观点就是：只要学习者的感官处于接受状态，他就可以学习。教师的职责被定位成尽可能清晰、循序渐进地进行讲述。如果学习者理解不了，那就是不用心甚至是"懒惰"的表现。

学习理论是教育教学的依据和基础，对学习本质的认识，直接影响着教师的教育教学行为。伴随对教育教学研究和改革的进一步深入，学校必然会对学习的本质做更深入的探索。

那么，学习是如何发生的呢？

我们走在熟悉的道路上，大脑不会持续关注道路两旁的景物；见到要好的朋友，不会在大脑中出现"他是谁"的疑问；回到家中，不假思索就能走进自己的卧室……对于这类可预知的情境，不会引发大脑对它的持续关注，也不会有学习发生。

我们的大脑可以快速对外部的世界作出反应，能够快速区分哪些是熟悉的，哪些是已知的，哪些是可预见的。"我们早已知道如何处理那些可预见的情况，而新的情况要求我们调整改变自己的行为

——这意味着我们可能需要学习。"美国加州大学医学院教授杰圭因·弗斯特说:"只有当预料之外的情况发生时,或者发生的事情不明确时,我们才可能有意识地付诸关注。"若一切都在预料之内,我们的思维会习惯性地调用以往的经验去应对。此时,学习不会发生。只有当我们遇上未知的情境时,学习才有可能发生。

由此我们可以认为,学习的产生来源于两种情境:第一种是遇上不可预知或不明确的情境,引发思考、产生问题、进行探究,从而发生观念和行为上的改变;第二种是在消遣中与已有的经验发生新的关联,引发思考,深化以往认识,由此发生观念和行为上的改变。

我们尝试给出新的学习的定义:学习是因发现未知或为记住某一对象、掌握某项技能而引发的思维驻留过程。

这个定义将学习阐释为过程,包含两部分,前一部分为"学",是发现未知,并由此引发思考的过程;后一部分为"习",是为记住某一对象、掌握某项技能而引发的思维驻留过程。在"学"中强调"未知""思维驻留";在"习"中突出"记忆对象"与"掌握技能"。在"学"中,发现未知是前提。而在"习"中,其对象并不一定是未知的。这个定义突出了思维的参与,强调要有思维驻留,而不是坐在教室内"听"与"记";还强调未知,人们基于本能和天性提出问题"是什么""怎么做""为什么",无不指向未知。发现未知是学习的前提,也是学习要解决的问题。人们对知识的获取,对世界和社会的了解就是这样一步一步将未知变为已知的过程。"发现"可以是自己在情境中发现,可以是在解决问题中发现,也可以是在他人的提示下发现。"引发"也可能有不同的方式诱发思维在此问题上投入更多的驻留时间。因此,我们试图让师生在发现中提出问题,在解决问题的过程中生成新问题,以问题为导向驱动学习的真正产生。

"习"的过程，更加关注自我的建构与修正，通过反复而达到"悟"。为此，我们在课堂中更加关注学生自主的学及教师适时提供有效的支持。我们倡导教师根据学生身心发展的特点，有选择地为学生提供方法、材料和环境，并促进学生与外部客体交互作用，从而让学生的主体性得到发展与提升。

可见，真正的学习关注对未知的好奇，对学习方法的改进，以及对思维方式和知识结构的优化，只有这样，才能真正实现有效学习，使自己成为真正意义上的学习者。

目　　录

第一章 寻找课堂改革之脉络

第一节 学校历史沿革

濯锦之江，源远流长，江水滋养，朝阳爱抚。成都市盐道街小学（东区）（简称"盐小东区"）地处成都市锦江区莲花南路 10 号，学校占地 13 亩，属莲新社区配套小学，原为莲花村小学、莲新小学。2004 年 6 月，在成都市锦江区委、区政府，以及锦江区教育局的大力关怀和支持下，在品牌辐射的区域办学思路指引下，学校正式更名为成都市盐道街小学（东区），成为成都市盐道街小学（本部）优质学校带动普通学校发展的第一所链点学校。在锦江区教育局推进教育均衡化发展的大胆尝试中，在"链式发展，织链成网"办学探索中，盐小东区人通过不懈努力，以先进的办学理念、丰富的教育资源、鲜明的学校特色、优异的学生素质、良好的发展态势赢得了学生、家长和社会的赞誉。

一、学校发展的主要阶段

（一）第一阶段：名校直办，资源共享，平稳发展（2004 年 6 月—2006 年 2 月）

更名初期，成都市盐道街小学总校长文莉兼任盐小东区法人代表和校长。在"互助、互促、互惠"的链式发展模式中，盐小东区集两校智慧共同商议各项工作推进策略，有效实现了链内学校资源的共享。一是信息资源平台共享共用。盐小东区通过信息资源平台的共享共用，实现了两个校区教师及时、便捷的沟通交流。二是人才资源互惠互通。盐小东区以"输血＋造血"的方式，将校内近 40％的教师送到本部学习。在这个阶段，本部先后向盐小东区输送行政管理人员 1 名、学科教学人员 6 名，有力地提升了盐小东区教师团队的专业水平。三是教学研究联动共促。定期召开的行政联席会议、合作研究的市级规划课题及各类教育研讨，有效促进两校共谋发展的良性互动，较快地提升了两校教师教学研究水平。充分利用本部的优质资源，使盐小东区的眼界更宽、思路更活、步子更快。盐小东区在较低的起点上实现了跨越式的发展，在区域内站稳了脚跟，逐步树立了良好的声誉。

（二）第二阶段：结链领办，德育先行，寻求突破（2006 年 3 月—2010 年 6 月）

2006 年 3 月，乔晓红成为盐小东区的法人代表兼校长。盐小东区注重承载盐道街小学百年办学积淀，主动践行"厚德如盐、适融入道"的"盐道"精髓，以德育工作创新推进为撬动点，凝炼"和谐校园，快乐人生"办学思想。盐小东区各项工作的推进皆遵循"和乐教育"办学思想，关注每位师生的生命成长，以"成就学生快乐童年，成就教师事业人生，成就父母幸福家庭"为目标，创造性地开展争创"新三好学生""新三好教师""新三好家长"的"新三好评价"活动，适应了社会和教育发展的新特点、新要求，彰显了教育观念的进步，师生的精神面貌焕然一新，学校走上了良性发展的轨道。

（三）第三阶段：松链协办，质量立校，内涵提升（2010 年 7 月—2013 年 4 月）

2010 年 7 月，在以刘建周为首的学校新领导班子带领下，盐小东区以"构建和乐课程体系，打造和乐校园生活"为主题，以课程建设为抓手，实现教育质量的稳步提升、实现学校发展史上的新跨越：一是创新教师团队管理机制，引入管理结构扁平化、方式民主化、过程精细化、主体全员化的项目管理方式，形成跨学科、跨部门、跨年龄的教师协作发展共同体，形成了"人人有事干、事事有人干、人人能干事、事事培育人"的现代学校管理新局面；二是着力课程建设，聚焦课堂研究，通过精细过程管理、强化集体备课、落实三级督导、加强学月检测、构建和乐课程、聚焦和润教学等方面，助推学校质量的快速提升。

（四）第四阶段：脱链自办，特色发展，整体提升（2013 年 5 月至今）

2013 年 5 月，锦江区教育局通过督导与评估，在盐小东区召开现场会，宣布盐小东区发展进入自主发展新阶段。盐小东区借助盐小教育集团资源发展取得的成效得到社会的广泛认同。这期间，盐小东区以合唱教育为突破口，探索出了一条契合盐小东区实际、切实有效的特色教育之路。合唱、纸艺、管乐"三大项目"有效牵引了学校的艺术教育。2015 年盐小东区荣获成都市艺术教育特色学校称号；2016 年又被评为四川省艺术教育特色学校。在艺术教育的带动下，学校从管理体制、课程建设、课堂教学、队伍培养等多方面进行改革与创新，盐小东区相继成为全国青少年足球基点学校、全国人文交流基地学校、成都市新优质学校、成都市优秀少先队集体、锦江区现代学校制度建设试点学校、锦江区国际化窗口学校。

十多年的风雨兼程、砥砺前行。盐小东区人在成都市盐道街小学优质教育资源的辐射引领下，一直在品质教育、内涵发展的实践中不断探索，不断总结。盐小东区依托盐小教育集团实现了由"普通学校"向"优质学校"的华丽转身。"盐东案例"是锦江教育推行教育均衡发展、探索"名校＋普通学校"集团式发展中最鲜活的例证之一。

二、学校发展的基本经验

（一）寻求突破，聚集动力

盐小东区在建校初期，面对薄弱的师资和办学条件，在本部的大力支持下，积极探寻学校发展的突破口，力求快速改变学校发展的落后现状。质量的提升、队伍的建设非一日之功，而学校的发展亟不可待。学校如何尽快找到快速提升的突破口和撬动点，以点带面，推进学校工作的整体提升，进而提高学校声誉，赢得社会的认同？经过多番论证，盐小东区人认为改变师生的精神面貌是当务之急。于是盐小东区将目标锁定在最有基础提升的德育工作上，从学生评价开始，探索"做家庭的好孩子，做学校的好学生，做社会的好公民"的"新三好学生"评价体系建设，强调学生在家庭和社会上的表现，把家庭、学校、社会有机地结合起来。全体参与、共同体验、多元评价的学生评价方式的改变，带来了教师观念的更新和学校师生精神面貌的极大改观。在多元评价的过程中，教师接受、认同了学校发展的新思路。在此基础上，学校进一步建立并完善了"新三好教师"和"新三好家长"的评价制度，形成了"常规育人、活动育人、合力育人"的德育体系。评价方式的变化，不仅促进了学生发展，提高了教师修养，而且培育了良好的教育教学氛围，赢得了家长的大力支持。家校共育的教育合力，为学校下一步的发展集聚了力量。改革的探索也让学校成为社会各界关注的焦点，多家媒体对盐小东区的"新三好评价"进行了报道，各类德育工作的现场会也相继召开，学校的办学声誉日益提高。

（二）寻根究底，文化融通

作为百年名校的盐道街小学，"厚德如盐，适融入道"的"盐道"文化已根深蒂固。而盐小东区作为一所基础薄弱的学校，怎样进行文化的建构是学校不能回避的问题。盐小东区挂牌，不仅仅是学校"招牌"的重塑，更是学校文化的创生。盐小东区是一所老学校，它有自己的传统与文化，简单的文化复制会带来"水土不服"。师资不同、生源各异、发展水平迥然的两所学校，如果不及时进行文化的建设与创新，学校各类群体将会出现不同程度的文化失落，极易影响学校各项工作的正常开展。盐小东区认为，进行文化建设与创新是有效整合各类教育资源、增加全校教职员工凝聚力，实现两校深度融合的重要举措。如何实现与本部教育文化的对接呢？寻根究底，挖掘自身潜力，扬长避短才能相融相生。盐小东区紧紧抓住学校团队中最重要的精神品质"和谐相处，同心协力，和衷共济，求真务实"，用"和"的精髓聚合人心、鼓舞斗志，形成了基于学校实际的"和谐校园，快乐人生"的"和乐教育"办学理念。"和"的精神引领盐小东区人不断实现超越，克服着前进路上一个又一个困难；"和"的思想引领盐小东区全体师生共同的价值追求。盐小东区"和"文化与本部的"盐"文化——适融入道，缘道相承，相得益彰。

（三）协同对话，聚焦质量

盐小东区的快速发展，还在于盐小教育集团各校在发展中凝心聚力，以协商对话为价值取向，形成了良好的"互动、互促、互惠"的多赢发展态势。本部与盐小东区是学习、研修、发展的共同体，其目的不在于监督管理，而在于在协商中实现文化融合，达成信念上的相互影响；在共识上改进学校管理，提升教育链整体的办学品质。

盐小东区在与盐小教育集团各链点学校共谋发展的过程中，一直坚持以提升质量为追求目标，以互动交流为实施方式，开展了大量的主题研讨活动，提升了在教育、教学等方面深度研讨的能力。通过教育热点、教学难点的主题研讨、深度挖掘，实现链点学校间的共研、共享、共进。截至2021年，盐小教育链通过共同策划、链点学校轮流坐庄的形式主办了"新苗献课""三度研修""合唱之声""和润教学""课程规划""E课堂""单元学习小卷编制""作业设计"等多次研讨活动，主题涉及青年教师成长、课堂教学展示、课题研讨、课程交流、教学管理等。盐小东区在活动中使学校的研究氛围更加浓郁，实现了

"观摩学习—参与研讨—自主策划和实施"的蜕变。盐小区东还在各类主题教育教学研讨活动中累积了不少经验，使学校的研究水平也得到了快速的提升。2009年盐小东区与本部共同承担的市级课题"网络环境下的校本研修"顺利结题，研究成果荣获四川省教学成果二等奖。

在盐小教育集团的各类活动中，盐小东区始终聚焦课堂和教研，借助盐小教育链的优质资源，开展主题式督导活动。借力提升的过程中，盐小东区基本形成了"组内督导—校内督导—链内督导"的三级教学督导机制。作为一所老城区的小区配套学校，学校的生源结构要求学校必须找到一条适合自己的课堂追求和教学方法之路，需要全体教师对过去的教学研究和探索进行梳理与总结。2010年，在"基于农业的教育观"和"基于'有'的学生观"两个基点之上，学校借助盐小教育集团的研究力量，踏上了"和风润雨，顺木之天"的和润教学的课堂研究之路。多年的探索实践，让我们品尝到成功的喜悦——"和润"课堂模式构建初显成效，我们的课堂逐步成为盐小东区学子张扬个性的舞台，学校教学质量的快速提升再次指引我们朝着"和而不同，乐而不松，各得其所，各有所乐"的办学目标不断奋进！

（四）课程共建，孵化亮点

在盐小东区发展的过程中，本部始终依托它的优势项目，实现办学优势向各链点学校的辐射。近几年，盐小教育链以课程建设为抓手，以信息技术为依托，以课题研究为保障，深入开展以"课程建设E时代"为主题的系列活动，让信息技术教育这一传统优势课程在盐小东区也生根发芽，并演化为学校新的亮点。2011年，盐小东区被授予锦江区信息化应用示范学校、成都市信息技术示范学校称号。课程建设方面，盐小东区紧紧依托本部优势，努力挖掘自身资源，以特色课程开发为抓手，在合唱、棋艺、美术手工等方面积极探索课程开发与建设，产生了一定的影响力。"盐小教育链第三届教学研讨·音乐之声"市级合唱活动在盐小东区成功举办；"午间歌声""校园合唱节""教师、家长合唱团"应运而生，合唱教育在盐小东区已成燎原之势，合唱团荣获锦江区优秀社团称号，学校成为四川音乐学院的教学实践基地。棋类教育是盐小东区又一特色项目。截至目前，学校已经培养了多位四川省少儿围棋冠军，成为成都棋院的人才培训基地。本部的美术教师罗蓉到盐小东区交流后，带领美术组的老师，开展以手工制作为重点的特色课程建设，取得显著成效：学校师生的美术手工作品多次代表锦江区参加了成都市中小学艺术节巡展，多幅作品被选送参加"国际青少年和平文化节"和"西部教育博览会"。艺术和体育教育在盐小东区从无到有，从小到大，从弱到强，至今已成学校品牌，初显办学特色。"小乐迷"社团在学校音乐组老师倾心打造下，着力于学生管乐普及和人才的培育。短短几年，这个年轻的社团里涌现出了一批批对管乐充满热爱的小乐手，乐团已在锦江区中小学中脱颖而出，多次在锦江区中小学生艺术节上荣获一等奖；2016—2021年连续六年参加四川省"意林杯"管乐大赛活动并荣获一等奖。

由合唱教育领军下的艺术特色教育，探索出了一条契合盐小东区实际、切实有效的特色教育之路。合唱、纸艺、管乐"三大项目"有效牵引了学校的艺术教育。2015年，学校荣获成都市艺术教育特色学校称号；2016年又被评为"四川省艺术教育特色学校"。

（五）"五育融合"，协同育人

2010—2020年连续三轮的学校发展规划，盐小东区围绕着"校园生活"进行思考与实践。但反观过去，我们发现自身观念还比较封闭，视野还比较狭隘，仅将学校发展的撬动点和生长点局限在学校内：作为成长中的人，从时间上看，学校生活只是生命时间段中的特殊一段；在空间上看，校园生活也只是生命个性存在的一种方式。这需要我们树立新的时空观，通过整合、综合和重构的方式，建立学校新的育人时空和育人方式，推动学校可持续的发展。

基于以上思考，我们提出了"五育融合"的教育理念。"五育融合"是在新时代"五育并举"的基础上，以提高学生综合素质为目标，以适合学生发展的方式将五育中不同学科、不同领域、不同学段的内容、知识、思想、经验，有机融合为一体的活动过程。

基于以上思考，我们还提出了"全时空"的教育理念。"全时空"教育就是以"学习者"为中心，让学生在所有时段和所有场所都能得到良好的教育和呵护。它具有"无边界""大融合""新建构"和"多样态"四个基本特征。其中，"无边界"就是打破以往学习空间、时间、内容的人为割裂，让学生在生活中学习，从而提高学习知识的广度、深度和关联度；"大融合"就是将教育的各要素（教育者、受教育者、教育内容、教育手段、教育途径、教育资源和教育环境）融入教育的全流程之中，多角度、多层次进行整合，使之产生新功能、发挥更大的价值；"新建构"就是教育以原有的知识经验为基础，对新信息认识和编码，形成自己的理解，从而打破原有的知识结构，建立新的认知体系；"多样态"就是教育由学校、家庭和社会共同承担，从而实现整个教育在时空上的紧密衔接，呈现出三位一体、相辅相成，又各有侧重、各具优势的样态。为了让孩子们有更多的体验学习的机会，盐小东区克服空间狭小、校舍陈旧的困难，充分挖掘潜力，在校园学习空间上做文章，充分利用地下室，打造学校美育基地，为学生社团活动提供"浸润式"的学习场所，尽全力在学校有限的教育空间中为孩子们打造"不一样"的学习体验。同时，盐小东区还积极搭建学校、社区、社会三级实践活动平台，利用"学校—社团—班级"三级志愿者服务队伍，用教育的成果回报社会。假期不仅是学校生活的延续，更是学校教育、家庭生活与社区生活综合融通的桥梁，是学生发展综合素养的重要时段。这个阶段，孩子们可以突破传统学校教育的局限，使教育扩展到生活的整个空间，是学生美育体验最丰富、创造性最强、成果最丰厚的阶段。因此，我们有必要对学生的假期生活进行科学规划，让假期成为学生美育创生的生长点。

三、学校未来发展的期许

未来社会所需要的人才和当今社会需要的人才有着极大的不同，未来许多职业将被人工智能等技术所取代，许多新职业将产生。面对未来职业的改变，教育领域必须及时调整人才培养目标。传统上的教育主要是以知识传授和理解为主的，但在知识记忆和简单理解方面，人工智能在很多方面已经超越了人类，可以预想的是，未来靠知识记忆和简单理解为主的工作将由人工智能承担，所以整个教育体系的目标必须全面地加以调整，由知识记忆为主转向能力培养为主，更加注重培养人的批判性思维、创造能力、创新精神和创业精神，更加注重培养人机合作的能力。可以预见中国未来的教育，人才培养目标必将加以调整。教育部部长陈宝生在《人民日报》撰文称："把质量作为教育的生命线，坚持回归常识，回归本分，回归初心，回归梦想。深化基础教育人才培养模式改革，掀起'课堂革命'，努力培养学生的创新精神和实践能力。"

那么，学校未来发展的方向在哪里？未来人才培养的落脚点在哪里？社会发展、信息技术在教育领域的广泛应用和学校教学模式的转变都要求学习更以学生为中心，要求学生更加积极主动地学习，这必将成为未来中国教育发展的大趋势之一。坚守课堂教学的变革，培养主动学习者成为盐小东区新的选择。一切教育变革的朝向都应是对教育规律、教育本真的追寻与回归，课堂变革需要向规律靠近，朝正确走去。纠正当下课堂存在的种种问题，需要课堂从关注知识走向关注情智，从关注少数人走向关注每一个人，从关注教得精彩走向关注学得精彩，从关注认真听讲走向关注倾听对话。盐小东区从2021年开始，以"主动学"作为学校课堂改革的新主张、新动向、新样态。相比传统课堂只关注"儿童学习什么","主动学"给予"儿童怎样学习"同等程度乃至更高程度的关注，认为与其引导学生着眼于记忆的再现，毋宁着力于"运用"所掌握的知识与技能"创造"新的价值。即便是知识与技能的习得，与其由教师一味灌输，不如由学生在自身的思考、判断、表达的过程中加以掌握。为此，"主动学"瞄准课堂教学水准质的飞跃，采用诸如"问题学习""项目学习""自主学习""协同学习""体验学习""调查学习"等超越"被动学习"的一切积极的教学策略，借助一系列的思维工具，诸如维恩图、概念地图、坐标图、金字塔图表等，充分发挥思维工具的两大特性——信息可视化与信息操作化，展开活跃的探究。充实学习活动过程本身（包括"课题设定""信息收集""梳理与分析""归纳与表达"）的过程，无异于为学生综合能力的培育提供了条件。

第一，回到教育常识。常识就是规律，离开规律的一切变革都会短命。关于教育的常识很多。李政涛先生在《教育常识》一书中写道："不了解常识就难言真正进入'教育学世界'。教育实践更需要呈现最基本的'教育常识'，不掌握常识就无法成为合格的'教育者'。"对教育常识敬畏、坚守与创造，是我们推进课堂变革的起点和基础，会使变革行动更有方向感和动力源。关于教育的常识很多，我们最需要厘清的常识主要有这样几个方面：教育过程常识——最核心的知识，是过程的知识，而不是结果；教育内容常识——教育内容要生活化，部分学生之所以对学习产生厌倦，是因为看不到所学能解决其生活中的什么问题；学生常识——孩子的内心是一个宇宙，应当相信学生的潜力；教师常识——教学相长，教师可以为学生提供依靠，没有爱就没有教育；教学常识——以学为主，必须把课堂还给学生。

第二，回到儿童立场。教育就其本质来说，是对儿童的发现和引领，是对尚不健全的生命给以渐进的成全，而不是一步到位的完成。我们面临的是儿童的世界，我们的教育要看到这个儿童世界。真正的儿童立场，应是在了解儿童世界的基础上，遵循儿童发展规律，为他们的现在和将来创造尽可能多的幸福和美好。为此，我们的课堂若要站稳儿童立场，就要在内涵上尊重儿童的认知水平和发展要求，在方式上尊重儿童的认知方式，用发展的眼光期待和引领儿童创造精彩的童年和精彩的人生。盐小东区始终坚持课堂里的儿童立场要把握以下几个要点：一是以孩子的眼光看过去。孩子看到的和想到的与成人有天壤之别。课堂要为孩子而设计，不是为内容而设计，不能为完成教学预设任务而赶路。孩子需要慢，慢才有得；孩子需要少，少即是精。追求量的教学，未必会有质的提升。二是眼里有每一个学生，而不是个别学生。教育不是那些表现主动的学生的教育，不是优秀学生的教育，而是课堂中每一个学生的教育。保障每一个学生的学习，要从变革"班级"为"学习共同体"开始。三是要相信儿童。提倡"我的问题我来提，我的问题我来想"。相信儿童，儿童就能还你意想不到的精彩。

第三，回到学习本质。学习本质上就是对话性实践。可惜的是，有不少教师狭隘地认为，对话就是教师问学生答。其实，对话有三个层次。一是和客观世界（文本）对话。课堂需要给学生足够的和文本对话的时间与机会，力求让学生凭借自己的彻悟、同伴的启发、教师的串联，把文本看通透。"回到文本"应成为教学的口头禅。和文本对话，是完成从知识传递到知识建构的必要过程。二是和同伴对话。和同伴对话，是一个彼此启发、成全的过程。同伴既有教师，又有同学，但和同学同伴对话的频度应超过教师，而且千万不能把教师与少数尖子生的对话当成是课堂同伴对话的主体。三是和自我对话。这是一种最高级的学习、最有价值的成长，是人这种生命体精神生命发育最重要的形式。这样的对话似乎很难见到。借助三重对话，能够帮助儿童建构世界、建构伙伴、建构自我。有的教师对对话学习心存疑虑，害怕借助"小组学习"展开"对话式学习"会控制不了学生的讨论，会耽误教学的进度；害怕学生讨论时"开无轨电车"，徒然浪费时间。对话式的学习或许有损教师的上课效率，却无损学生的学习效率。回到学习的本质，这需要教师抵抗住告诉学生教师自身认为学生应该知道的东西的冲动。

这是一个教育变革的时代。教育者如果对课堂变革满怀激情，就有机会让一个孩子、一个班级、一个年级甚至一所学校发生改变。为真学而教，我们身负重塑课堂的使命。回望盐小东区一路走来的历程，学校和课堂的变革悄然发生，扎实又彻底。小课堂，大世界，我们与学生共同拥有的这个课堂、这间教室，有力地改变学生对自己的感知、对他人的印象、对生活的选择，乃至对世界的看法。真正对学生负责的教育变革，当从课堂开始。

第二节 课堂探索历程

盐小东区自 2004 年 6 月更名始，秉承百年名校成都市盐道街小学办学精髓，提出"和乐教育"办学理念，并以和顺管理、和雅德育、和润教学、和美校园四个方面为建构和实现渠道。盐小东区坚持认为，以"和乐教育"的"和"为办学的核心理念，关注质量提升，着力开展学科课堂教学研究，才能让学校的办学理念和教学实践的路越走越宽广。而学科课堂改革是学校品质提升、内涵发展的关键。

作为一所社区配套学校，盐小东区学生主要来自周边社区，教师学科结构相对稳定，但教师的课程领导力、学科研究力参差不齐，学科引领性教师比较稀缺，课堂教学明显存在"三多三少"（关注讲授多，关注探究少；老师要求多，学生自主少；课堂封闭多，民主开放少）的现象，以教师讲授为主要形式的课堂形态比较普遍，学生学习的主动性不强，学习效率不高。

为了从根本上改变学生被动学习的现象，提升教师课程的执行力，学校开展了三轮、为期十年的课堂教学研究，从课堂理念、教师课堂操作策略、学生深度学习几个方面进行了探索。

一、聚焦和润，探寻课堂教学本源

教育、教学究竟是工业还是农业呢？著名教育家叶圣陶先生曾经说过："教育是农业，不是工业。"重温叶老的这句话，首先引发我们思考的是工业与农业的根本区别是什么。答案是：农业的对象是生命，工业的对象是材料和产品。教育的对象是具有鲜活生命的学生个体，加之任何生命都具有独特性、差异性和整体性，这启迪教育者必须向农人学习，对学生的教育培养应该像农人精心浇灌培养作物一样，以期生根、长叶、开花、结果。这样的教育思想，与盐小东区"和乐教育"追求的"和而不同，各得其乐"的办学理念不谋而合。如何让学校的课堂教学持续、科学、更具生命力地发展，学校开始了"和风润雨，顺木之天"的和润教学课堂实践研究。

和润教学的提出主要源于以下四个方面。

一是源于《国家中长期教育改革和发展规划纲要》（简称《纲要》）的启示。《纲要》明确指出，要把"以人的发展为本"作为教育工作的根本要求，作为教育改革与发展的核心。教育为本呼唤教育真正回归到"人"，教育的"道"在于关注人的身心发展规律和教学规律，这是对教育的"正本清源"。

二是源于对学生学习潜能的思考。研究表明，每个学生都有学习潜能，且潜能是巨大的；学习潜能孕育在人的先天遗传因素中；后天的教育学习，能开发人的潜能；学生有差异的学习潜能只有经过开发，才能成为现实的学习能力。

三是源于对教育本质和儿童观的思考。教育的对象是学生，学生是一个个活生生的生命个体，"顺木之天，以致其性"。教学需要的是保护、引导，而不是强制、塑造。教育的过程需要循序渐进，顺势而为，而非"快"字当头，拔苗助长。

四是源于对学校质量提升的反思、追问和调整。在借助盐小教育链优质资源、主动谋求特色发展的过程中，盐小东区逐步形成并提出了"和乐教育"的办学理念，其核心是：通过和乐校园的构建，寻求师生"和而不同，乐而不松，各得其所，各有所乐"的发展。学生作为学校发展中最为鲜活的个体，是和乐校园生活中最应该关注的核心群体。如何通过各种适合学生成长的教育活动和方式，充分激发学生的学习潜能，促进学生和谐发展、快乐成长，是我们一直研究思考的问题。

分析表明，唯有关注人的教学，才能真正让教学"正本清源"。过程的落实，方法的指导，学科素养的培育，是教学的真实回归。教师唯有尊重学生个性的差异和成长的特点，选择运用适合学生成长的方法，让学生的潜能在教育教学活动中获得最大限度的发挥，才能让学生体验生命成长的快乐。这也正是和乐教育的核心追求。在"基于农业的教育观"和"基于'有'的学生观"两个基点之上，盐小东区于 2010 年开始了学科教学的初探索，即"和风润雨，顺木之天——开发小学生学习潜能的实践研究"。

和润即"和风润雨，顺木之天"之意。和风润雨是取"教师选择运用适合学生发展的教育教学策略，在课堂教学的各环节开展教与学的活动"之意；"顺木之天"取自韩愈《种树郭橐驼传》一文中"……能顺木之天，以致其性焉尔"，意为尊重树木的本性、天性，相信每一粒树种、每一棵树苗都有长成参天大树的潜质。只有"顺木之天"，才能使这种潜质和天性得以正常发挥。育人正如育树，教育之为人是需要"学"与"教"统一的，教应适于学的人本身，顺从其天性，慢慢改变，潜移默化地造就一个人的品性。

我们认为，和润课堂的研究有两个基点：一是基于农业的教育观，教育即农业；二是基于"有"的学生观，即相信学生有潜能，学生的潜能应得到充分激发。

和润课堂中的"和"是教学的前提，包括课堂环境、师生（或生生）关系、教学目标及内容、教学活动及策略、教学评价与反馈等的和谐统一，指向五个方面的"和"：一是人与人之间的"和"，强调的是师生之间、生生之间、师师之间的和；二是教与学的"和"，强调的是教师的引导，学生的主动学习探究；三是学科之间的"和"，强调的是各学科如何在凸显学科教学特点的基础上实现共同的价值追求——人的发展，特别是人的全面和谐发展；四是教材、媒体等各项资源的"和"，强调的是整合；五是内部环境和外部环境的"和"，强调的是家校合作，形成育人合力。

"和润课堂"中的"润"是手段和方法，指向"根部"的滋养，即学生知识、思想、学科素养的整体培育，强调的是方法、过程、态度、价值观，是通过课堂教学，实现各学科素养的培养，实现学科思想的浸润，为学生的终身发展奠基。经过近三年的研究，和润教学的共识基本达成，形成了"4个操作策略+12个操作要点"，其具体内容如下。

（一）策略一：浸泡（重在滋养，关注的是"学习场"的培育、全方位熏陶）

（1）情境创设重激趣：兴趣是最好的老师。好的情境创设不仅有利于突出教学目标，突破教学难点，更有利于学生保持良好持续的学习状态，于亲身体验中理解习得知识，获取能力。

（2）活动设计重参与：教学活动的设计是为了使学生能够更好地掌握学科知识技能，形成一定的学习策略，为后续学习打下基础。因此活动的设计实施需要关注学生的参与。只有学生广泛参与的教学活动，才能让学生体验深入，认知深刻。

（3）评价激励重指引：教学中运用多样评价方法，对学生的学习活动给予适时、适机的反馈，让评价在激励中指引学生进行深入的学习体验，获得持续的发展。

（二）策略二：浸润（重在渗透，关注循序渐进、由表及里的点滴沁润）

（1）学科知识重梳理：重视学科知识的梳理不仅能帮助教师通读教材，梳理基本结构，理解教材编写意图，理清教材重点难点，把握教学核心内容，还能够帮助学生将所学的知识串珠成链，形成比较完整的学科知识体系。

（2）学科方法重提炼：不同的学科有不同的学习方法。重视学科方法的提炼，有利于学生求教与求学的有机结合，有利于学习与思考的结合，有利于学与用的结合。

（3）学科思想重渗透：学科思想，是对学科知识、方法、规律的本质认识，是从某些具体学科的认识过程中提炼的一些观点，是比学科方法更抽象、更概括、更本质的认识。重视学科思想的渗透，有利于帮助学生建立认识。

（三）策略三：顺发（重在顺势而发，关注顺应学生的本性，在保护中激发潜能）

（1）存疑之时重追问：学习的过程是一个不断质疑、解疑的过程。教师的追问能够让学生在发生错误时迷途知返，还能够让学生在理解不全面时追求完美。追问的过程将是课堂智慧生成的过程。

（2）关键之处重点拨：点拨即点化、启发、诱导之意。适时适机的点拨能"一石冲开水中天"。学生理解重点时，点拨能"画龙点睛"；学生的学习偏离主题时，点拨能使其"余音绕梁"；学生的理解参差不齐时，点拨能"拨开云雾见青天"。

（3）学科知识重建构：教学要解决学生现实生活中遇到的问题，让学生体验完整的问题解决。在学科教学中让学生的学科知识和学科能力得到系统的发展，需要教师在教学中有建构的意识，运用建构的方法，指导学生将知识形成完整的体系。

（四）策略四：丰润（重在品质发展，关注学生学科素养的整体提升，达到丰硕的发展）

（1）学科教学重整合：各学科如何在凸显学科教学特点的基础上加强学科整合，实现共同的价值追求——人的发展，特别是人的全面和谐发展。

（2）运用知识重拓展：拓展是用一种学习影响另一种学习。这句话既道出了教学的目的，又道出了学生掌握方法后能自主获取知识去寻求发展的事实。在学科教学中有意识、有主题地指导学生拓展，一方面能巩固所学的知识和能力，另一方面有利于拓宽学生学习的视野，实现"教是为了不教"。

（3）解决问题重创造：学生运用已获得的知识和能力解决问题，是教学的最终目的。教师积极营建自主创造的氛围，鼓励学生质疑问难，诱导学生从随意性的疑问向有目的性的疑问发展，在解决问题的过程中重视创新、关注创造。

盐小东区和润教学操作策略及要点见表 1-1。

表 1-1　盐小东区和润教学操作策略及要点

操作策略	关注维度	操作要点
浸泡	重在滋养，关注的是"学习场"的培育、全方位熏陶	①情境创设重激趣 ②活动设计重参与 ③评价激励重指引
浸润	重在渗透，关注循序渐进、由表及里的点滴沁润	①学科知识重梳理 ②学科方法重提炼 ③学科思想重渗透

操作策略	关注维度	操作要点
顺发	重在顺势而发,关注顺应学生的本性,在保护中激发潜能	①存疑之时重追问 ②关键之处重点拨 ③学科知识重建构
丰润	重在品质发展,关注学生学科素养的整体提升,达到丰硕的发展	①学科教学重整合 ②运用知识重拓展 ③解决问题重创造

二、聚焦问题与支持性学习,实现教与学的整合

盐小东区从 2010 年开始和润教学的实践探索,经过两年多的课堂实践,全校教师基本达成了和润教学的共识,即基于"有"的学生观和基于农业的教育观。但在行动践行上还稍显滞后,具体表现在以下几个方面:

一是关注学情不够,"跑教材、满堂问"现象比较突出。课堂教学中,教师习惯于按照自己的教学设计展开教学,关注教学内容多,关注学情少,学生已有经验以及其实际的理解与掌握情况容易被忽视;课堂问题的设计常常显得随意,多数问题并不在孩子学习和理解的关键节点上发出,问题没有成为课堂的"引擎",不能有效地支撑孩子的自主探究、自我构建。

二是教师包办过多,学生学得被动。教学中,教师不是支持者,更像课堂的主宰,习惯于大包大揽,学生则习惯于等待,课堂表现被动、沉默,课堂氛围沉闷。

三是目标达成度低,与"和乐教育"的办学理念有落差。由于教师关注学情不够,包办过多,学生学得被动,导致教学目标达成度低,与学校"和乐教育"的办学理念有落差。"和乐教育"的核心是通过和乐校园生活的构建,寻求师生"和而不同,乐而不松,各得其所,各有所乐"的发展,是以优质的课堂为基础的。学校课堂教学的现状与办学理念的不契合,很难有效达成培养目标。

问题是课堂的引擎,也是教学的心脏。知识的增长始于问题,终于问题。我们始终认为,通过问题预设与共构,能够引导学生的自主学习与合作探究。解决问题的过程实际上就是学生自主参与、主动构建,促进学生综合能力提升的过程。在教学中,从旧知识的复习到新概念的形成与确立,新知识的巩固与应用,学生思维方法的训练与提高,以及实际应用能力和创新能力的增强,无不从"问题"开始。设计问题和指导问题的解决成为课堂支持的关键。

在和润课堂的研究基础上，学校进一步聚焦问题和支持，以"和风润雨，顺木之天——问题驱动下的支持性教学研究"为研究方向，开展了三年多的课堂研究，希望通过研究，改变教师的教学观念和行为：一是实现教师角色的重新定位——以"教师"为中心向以"学生"为中心转变；教为学服务，以学定教；二是帮助老师更好地观察儿童、认识儿童，以儿童能接受的方式支持儿童的学习；三是帮助老师提升课堂反思意识和能力。同时，研究表明，培育学生发现、提出、分析、解决问题的意识和能力，能促进学生的自主学习和深度学习，提升学生的学习力：一是实现学生学习方式的变革——从被动学习到主动学习，让学生成为学习的真正主人；二是提升学生的学习水平——从表层的学习水平到深层的学习水平，改变学校课堂教学的面貌，逐步形成以问题为牵引的"自主性足、生成性多、整体性高、反思性强"的和润课堂的基本样态。

通过问题预设与共构，引导学生自主学习与合作探究，初步构建和润课堂基本模式。我们认为，解决问题的过程实际上就是学生自主参与、主动构建，促进学生综合能力提升的过程。在研究中，我们始终着力教与学方式的整合，通过"教"的模式建构和"学"的模式建构，双线并行，以"师生共构问题—支持解决问题—反思问题解决—生发延伸新的问题"这样循环往复的闭环问题模型，形成学校问题驱动下的支持性教学的基本模式。

（一）"教"的模式

（1）师生共构问题：结合教学内容，学生自主提出或教师引导学生提出问题，梳理形成课堂核心问题进行探究。

（2）支持学生解决问题：要调动学生积极思考，让学生习得一种思考问题、探索问题的方法，提高学生的自主学习能力。

（3）课堂整理，支持内化：教师带领学生适时对学习过程进行回顾、梳理，形成知识网络，内化已学知识，帮助孩子形成更加完整的知识网络，串联起学习的内容。

（4）评价引导，促进生成：课中适时进行点拨，引导学生思考，让学生更加明确学习的方向和方法，促进新问题的生成。

（5）生发问题：由本课学习延展到将来的学习、课外的学习等。

（二）"学"的模式

（1）共构问题。

（2）自我尝试探索问题；分享交流解决问题。

（3）反思问题、构建知识；回顾过程、提炼方法；巩固运用，拓展延伸。

（4）生发问题。

从"教"与"学"模式可知，支持性教学不是单一重复的教学，而是"教"与"学"融合推进、推动学习活动逐步深入、促使学生学习能力螺旋上升的一种教学模式。和风润雨，顺木之天——"问题驱动下的支持性教学研究"让学校课堂悄然发生变化，教与学方式的整合带给课堂最生动的变化是："问题导向，自主性足；分享交流，生成性多；协作共构，整体性高；拓展应用，有效性强"成为学校课堂最突出的基本样态。

三、聚焦技术与学科融合，赋予深度学习新内涵

只有根植于课堂的教学研究，才能带给课堂教学真实的变化。2016 年，核心素养成为新课程改革设计的主线。要回应课程改革的趋势，就要在实践中不断促进学生的深度学习，提高学生的核心素养。

审视学校课堂，我们不难发现，学校的和润教学研究取得了突破性的成果：问题驱动成为课堂的基本特征，支持学生问题解决的和润课堂基本样态初步形成。但随着课程改革的不断深入，由于教师对学情的关照不够深入，对教材的解读不够深刻，在学生学习的关键节点上提出问题还比较欠缺，问题没有完全成为课堂的"引擎"，教师不能有效地支撑学生的自主探究、自我构建，课堂上教师主导得多，学生自主参与和自主构建少，目标达成度还较低。特别是学科课堂中教师借助问题驱动、支持学生利用问题进行深度学习还显得十分不够，课堂学习的深度还十分不足。此外，"互联网＋"技术悄然进入校园，带给校园生活的变革接踵而至。学校教师在信息技术与学科的融合方面有初步的尝试，但作为技术手段的微视频与学生的深度学习缺乏深度融合。学校教学研究的后续发展迫切需要提高运用微视频的精准度。

基于此，学校以"学科教学中运用微视频促进学生深度学习"为主题，展开前期研究成果的拓展与深化，力求实现两个突破：一是从问题驱动到问题解决的深度学习的突破；二是从简单的技术运用到学科融合促进学生学习深度的提升。

课堂是学生在校生活中极其重要的一个组成部分，在有意义的课程支撑下，如何实现课堂的意义？学校以素养提升为着眼点，继续聚焦课程整合，将学科教学研究重点由前期侧重动机激发进一步下沉到深度学习的研究中，以微视频在学科教学中的运用为撬动点，进一步探寻信息技术融入学科教学、提高课堂实效的实践路径，以实现"两个提升"（提升学生学科知识和

学科思想方法的整体构建能力；提升教师的信息化水平）和"一个变革"（即教与学方式的变革），让课堂成为学生"有意义"的校园生活的重要组成部分。

我们认为，深度学习是一种内源性学习，是在理解学习的基础上，学习者通过批判性吸收、重构与迁移，达到解决实际问题（实践性）的一种个性化学习样态。深度学习的课堂更多关注学生自主、合作、探究学习，正在从"以达成三维目标为目的的学习"走向"以提升核心素养为目的的学习"，是一种由外控走向内控的学习及由同质化走向个性化的学习，更是一种融合学习内容、学习方式、学习时空、学习工具，走向多元整合的学习。因此，深度学习的课堂具有借助问题，激活生成动机，展开深度体验和高阶思维，进而促进学生达到深度理解与实践创新的基本样态，也具有深刻性、丰富性、关联性、反思性等基本特征，可以从动机、过程、结果三个维度进行深度学习的观察评价。在研究中，我们充分挖掘了微视频在促进学生深度学习中的基本价值，即激活动机、拓展体验、增进理解、拓展实践、促进反思；建立起微视频支持下的深度学习实践模型，从前置学习、问题解决学习、生成性学习归纳出促进学生深度学习的微视频类型，逐步实现学生从被动学习到主动学习的转变，使之从表层的学习到深层的学习，以此提升学生的学习水平。

第二章 注入学校创新之基因

一、以学校文化引领学校创新

作为成都市盐道街小学的链点学校，盐小东区在学校发展规划的制定过程中，提出"文化立校"的主张，把发展的根基建立在文化之上，让文化成为滋养师生成长的精神食粮。

盐小东区从 2006 年就开始致力于"和乐教育"的追求。我们认为"和乐教育"至少包括两个层面的意义：从整体的层面看，学校、教师、学生三者间以及各自内部诸要素间的和谐统一、共生共乐；从个体以及个体与整体的关系层面看，学校、教师和学生各自作为个体存在，生活在一个相互影响的交互场中，个性应该得到充分的尊重、培育和张扬，在这个"生态环境"中，只有个体相对独立才会对整体产生影响，个体间应该既相互依存又相互区别。基于这样的认识，学校在集团办学的初期重点关注的是整体的和谐统一，经历几年的发展，我们将转向对"差异""个体""不同"的关注，让盐小东区的师生在"和"的前提下追求"各得其所，各有其乐"。

"和乐教育"理念凝聚了盐小东区全体师生的心血，"和而不同，各得其乐"已得到全体师生和家长的普遍认同，"和乐教育"理念的内涵更加丰富与深刻，校园的每一处都无声而生动地讲述着学校的办学追求，"和而不同，各得其乐"是师生共同眷恋和认可的价值追求。

（一）"和"的思想是学校文化建设发展的根基所在

我们选择"和"作为教师文化与教师精神，就是因为它的文化思想与盐小东区所追求的精神取向、价值诉求具有高度的一致性。

（1）我校源于成都市莲桂村小学，学校办学起点较低，后更名为莲新小学，成为小区配套学校；2004 年挂牌成都市盐道街小学（东区），学校从此走上了快速发展的道路。学校在逐步发展壮大的过程中，"和谐与奋进""乐观与自强"一直是学校文化的主流。

18

（2）我校在挂牌后，随着办学规模的扩大，教师队伍调整也很频繁，每年都有一部分从外校引进的教师。这些教师来到盐小东区，在带来了新的理念的同时也需要与盐小东区的文化进行磨合，盐小东区的主流精神需要传承和光大。特别是近几年学校领导班子大调整后，中学与小学、本部与分校、区内与区外等多种文化交织，急需汇合与融通。因此，"和"是学校现实发展的需要，是学校持续发展的根基。

那么，盐小东区又是怎样达到"和"的呢？

（二）制度的和谐是学校文化建设最根本的途径

1. 坚持民主管理，建立和谐的人文环境

学校的各项制度，必然牵涉到每一个人的利益得失，如何能得到大家的首肯，使大家都心悦诚服？这很大程度上取决于制度产生的方式和程序。在盐小东区，围绕基础性绩效工资考核有四大制度统领全局，即教师考勤制度、班主任考核制度、教研组考核制度和教学常规考核制度，各种制度的产生都体现了民主的过程。以教师考勤制度为例，2010 年，校长办公会上提出了修改教师考核制度的决定，草案出来后，挂在校园网上征求意见，然后以年级组、教研组、备课组为单位，分组逐条解释，反复进行讨论。之后，我们根据讨论中教师们提出的意见认真进行了修改，修改后的方案得到教师们的普遍认同，以高票通过。如，每学年一次的教师"和乐假"（每学期一天机动休假，不计入考勤）的设定，就是在广泛征求意见、集大家的普遍反映后增补的。

学校奖励性绩效工资制度改革是教师们关注的焦点，我们在反复征求全校教职工意见的基础上，通过教代会的表决，确定了"以岗定酬，以绩定酬，以量定酬，以责定酬"的分配原则，制定了奖励性绩效工资方案，工资由岗位津贴、超工作量津贴、项目成效奖励、教学贡献奖励四部分组成，以工作实绩为依据，收入向教学一线关键人才和骨干教师倾斜，充分体现"效率优先，兼顾公平"的分配原则。

多年来，盐小东区围绕教师关注的热点问题，如评优、职称晋升、财务收支等，均建立了公正、公开、透明的管理机制，健全和落实了教代会、校务公开制度，给予教师充分的知情权、参与权和监督权，坚持民主决策、民主管理、民主监督，全力营造融洽、和谐的人际关系和民主平等、团结尊重、相互支持的校园环境，确保广大教师的主人翁地位受到尊重，确保广大教师的利益不受侵害，从而调动广大教职工的积极性，在校内形成强大的凝聚力、蓬勃的

奋发力和旺盛的生命力。

2. 建立和完善教师的工作机制，给每位教师公平发展的机会

公平感是人类的一种基本需要。制度的和谐体现在对每位教师的公平竞争中。公平，不是强行"抹平"大家的业绩和收入，而是规则的公平和机会的均等。盐小东区从2009年开始启动项目管理制度，学校在学期初将学校重点工作分解为若干项目供教师们选择，教师们根据自身情况进行申报，所有教师都参与到学校的项目建设之中。在项目管理过程中，我们始终坚持以下步骤：确立项目—招募竞争—明确项目负责人—建立项目团队—方案设计—形成初步计划—可行性论证—组织实施—过程监控—项目展示—评估反馈。

我们设置的主要有校刊《和乐童言》、校园电视台"童眼看天下"、校园美化师"扮靓家园"、艺术节"多彩校园"、校园集体舞"舞动健康"、合唱队"童声同唱"、网络星空"小键盘、大世界"等九个项目。学校根据项目完成的难易度设置不同等级的奖励，各项目在学期末进行统一考核、评比，其结果在教师的奖励性绩效中兑现。这种方式首先降低了管理成本，提高了工作效率。管理权限的下移，减少了中间环节，缩短了指挥链，使学校管理结构扁平化。其次，学校领导工作职能发生了转变。具体事务管理权下放既便于教师参与学校管理，又能让学校领导从管不好、不好管、不必管的事务中解放出来，集中精力考虑学校的改革发展大局，从而实现管理向服务的转变。同时，这激发了教师参与管理的热情。项目管理中没有旁观者，每位教师都能以学校主人翁的身份参与到学校管理中，每一位教师都能从中更新教育观念，提升管理能力，体验成功的幸福，积累教育的智慧。

3. 建设协同型教师团队，让合作成为学校生活的常态

我们认为，团队所起的作用远远大于个人能量的总和，优良的教师团队是学校发展的核心竞争力。我们努力打造具有团队精神、合作意识、实践能力的教师团队。优良的教师团队不仅会降低内耗，而且能激活并最大限度地发挥每一个人的潜力，从而有效地促进每个教师的专业成长。集体备课是盐小东区教师合作的最主要、最常见的方式，但集体备课是否高效，关键取决于学校合作秩序的建立和小组成员是否拥有良好的合作意识、合作精神。我校相应建立了基于团队绩效的评价与激励体系。对教师的评价由个体化转向团队化，以教师团队的绩效作为评价、考核的内容，以团队取得的成绩作为奖励的依据。基于团队绩效的评价体系，有利于教师明确自己与组织、与团队的关系；有利于淡

化个体之间的竞争，激励教师将自己的知识、智慧贡献出来；有利于不同专业背景的教师围绕共同目标协同工作，形成团队合作的动力机制，从而促进教师团队的健康成长。与此同时，我们强化了教师合作的意识，要求同科或相关学科的老师为实现共同的教学目标和完成共同的教学任务，通过相互讨论、集体研究、合作攻关、智慧碰撞等方式制订出统一的教学计划和方案。它以突破难点疑点为目标、以合作交流为手段，以共同成长为宗旨，让大家在自我反思的基础上诉说困惑、提出问题、展示案例、阐释设想，在各抒己见、共同分析讨论的基础上产生灵感、达成共识、升华认识、拓展思路。

（三）创设和谐的心理环境是学校文化建设的支点

学校文化的基本形式就是教师人际关系的特定联结方式，这一方式的好坏，决定着教师团体信息、价值和态度的优劣。因此，我们在学校文化建设上紧扣这一基本形式，以创设宽松和谐的心理环境为重点来优化教师文化，具体做法如下。

首先，为教师减轻心理压力和心理负担，在教师工作质量的评价上，淡化分数、排名，强化师生情感、合格率、满意度等因素。

其次，在教师人际关系评价上，淡化"挑刺"，强化相互欣赏、相互尊重、相互学习，提倡严于律己、宽以待人、设身处地、将心比心。

再次，在教师工作方式的评价方面，重评价的多元性，避免采用单一的评价模式，以淡化个人竞争，强化团队合作。

最后，在干群关系的心理环境上做到五个公开，即提干公开、评优公开、晋级公开、财务公开、收费公开，以五个公开净化教师心灵，陶冶师德。

以上几条措施的落实，有效地促进了宽松和谐的人际心理环境的形成，而良好的人际心理环境恰好是校园精神环境的支点，它增强了学校的向心力和凝聚力，形成学校团结向上的"小气候"，这个"小气候"能减少教师间的内耗，积聚不同层面的力量，使和谐共生的校园人际环境初步形成。

（四）"不同"的思想是学校文化建设发展的活力所在

教师个体差异性实际上就是教师个体在社会生活中表现出来的不同的个性品质，它表明每一个个体都是具有独自内心精神世界的，是鲜活、生动、特殊和具体的生命个体，是不可重复的、不可再造的价值主体。教师因个性特征、认知风格不同，所受的教育、知识结构、家庭环境、生活经历、志向抱负、兴趣爱好不同，所处的专业发展阶段、工作环境、所关注的问题不同，而在工作中呈现出不同的优劣势、态度、能力和效率。作为学校管理者，我们必须树立这样的理念，即教师之间必然存在着的差异是可资利用的、重要的、宝贵的资源。盐小东区在强调"和谐"的同时，更加强化"教师差异的呈现"和"差异的发展"，以"不同"而求进步、求提升。我们的具体做法包括以下方面。

（1）不求认识相同，但求目标一致。从目标的确立、管理到实现，学校的每个成员在同一时期对同一个事物难免会有不同的认识，但这并不影响整体目标的实现。允许教师发表不同的意见，允许不同的见解在会上充分讨论，既可以充分发扬民主，提高决策的质量，又可以减少集体决策在执行过程中的消极因素。不同的认识，是从不同高度、不同层次对客观事物不同的感知，综合这些不同的认识，才能使集体目标的确立更清醒，目标的管理更科学，目标的实现更有保障。教师是一种特殊的职业群体，在这个群体中应该有不同的思想、观念、教学模式、方法等的交流与碰撞。学校倡导、鼓励在目标一致的前提下，教师能形成独到的见解。如，学校以"和乐论坛"为平台，每月组织教师开展一次教育教学问题的研讨，让不同的观点进行碰撞，促进教师专业化发展。"和乐论坛"本着"面向全体，突出教学，注重实效，促进交流"的原则，主要围绕"管理、生活、教学、科研、师德"等多个方面，让每位教师结合自身生活、教育教学经历，讲心得、谈认识、说方法、传经验，不需长篇大论，只求一悟一得，开诚布公地与全校教师共同分享、探讨和交流，在全校上下营造了深入钻研、提炼总结、勤学善悟的浓厚氛围，既有效提高了全体教师相互学习、交流的积极性，又大大促进了教师的专业发展，提高了其教育教学能力。"和乐论坛"自开办以来，学校不断创新论坛模式，丰富论坛内容，论坛的形式由单一的讲解式到访谈式、话题式、答辩式，并增加了学校与教师、教师与教师、教师与学生间的互动环节。论坛内容有集体备课改革的尝试，有复习课的新主张，有班级管理的成功做法，有阅读试验的解读，有高效作业的话题，有家庭教育的思考，有课件制作、网页制作、博客建设方面的知识讲座。创新后的"和乐论坛"正成为引领教育追求、激发教育热情、挖掘教师潜力、促进教师专业成长的动力驿站。

（2）不求方式相同，但求异曲同工。学校每一个成员，由于所站的角度不同，工作方式、方法可能不同。此外，由于教师们的个性差异，也可能形成不同的工作风格，但只要加强协调配合，就能达到异曲同工的效果。学校在班科人员确定、教研组人员配备、年级组人员选择、部门人员组合上都充分地考虑到了这些因素，确保教师队伍的优化。同时，学校高度重视学校非正式群体的作用，围绕着实践中的问题，兴趣、志向相同的教师可以毫无约束地进行反思、讨论、启发，相互接受，求同存异。学校利用这种松散的团队，引导教师的研究，在"我的研究"中，感受到"自我发现—自我反思—自我解决"对专业发展的提升作用，体验到"非任务"工作状态的充实与自在。

（3）不求能力相同，但求相得益彰。能力不同是相对的，各种知识结构不同、具有不同能力的人组合在一起，就能形成强大的整体合力，推动学校建设不断向前发展。在学校校本课程开发的过程中，同年级相同学科的老师，或者同样主题下不同学科的老师，聚合起来，优势互补，共同进行课程设计，协作实施，反思并交流经验、得失。合作的结果不仅是开发出的新课程，还有在相互启发中的自我发展。在以往的校本培训中，师徒结对是一种广泛应用的培训方式，也是最常见的开发教师差异资源的途径。学校对"师徒结对"这一方式进行了深入探索，扩展了"师徒结对"的形式，不仅为每位青年教师配备了"教学师傅""班主任工作师傅"，还配备了"政治思想师傅"；"师傅"的来源多种多样，既有本校的，也有外校的，甚至有外区（县）的。一个师傅可以带多个徒弟，一个徒弟有多个师傅。此外，我们还充分探索新的教师合作形式，促进教师间差异资源的合理应用，如学科组合作、学科间合作，建立教育链合作、项目组、教师论坛、教学研讨沙龙等形式，提倡相互学习，让教师结成学习共同体，取长补短，共同发展。

在一个和谐团结的团队中，客观上存在着许多"不同"，正是这些"不同"带来的蓬勃生机，增强了集体的合力。如果抹杀这些"不同"，就会使学校内部显得单调和缺乏生机，甚至会导致组织肌体的枯萎。由此可见，只有善于求大同而存小异，方能开创学校发展的新局面。

二、以教师发展保障学校创新

《中国教育改革和发展纲要》指出："振兴民族的希望在教育，振兴教育的希望在教师。"学校发展的快慢很大程度上取决于师资队伍建设水平的优劣，只有从长远发展的角度来加强师资队伍建设，积极营造教师健康成长的工作氛围，坚持不懈地加强师德师能建设，才能全面提高教师整体素质，从而提升学校发展的整体水平。

（一）我们在队伍建设上的优势与不足

盐小东区能借助本部的优秀师资来培养、发展、壮大教师队伍；同时，学校教师都热盼学校和自身发展。学校一直在为提升教师队伍进行不断的思考与实践，特别是自 2005 年开展的"新三好教师评价"，让教师有了更加明确的价值取向，促进了教师自信从容地品味成长、体验幸福。但学校的教师文化中缺乏"被吸引、能认同、愿践行"的"发展场"，因此发展是个体的而非团体的，是零散的而非系统的。由此，多年的发展，教师综合素质总体有较大提升，但个体差异较大，自主有效、可持续成长的态势急需进一步引领和强化。从年龄结构看，现有教师 90 人，平均年龄 36 岁，队伍年轻，有号召力、辐射力的骨干教师不凸显；从专业素养看，教师们好学好专，但视野不开阔，大多局限于本班、本学科，需拓展并打破封闭，走向综合；从性格特质看，盐小东区的教师整体内蕴不外显，骨干有想法但平台少，新老师有冲劲但缺乏指引，成长周期长，甚至存在盲动和低效。

（二）指导思想

学校管理的起点是人，终点也是人，教师是学校发展的第一主角。如果所有教师都成功了，那么学校就能成功。如果所有学校都成功了，那么教育就能成功。以发展的眼光看待教师成长的管理，给教师的发展创造机会、支持教师进步的管理，最终将推动学校管理的发展。

（三）工作目标

盐小东区在十多年的办学历程中，逐步形成了"和乐教育"的办学理念。我们认为，"和乐教育"既是基于整体师生共同发展的教育，也是个体全面和谐发展的教育。它的核心价值追求是"和而不同，各得其乐"。努力从"和顺管理、和雅德育、和润教学、和美校园"四个方面入手，将学校办成"机制优越、环境优美、队伍优化、质量优秀"的城区精品小学。通过"和而不同，乐而不松"的教育，让师生"各得其所，各有所乐"。

学校办学目标：将学校办成"机制优越、环境优美、队伍优化、质量优秀、特色鲜明"的城区精品小学。

学生培养目标：和谐健康、乐学聪慧、多元发展。

教师成长目标：知识面广、有情趣；喜欢孩子、有爱心；乐于学习、有思考；善于沟通、有方法。

（四）工作措施

1. 强化学习，用科学的理论武装教师

教师队伍建设是一项长期的心灵塑造工程，需要与时俱进的理论引导。学

好理论，用科学的理论武装头脑是加强教师队伍建设的基础。我们从"三化"入手。

第一，理论学习制度化。学校制订了《盐小东区教师学习制度》，实施"三个三"措施，即"三定""三个20分钟"和"三个一"。"三定"即各类学习活动定时间、定地点、定专题；"三个20分钟"即每周行政会上校长组织行政班子成员学习20分钟，每次教师会由业务副校长组织教师学习20分钟，教师每天上班自学20分钟；"三个一"即每位教师每年自订一份理论刊物，每期读一本理论专著，每年做一本学习笔记。

第二，学习内容实用化。组织全体教师认真学习习近平新时代中国特色社会主义思想，结合实际学习《中华人民共和国教育法》《中华人民共和国教师法》《中华人民共和国未成年人保护法》《中小学教师职业道德规范》，以及《课改新理念》《五项管理制度》等现代教育理论、政策，提高教师理论水平。

第三，学习形式多样化。对于教师的理论学习，学校采取"请进来、走出去"的办法，一方面请地、市各级专家来校进行辅导讲座，实现专业引领；另一方面组织教师外出参加各级观摩、学习活动，开阔视野。校内学习采取"沙龙式培训""和乐研修工作室""名师工作室""青年教师成长营"等形式，做到理论学习与解决教学具体问题相结合，多媒体技术和常规教育相结合，形式多样，效果显著。

2. 建章立制，用规范的要求约束教师

良好的师德师风既要靠学习教育，又要靠制度来约束。建立和完善多项规章制度是抓好教师队伍建设的关键。学校制定了《学校管理制度》《学校岗位职责》《加强教师队伍建设实施方案》《教师工作量化评估细则》等，对教师的工作提出具体要求。学校通过领导听课制度、教学督导制度、教师互评制度、学生评教制度，建立由学校、教师、学生、教学督导共同参与的"四位一体"的教师队伍建设监督网络。同时每学年召开两次学生家长会，并设立了校长信箱，广泛征求家长对学校的意见和建议，促使教师规范教学行为，树立爱生如子的园丁精神，不计得失的奉献精神，埋头苦干的敬业精神，不甘落后的进取精神，当人民满意的教师，办人民满意的教育。

3. 榜样示范，用先进的典型引导教师

榜样的力量是无穷的，树立榜样是加强教师队伍建设的重要手段。来自教师中的先进人物和先进事迹容易引起全体教师心灵的共振，具有说服力、感染

力和影响力，可以达到群体"比、学、赶、超"的作用。学校通过"优秀班主任""师德标兵""教学能手""优秀项目牵头人"等评选活动，从中发现师德修养好、教育观念新、工作能力强的典型，树立榜样。对于优秀的青年教师，学校积极"推优入党"，让他们在思想上更加进步，积极发挥党支部的引领和示范作用。同时，学校还在宣传窗中开设"名师风采"等专栏，宣传典型，使广大教师受到教育，通过榜样的言行，把抽象的道德规范具体化、人格化，激发广大教师的敬业情感，并使之内化为自觉行为。这些举措使全体教师从这些具有形象性、感染性、可信性的榜样中受到深刻的教育与影响，反省自己的不足，摒除某些不良的行为，增强师德教育的针对性和实效性，从而推动教师队伍建设，达到"点亮一盏灯，照亮八方人"的效果。

4. 真情关爱，用高尚的人格凝聚教师

一个优秀的管理团队，目中要有人，心中要有情，"感人心者，莫先乎情"。用真挚的情感去感化和激励教师，这是"以人为本"教师队伍建设理念的重要内容。管理者的主要职责就是提升自我，成就他人。面对教师群体中不同的学历，不同的家庭背景，不同的个性特点，我们要用爱心去赏识他们，去发现他们的优势和特长，千方百计地给他们创设成才的机会，给他们提供自我发展的平台，让他们的需求能在适宜的环境中得到满足，得到超常的发展。要经常深入教师中，与教师进行谈心，倾听他们的建议，准确把握教师思想脉搏，诚恳地帮助教师解除思想上的疙瘩，力所能及地提供外出学习考察、校内教学展示机会，并力荐他们参加各级各类业务竞赛，通过这些活动来成就教师。生活上要无微不至地关心他们，切实解决他们的困难。用真诚的关爱让老师们感到学校是自己的家，感到自己是学校的主人，从而激发每位教师爱教育、爱学校、爱学生的情感。

5. 创设情境，用丰富的活动陶冶教师

为了提高教师队伍的思想政治素质和业务水平，我们开展了丰富多彩的主题教育活动，让师德在活动中得到陶冶，得以提高。如每年开展"以教书育人为本，以敬业奉献为乐、以助生成长为志"宣誓活动，"爱与责任，使命与奉献"主题演讲活动，观看优秀教师事迹报告会视频。这样的活动，贴近教师的思想实际，贴近学校教育实际，贴近当前社会实际，以情感人，以情育人，以优秀的事迹感召每位教师。为了提高教师的教学水平和业务能力，学校每年开展"项目式学习展示""成长故事分享"和"青年教师教学比武"活动，通过

每人上一堂优秀课，设计一个优秀教案，制作一个优秀课件，撰写一篇优秀论文的"创四优"活动，推进学校校本教研和课堂改革。

学校每期组织教师开展"三查"——查思想、查言行、查作风，督促教师每学期撰写《工作成果自查报告》，引导教师反思自己的言行，使广大教师形成自我教育的良好氛围。近年来，由于学校狠抓教师队伍建设，学校工作稳步推进，涌现了一大批德才兼备的优秀教师，60％的教师在各级各类比赛中取得优异成绩。盐小东区成为锦江区教师发展基地学校。

"青年成长营""推优入党""师徒结对""专家督导"等机制的建立，特别是以赋权增效为特征的项目组运行引发了学校各方面工作的变革，丰富的项目既丰富了学生生活，又引领了教师专业发展，不断激发教师发展的内驱力，以项目为抓手深化学校课程变革、提升教师的课程研发能力已成为盐小东区发展法宝。

"问渠那得清如许？为有源头活水来。"学校将构建教师队伍建设的长效机制，以弘扬"志存高远，爱岗敬业，严谨笃学，与时俱进"的精神为目标，让教师队伍建设成为推进学校教育教学工作全面创新的可靠保障。

三、以机制变革激发学校创新

如果大家有机会深入到盐小东区的校园，你一定会发现学校除了年级组、教研组、备课组这些常规的组织外，多了一类组织——项目组。盐小东区人都习惯把它称为"7＋3"项目组，"7"个项目指向学生发展，"2"个项目指向教师发展。

为什么我们会采用"项目组"的方式来推进学校的工作呢？一是基于对学校工作本身的认识；二是基于对学校教师团队特点的认识。

我们可以把学校的工作分为两类：一类是连续不断、周而复始的活动，即"事务"。学校有很多事务性工作，例如学生的安全、教学、教师培训、学生的思想教育等，这些都是学校每天反复进行的工作；另一类是临时性、阶段性的活动，即"项目"，它是在一定时间内多种相关工作的总称。例如某项课题研究、某项学生实践活动、某项社团活动、某门课程开发、某次项目式学习活动等，这些活动都有明确的时间节点和成果性目标。

认真分析学校的工作，我们会发现一般事务性的工作是必须通过行政的强势介入，依靠制度才能有效推进的。这些工作一般集中在学校的"核心"或"重点"工作上，如安全、教学质量，但还有更多的工作是一些阶段性、临时性的，这些工作往往受管理者精力的限制，在运作中难以被顾全，常流于形式。怎样充分盘活学校资源，挖掘教师的潜能，让管理者发挥所长，这是我们经常思考的问题。

将管理的权力下移，使学校的管理者从大量的临时性工作中分离出来，建立若干项目组，发挥教师的集体智慧，实现管理的自下而上。与传统的"事务"管理相比，"项目"管理的最大特点是跨越部门的限制，是在一个确定的时间范围内，为了完成一个既定的目标，通过特殊的组织运行机制，并充分利用既定资源的一种管理方法。它的运行可以大大改善管理人员的工作效率，让复杂的管理程序化、自主化、创新化。

盐小东区作为一所以"名校＋普通学校"模式建立起来的学校，经过多年的发展，教师综合素质总体有了较大提升。但由于历史的原因，个体差异依然较大，自主发展、持续成长的意识和态势急需进一步引领与强化。现有教师队伍年轻，有号召力、辐射力的骨干教师不凸显；从专业素养看，教师们好学好专，但视野不开阔，大多局限于本班、本学科，急需拓展，打破封闭，走向综合；从性格特质看，盐小东区的教师整体"温和"、不"爱表现"，骨干有想法但平台少，新老师有冲劲但引领不及时，也往往盲动、低效。

如何让这支具有盐小东区特点的教师群体，走上持续发展之道呢？通过回顾、分析、思辨，我们认为，变革教师培养方式和工作模式是关键。全体盐小东区人积极献计献策，探索出盐小东区教师成长的培养新方式——"以项目推进为抓手，促进教师自主发展"。

项目管理就是针对制约我校教师发展的三个薄弱点，通过整合式、梯队式、协作式的操作，对症下药。从项目的立项、审批、管理、培训到展示、评价，努力促进群体和个体、学校中心工作与个人志趣特长的双赢。它既是一种工作方式，也是一种培养模式。这种培养方式，打破了教师种种"封闭圈"，实现了跨学科、跨年度、跨年龄的整合，从单一的"埋头教书"走向开放的"抬头走路"。每个项目组的人员尽可能按照20％骨干教师、60％发展型教师、20％待发展教师来搭配，也倡导情趣相投的教师牵手组队，从而有重点地带动不同层次教师的效能发挥。这种培养方式也进一步盘活了学校的人力资源，大大激发了教师的潜能和内驱力，激活了学校的民主管理。教师们参与到不同的项目中，"自己的地盘自己做主"，既有利于工作创新，也真正地引导教师从细节上关注学生，了解学生的需求，走进学生的心田，实现学校"和而不同，各得其乐"的办学理想。

项目的操作具体包括以下四个阶段。

（一）师生共构，确立选题

在新的三年规划中，盐小东区将紧密围绕"构建生动发展的校园生活"这条主线开展工作，因此，从项目选题上我们紧扣学校年度工作的重点和难点问题，依据"上下联动，协同共构"的原则（即学校层面从整体工作的宏观面梳理出学校年度推进工作中的热点、难点、重点工作；教师层面通过对教师问卷了解本学年教师的关注点、需求点）来确立学校项目的选题，有效地保障了项目为学校中心工作服务。

如：围绕校安工程结束后学校的热点工作即对校园环境的打造确立了"校园美化师"项目组；创办学校的校报是学校一直想实施但由于多种因素的制约迟迟不能实现的难点工作，因此学校确立了"和乐童言"校报项目组；学校办学特色打造和教师专业的培养与提升是学校年度的重点工作，基于此，学校确立了"童声同唱"项目组、"和乐讲坛"与"和乐研修"项目组；而网络宣传一直是学校工作的薄弱环节，我们又启动了"网络星空"项目组，这些项目都是从学校层面梳理出的选题，同时我们又以问卷形式从教师层面征集了校园电视台、校园集体舞和校园艺术节三个选题，最终通过上下联动共构形成了学校重点打造的 9 个项目组选题。这些选题都共同指向对"和乐"校园生活的打造。

2010 学年度，学校总共报批了 9 个项目，在召开了学校教职工代表大会（简称"教代会"）后，最终确立了指向学生发展的校园电视台项目（童眼看天下）、校刊项目（和乐童言）、校园集体舞项目（舞动健康）、校园网络项目（小键盘、大世界）、校园环境美化项目（校园美化师"扮靓家园"）、校园艺术节项目（多彩校园和乐艺术之旅）、校园合唱团项目（童声同唱）；指向教师发展的"和乐讲坛"和"研修共同体"项目。以上总称为"7＋2"项目组。

（二）集思广益，精心规划

古语云："谋定而动。""谋"就是做计划，也就是做任何事情之前，都要先计划清楚。项目管理也一样，有人说项目管理就是制订计划、执行计划、监控计划的过程。在确定了项目选题后，学校下发了项目目标书，明确各项目具体任务，各个项目牵头人在项目行政的指导下，集聚项目成员的共同智慧，拟定项目组工作计划，并提交教代会进行审核，最后教代会结合学校的办学目标、年度工作重点以及项目的可行性三方面对各个报批项目进行审查，形成书面批复，从而有效地保障了项目的科学性、民主性。

项目计划的主要内容包括以下方面。

（1）项目目标。

（2）项目划分的各个实施阶段，每个阶段的工作重点和任务。

（3）完成本阶段工作和任务的人力、资源需求，时间期限。

（4）阶段工作和任务的成果形式。

（5）项目实施的经费预算和学校的支持保障。

（6）内部分工以及人员之间的组织、协调关系等。

（三）自主管理，实现教师自主发展

1. 文化浸润统一成员思想

从 2006 年开始，盐小东区就致力于"和乐教育"的追求。"和乐教育理念"主要是通过四个方面来建构的，即和顺管理、和雅德育、和润教学和和美校园，而"和顺管理"是"和乐教育"的基础。教师间工作态度、教学素养和学习能力差异极大，要求管理者看清主流，抓住主要问题，求同存异地开展工作，最终达成"和而不同，各得其乐"的目标。学校对项目组的管理坚持"不求认识相同，但求目标一致；不求方式相同，但求异曲同工；不求能力相同，但求相得益彰"。这样的原则最大限度地尊重了教师的意愿，给工作推进营造了宽松的外部环境，给项目组每个成员以最大的发挥空间。

如：学校的"7+2"项目确定后，各个项目组的搭建都充分尊重教师的个人意愿，项目牵头人采取了"自主申报与学校推荐"相结合的方式。项目组人员的组成基本是"自由组阁"，通过问卷调查，由教师自主选择参加的项目组，学校进行"微调"。在项目具体实施的过程中，学校充分尊重项目组的自主设计，对项目的管理更多是给予支持和帮助，保障各个项目的计划落实。

2. 机制保障助推项目有效运行

为了能对学校项目运行进行有效的管理，学校探索出了一条分工明确的"三级项目管理模式"，即成立专门机构——师生发展室对项目的选题、审批以及过程实施进行宏观监控、对项目实施情况进行评估；项目行政——对各自的项目计划、实施进程进行动态的跟进和指导，从项目实施的措施上为项目提供智力支持；项目牵头人——具体落实项目计划的制定、组织项目实施，保障项目的具体运行。通过"三级管理"，责任明确、分工协作，切实地保障了学校项目的有效实施。

3. 人员培训确保项目高效运转

项目牵头人是项目组的核心，他的工作状态直接关系项目实施的成效，是项目管理的关键。为了有效地保障学校年度项目的完成，学校对项目牵头人采取了"群体＋个人，指导＋交流，实践＋提炼"的"三结合"的培训方式。通过这样的培训更加有效地引导项目牵头人关注项目实施，关注项目组教师团队的培养，关注项目的实效，有效地提升项目牵头人对项目的策划力和执行能力，从而保障项目的高效运行。

如："群体＋个人"培训即开学初，学校师生发展室召开项目牵头人会议，就本学期项目的选题情况、各个项目的实施要求以及人员分配情况对项目牵头人进行培训，在此基础上，师生发展室还会在每个学月与各个项目牵头人进行谈心，了解项目的实施情况，并分析项目实施中存在的问题，及时指导项目牵头人调整工作思路。"指导＋交流"培训即在项目实施的过程中，师生发展室除了定期关注项目进度，适时给予指导外，还会定期召开项目组长的主题交流活动，针对项目组人员的整合、计划的制定、活动的策划、效果的呈现等一些难点和重点问题进行讨论、交流，促进项目组之间的交流与借鉴。"实践＋提炼"培训，即利用"项目连连看"校园通讯搭建各组交流平台，帮助各项目梳理工作思路，提炼项目成果，提升工作品质。

4. 自主管理促进教师梯队成长

项目组搭建完成后，各个项目组由项目牵头人组织分头会议，依据发展室的任务书，通过和项目组教师协商形成项目组的工作计划，在计划的推行过程中探索出不同的工作方式。

如"童眼看天下"项目组，学校给予该项目组的任务是完成每周一次的电视台节目播出。项目组刚接到任务时感觉无从下手，困难重重。在项目组召开第一次碰头会后，教师们讨论出了节目版块，至于怎么有效地推进实施，教师们还是没有头绪。当项目初案交项目行政审阅时，项目行政针对项目的实施提出了包干负责的建议，即每期节目打包分配给项目组的3名教师，并确立1名教师作为责任编辑，对本期的节目负责，另外2名教师则做一些辅助性的、基础性的工作。这种"主辅结合"的运作方式，层次清晰、分工明确、各尽其能，最大限度地发挥了不同层次教师工作的主动性和创造性。不同的教师在不同的岗位得到不同的锻炼和提升。

校报是学校的名片，是学校文化的传播者，是盐小东区一直想做但又一直没有做成的工作。在项目推进初期，大家对为什么办报、怎样办报缺乏深刻理解和操作经验，面对庞大的工作量，教师们无所适从。在师生发展室的建议下，项目组采取了"固定版块＋创新点"的方式推进，"校园采风""荣誉之窗""习作赏析""校园哈哈镜""创意作坊"等作为固定版块被长期保留，每个栏目由1名教师负责，平时注意收集素材，加强与职能部门、学科组的联系，定期将素材上传给项目牵头人。而"创新点"成为每期校报最具挑战的工作，一般由2~3名教师负责，这些教师一般文学功底深厚、知识面广，他们通过长期酝酿，形成新的"看点"，增强校报的可读性、互动性，为广大师生提供了丰厚的精神食粮。在运作过程中形成的"创新栏目负责人＋固定栏目负责人"的组合方式，为不同的教师找到了适合自己的角色，充分体现了学校"各得其乐"的价值追求。

为推进学校读书工程的发展，激励教师在相关领域的学习和钻研，促进教师专业成长，我们启动了基于教师的"和乐讲坛"项目组，讲坛共分三大模块——"专家引领""学习分享""生活品质"，并在实践中摸索出"牵头人负责、轮流策划与主持"的工作方式。富有特色的教师讲坛，促使教师自我加压、互相学习、提升水平，受到了广大教师的喜爱。

为了最大限度地激发项目牵头人工作的积极性，保证项目组工作的有效推进，学校下放了项目管理权力，项目考评的细则由项目组集体商议，由项目牵头人进行考核。

5. 以展促推不断提升项目成效

为了让项目创造更大的价值，让更多的师生在项目中受益，感受校园生活的精彩。学校形成了"以展促推"的工作思路，即为不同的项目搭建不同的展示平台，让项目组更大限度地发挥创造性，增强荣誉感，彰显项目的成效。

如：学校将2011年5月作为"和乐艺术之旅"艺术月，给艺术节项目组一个月的展示时间。艺术节项目组的教师们群策群力，开创了"周主题活动"的形式来推进学校艺术节的开展，"巧手创意周""经典吟诵周""器乐声声周""环游世界周"等主题活动应运而生。在"周主题活动"的展示中，教师们不仅注重活动内容的设计，还充分考虑了氛围的营造、学生互动参与的设计，最大限度地引导学生参与到学校的艺术节活动中。通过这样的展示平台，艺术节不再是少数"精英"的舞台，大量的学生参与其中，呈现出精彩纷呈、其乐无穷的态势，真正体现了项目实施的有效性。

对于"童声同唱"合唱团项目组，我们不仅通过"新生家长见面会""艺术节开幕式""毕业生典礼"等校级活动，为其提供展示平台，还积极牵头使其参与了市区相关部门组织的活动，如"四川音乐学院合唱之声""锦江区感恩歌曲大家唱"、东南卫视"欢乐合唱"以及四川省文联组织的"重走灾区路"等。通过一系列的锻炼，项目组在交流中碰撞，在展示中提升。

（四）积极评价，确保项目卓有成效

1. 建立机构，落实评价

学校于 2010 年正式成立了师生发展室，对学校年度的所有项目进行统一管理，相关部门予以配合。师生发展室对批准实施项目严格把关，对目标、进度、效果实施动态监督和控制，主要从以下四方面把关：进度计划的督导、经费预算的控制、活动质量的把关和完成情况的评价。值得注意的是，师生发展室主要关注活动实施中的原则性问题，对项目组起监督、协调、服务的作用，一般不会过多地干涉其具体的实施细节，以免影响基层组织或个人工作的积极性、创造性。师生发展室经过近一年的探索，基本形成了"推一把、扶一阵、树一批、带一片"的工作思路。

2. 及时监控，关注过程

在项目运行的过程中，为了加强项目的过程管理，学校每学期会举行两次项目汇报，一次是在学期中的项目阶段性汇报展示，一次是在学期末的项目年度性汇报展示，以此来及时发现问题，鼓励和引导教师对项目的发展进行纵向比较和深度反思。同时，学校还十分注重对项目组团队的工作过程的指导，积极倡导"和而不同"的团队文化。每一次项目组的汇报展示结束后，校长和分管行政都会手书对项目组工作的建议。对于项目组的教师们来说，这一句句饱含深情的话语既是对他们工作的肯定，又鞭策着他们的发展。

3. 适时激励，多元评价

对于项目的评价，不仅有学校单方面的评价，学校还组织了"家长、学生、学校"三方面的全方位、立体化的评价，保证对项目组工作的评价更加客观公正。

如：学校引进了家长评分制度，请家长真正参与到学校管理。艺术节每周的主题活动都有家长评审团和学生评审团参与评价。"童眼看天下"的电视台节目也按期放在学校网站由家长和学生进行投票；"和乐童言"校报和"校园

美化师"项目组定期组织"最具魅力栏目""你心目中最美的校园一处"的评选。

学校对于项目工作的激励，一方面表现在每学期根据项目组工作的成效分等次颁发"优秀项目组奖"和"优秀项目牵头人奖"；另一方面，学校还从奖励性绩效中拿出 1/4 作为专项资金分等次用于项目组工作的考评奖励。项目组内实行奖励经费包干，由项目牵头人进行二次分配（项目牵头人的奖励金额为组员的 1.3 倍）。

我们认为民主治校的核心是尊重学校的每一个人，让人人都有主人翁责任感，核心是通过一定程序让所有人参与学校的建设，推动学校的发展，目的是充分激发所有人的责任感和创造力，培养或增强全体教职员工的主人翁意识，以实现个人成长与学校发展、个人幸福与学校繁荣的和谐统一。项目推进制的最大价值不仅在于项目组最终的工作成果，也在于在这个过程中每个教师参与其中，在不同岗位实现自己的价值，形成"人人有事干、事事有人干、人人能干事、事事培育人"的局面。20%的骨干教师在项目组中承担重要的角色，独当一面，综合能力得到了极大的提升，树立了正确的学校舆论；60%的发展型教师更自主自觉地关注学校发展、关注学生成长、关注工作实效；20%的待发展教师也找到了自己的定位，"少了牢骚、多了实干"。这种各尽其能、生动鲜活、自主积极的发展态势，正是我校"和而不同，各得其乐"的文化追求！

第三章　建构课程体系之精髓

"课程"一词在我国始见于唐宋时期。唐朝孔颖达为《诗经·小雅·巧言》中"奕奕寝庙，君子作之"作疏："维护课程，必君子监之，乃依法制。"但这里"课程"的含义与我们今天所用之意相去甚远。宋代朱熹在《朱子全书·论学》中多次提及"课程"，如"宽著期限，紧著课程""小立课程，大作工夫"等。虽然这里的"课程"没有明确界定，但含义是很清楚的，即指功课及其进程。这里的"课程"仅仅指学习内容的安排次序和规定，没有涉及教学方面的要求，因此称为"学程"更为准确。在英语世界里，"课程"（Curriculum）一词最早见于英国教育家斯宾塞的《什么知识最有价值?》一文中。它是从拉丁语"Currere"一词派生出来的，意为"跑道"（Race—course）。

在现代学校教育的相关论述中，课程是指"学校学生所应学习的学科总和及其进程与安排"。课程是对教育的目标、教学内容、教学活动方式的规划和设计，是教学计划、教学大纲等诸多方面实施过程的总和；是以实现各级各类教育目标而规定的学科及它的目的、内容、范围与进程的总和，它包括学校老师所教授的各门学科和有目的、有计划的教育活动。

我国各级教育主管部门对学校课程建设的分类指导，是从课程开发的主体来进行划分的，即将课程分为国家课程、地方课程与校本课程。国家课程亦称"国家统一课程"，它是自上而下由中央政府负责编制、实施和评价的课程。校本课程是由学校全体教师、部分教师或个别教师编制、实施和评价的课程。地方课程介于国家课程与校本课程之间，指由国家授权、地方根据自身发展需要开发的课程。

在课程建设的过程中，我校一直秉承课程是"学生成长的跑道"的构建理念——坚信学校为学生提供什么样的课程，直接关系到培育目标是否能够达成；同时也一直坚信课程是学校的一张"名片"——有什么样的课程，就有什么样的学校生活。

近年来，学校以课程建设为支撑，打造"和乐校园生活"：提高学校课程的适应性、满足学生的发展需求，提升教师的课程意识、助推教师的专业发展，以实现学校的课程创新、促进学校内涵发展为学校课程建设的方向和实践目标。

着眼"和谐健康、乐学聪慧、多元发展"的学生培育目标，学校以"和乐教育"办学理念为主线，在课程内容、课程实施、课程评价上注重整合，彼此补充，以达成学校培育目标。学校课程设计明确地进行了"盐东表达"：国家课程和地方课程注重面向全体学生，落实国家课程标准，强调学习中的人人参与、人人体验、人人成长；校本课程侧重选择性，尊重和满足学生个性化发展需求。其中，以学科整合和活动整合为主的综合实践类课程，在活动的整体设计和实施中更加侧重学生参与、学生实践、学生总结，以捉进学生发展自信、发展特长、实现自我提升。

学校课程是学校办学理念得以实现的关键载体。在实践探索中，学校始终将重心放在学生成长课程的构建上，围绕打造"和乐校园生活"这一发展主线，历经十年实践探索，实现了课程的三轮实践与三次迭代。

一、第一轮课程实践：校本课程的构建实施，让"和乐"教育从理想走向现实

"以课程建设为支撑，构建生动发展的校园生活"是第一轮课程实践的主题。"和乐"办学理念，追求的是"和而不同，各得其乐"。校园生活能否精准对接办学理念的要义，且设计和提供给学生更多的课程体验，让学生的校园生活变得丰富多彩且有趣味，课程是关键。

学校以校本课程的开发和实施作为切入点，在开齐开足国家课程、地方课程的基础上，立足教师的课程基础和课程资源，以"自主开发实施＋购买优质课程资源"相结合的方式，为学生提供了近20个项目、30多个课程班的面向全体学生的校本课程。教师通过自主申报、撰写课程纲要、学校审核确立课程项目的方式参与课程的设计和实施；学生通过自主选课、走班学习的方式进入相应课程班级，体验每周固定时间的校本课程。丰富多元的课程项目让学生的校园生活变得丰富、有趣。

二、第二轮课程实践：以整合的思路推进课程建设，提升课程整合育人功效

"打造人人向往的校园生活，提升学校办学品质"是学校第二轮课程实践的主题。课程作为实现培育目标的载体，其规划必须基于学校的培养目标。学校将"和谐健康、乐学聪慧、多元发展"的培育目标细化为"五品五会"（五

品：健康的体质、灵活的思维、良好的品行、丰富的底蕴、鲜明的个性；五会：会健身、会思考、会感恩、会生活、会创新）。学校培育目标聚焦的是一个个完整的、和谐多元的发展中的人。这一目标的达成并非单一学科或者单级课程能够实现。因此，盐小东区将国家课程、地方课程进行整合式校本化实施，寻找到提高育人实效的新的生长点。

（一）聚焦培育目标，优化学科课程体系

2016 年，中国学生发展核心素养框架正式出台。成尚荣在《核心素养的中国表达》一文中明确指出："中国学生发展核心素养的根本任务是落实立德树人的根本宗旨，探索、建构具有中国特色的立德树人的育人模式。"核心素养发展指向人，聚焦人的发展，倡导将学生发展置于学校教育的核心。

盐小东区将核心素养的学校表达，定义在将国家课程、地方课程进行校本化实施的基础上，通过三级课程的整合，形成六大板块三级课程整合实施的课程体系。

（二）落实学科课程计划，形成整合型课程形态

对照课程目标，盐小东区以国家课程标准为依据，从学科内部寻求整合的切入点，以统整的视角对国家课程、地方课程的课程目标、内容和实施方式等方面进行整合，形成了融合、增补、重组、删减等整合型课程形态。在学科间整合的实践中，主要呈现的是主题式整合的课程形态，即不同学科、不同年级的教师打破界限，开展跨学科、跨年级交流合作，构建课程设计和实施的共同体，以主题式的学科整合学习推进各学科课程的整合实施，如"唱脸谱"和"班级科技馆打造"课程。

三级课程的整合式推进，以强化学科核心素养为重心，在开齐、开足国家课程的基础上，对学校课程进行适当的补充和丰富，有效地提升了学科课程的整体育人功能。

（三）多方式整合推进，提高课程整体育人功效

学校课程的整合推进，主要从两个方面进行：一是学科内整合——主要是指从学科内部寻求整合的切入点，以统整的视角对国家课程、地方课程的课程目标、内容和实施方式等方面进行整合；二是学科间整合——不同学科、不同年级的教师打破界限，开展跨学科、跨年级交流合作，构建教育共同体。学校尝试开发了大量的主题式课程，通过共同体的协力合作推动课程的策划和实

施。如，以主题课程学习为切入点，将语文教材中的歌词教学与音乐教学中的唱歌教学、美术教学中的绘画整合起来推进，增强课程实施的综合性，达到整体育人的目的。

在学科内整合过程中，学校通过多种方式的整合推进，提升课程整体育人功效。

融合推进的策略：在语文、数学的课程整合推进中，我们以国家课程为基础，将地方课程和校本课程中的相关课程目标和课程内容进行梳理，在有限的课时中，采用重组、补充、延展的方式对语文、数学进行学科内的统整，以保证实现保底的基础目标，同时也适应学情、切合校情提供适当的拓展延伸。语文三级课程整合实施一览见表3-1。

表3-1 语文三级课程整合实施一览

课程名称	课程整合内容	课程实施
阅读与表达课	教材＋同步拓展相关内容＋教研员国学经典＋书法＋现代经典阅读推荐书目	低段：阅读中侧重识字与口头表达 中段：阅读中巩固识字方法，侧重段落教学 高段：自主独立识字，侧重阅读中的篇章教学
传统文化课		现有教学班进行每周一节的必选内容教学，间周一次的教师自选内容的教学；每月一次的同年级分板块进行的主题式公共课教学（两个班级合班教学，以主讲教师＋助教教师的方式授课）

基础数学课程是基于国家课程标准，以现行教材为主要内容的数学教育活动。学校在具体教学中将北师大版与人教版、苏教版教材进行同步对比分析，领会其不同的编排意图，围绕具体的教学目标进行合理的内容重组，以达到更大的课堂效益。同时我们感受到，小学教材与初中教材在内容上存在断层，这将成为学生后继学习的障碍，为此需要我们在教学内容上做适当的增补，以增强学生的适应能力。另外，课程标准是教学的底线要求，而不少学生有更大的潜力，这需要我们对教学内容作恰当的延展。基础数学融合不同版本的教材，将补充与延展适时嵌入。数学思维训练是数学教育活动的补充。如果说我们教材的编排主要围绕知识的逻辑体系进行，那么数学思维训练的内容选择则主要围绕方法的系统学习进行设计。兼顾学生差异，数学三级课程以普修与选修两种方式并行实施，整合实施一览见表3-2。

表 3-2　数学三级课程整合实施一览

课程名称	课程内容	课程实施
基础数学	教材+补充内容+延展内容	现有教学班进行常规课教学。低段：培养对数学的喜爱之情及主动探索数学奥秘的愿望。中段：巩固基础知识并强调数学方法的积累和灵活运用。高段：强调数学思维品质的培养和与中学的衔接
数学思维训练	3—6年级进行相关的思维训练	间周一次，同年级分板块进行主题式教学（教师走班）

　　贯通推进的策略：在体育课程设置中，我们在关注国家课程的落实外，强化了学校的足球特色教育，足球教学作为固定的板块融入每一节体育课堂之中。学校积极探索年级体育大课，采用分项目走班的方式进行教学，既满足了不同孩子的兴趣，又为足球优秀队员的培训提供了时空保障。目前学校已有大课间的足球操、体育活动的班级足球赛及足球合家欢运动会等方式，可见足球特色教育已深入贯彻在学校体育工作的方方面面。体育三级课程整合实施一览见表3-3。

表 3-3　体育三级课程整合实施一览

课程名称	课程内容	课程实施
基础运动	常规的体育课教学内容	每周两节课，以班级为单位进行教学活动
足球	足球技能、技法训练、比赛规则、重要赛事、足球游戏	每周一节
大课间锻炼	七彩阳光、雏鹰起飞、太极操、足球操、礼仪操等体操，跑步，跳绳等	每天30分钟，全校统一进行课间锻炼。由体育老师组织，班主任与副班主任协助开展
年级大课	学生根据兴趣自主选择，内容一月一换，也可开展班级足球赛	每周一节，学生走班
补充锻炼	结合课内的内容，班级自主选择	一、二年级每周一次，三至六年级每周两次，每次30分钟，由班主任组织，体育老师协助
健康与安全	健康常识、保健、运动安全	从"生命、生态与安全"中划分相应的内容，结合运动安全进行教学。每学期4课时，在室内开展

解构推进的策略：地方课程"生命生态与安全""道德与法治"与学校德育的常规活动有很多交叉点，在常态教学中往往出现反复、低效的现象。为了避免这样的现象，学校重新梳理了几类课程的内容，采用列举归类—分解重构的方式，明确各板块教学内容的归口，明晰各自的教学目标与重点，整合后进行课程实施，实效性明显提高。

三、第三轮课程实践：以教与学方式的变革研究，促进学科优化与深度学习的实现

第三轮课程实践的主题是"回归有意义的校园生活，构建有价值的课程和课堂"。有意义的校园生活，有价值的课程建设，学科教学的可为之处在哪里？课堂是学校持续提升质量、内涵发展最重要的阵地。课堂学习占据了学生在校一日生活的最主要部分。学校可以为学生的成长提供什么样的课堂，决定了学生在学校生活期间的学习质量和生命成长质量。

基于此，学校将课程建设的重点进一步下移，将课程研究的重点聚焦在教与学方式的变革研究中：从学科教学中侧重动机激发到侧重深度学习研究，以微视频在学科教学中的运用为撬动点，进一步探寻信息技术融入学科教学、转变教与学方式的实践路径，实现"两个提升"和"一个变革"（提升学生学科知识和学科思想方法的整体构建能力；提升教师的信息化水平；变革教与学的方式），让课堂成为学生"有意义"的校园生活的重要组成部分。

（一）明晰微视频及深度学习的内涵与价值

历经三年多的实践研究，学校进一步明确了深度学习的内涵及微视频融合学科教学中的实践意义。我们认为，深度学习是在构建有价值的课堂教学中借助问题激活生成动机，展开深切体验和高阶思维，促进学生实现深度理解与实践创新的一种学习样态，它涵盖动机、过程、结果三个重要的维度，深刻性、关联性、丰富性、反思性是我们衡量深度学习的重要考量指标。

在促进深度学习的过程，教师的学科课堂更多是在适当的时机、适宜的内容上，以微视频为主要载体，为突破学生学习的关键节点，有效促进学生深度学习，对学生学习产生以小见大、由点带面、积微成著作用的对数字化学习资源的一种运用。在促进学生深度学习上，我们认为微视频的基本价值在于激活动机、拓展体验、增进理解、拓展实践、促进反思等。

（二）形成促进学生深度学习的"三阶学习问题解决"实践模型，梳理总结促进学生深度学习的微视频类型

通过实践研究，学校形成了利用微视频促进学生深度学习的"三阶学习问题解决"实践模型。

前置学习阶段：问题解决前的微视频，主要服务于课前的前置学习，作用是促进学生初步建构知识并发现问题，充分了解学生学习的起点，更准确地设置教学目标，为学生的问题解决做好充分的准备。服务于问题解决前的前置学习的微视频主要有三种类型，即情境体验类、整体感知类和先行尝试类。

协作建构阶段：问题解决的过程中，利用微视频促进问题解决的学习，通过协作建构，解决问题，实现深度探究。服务于问题解决的协作建构微视频主要有四种类型，即思维引导类、方法支持类、重点突破类和整体把握类。

实践反思阶段：在问题解决后的实践反思学习中，利用微视频促进知识的整理与归纳、促进知识的延伸与过渡、促进自我的反思与调节。促进问题解决后的实践反思微视频主要有两种类型，即实践参与类和自我反思类。

（三）依托课例，研究微视频课程对学生深度学习的促进作用

在运用微视频促进学生深度学习的研究中，我们发现微视频在促进学生自主学习和深度学习上，有效地实现了"先学后教"和"课堂翻转"，切实转变了教与学的方式，凸显了"五个利于"：利于问题情境的优化与改进；利于促进突破重难点；利于促进练习的落实与拓展；利于促进复习的巩固和提升；利于知识的建构与强化。

四、建构课程体系的意义

学校三轮课程建设皆紧紧围绕"校园生活"主线展开，无论是生动发展的校园生活，还是人人向往的校园生活、回归有意义的校园生活，课程都是学校工作的切入点，关照的都是人的发展。

（一）学生成长

（1）学生的课程体验更加丰富。结合培育目标"五品五会"，学校不断完善和调整课程设置，保证基础课程开齐、开足的同时，还为学生提供了近 20 个项目、30 多个课程班的内容，学生的课程体验活动日益丰富。

（2）学生的学科素养提升明显。三级课程的整合实施，聚焦教与学方式变

革的课堂研究，为学生综合素养的全面提升提供了保障。近几年，盐小东区学生在各级各类监测中呈现的数据，皆显示学生在学科能力和学科素养方面的提升明显。

（3）学生的学校生活生动活泼。学校的课程学习，不仅在学业提升、学科能力培养方面为学生提供了比较肥沃的土壤，丰富多元的课程体验也为学生的多元发展提供了广阔的平台。

（二）教师变化

课程整合的实践探索中，学校最大的收获在于一批教师的成长——有意识地参与课程设计、有计划地参与课程实施、有思考地进行课程评价。

（1）教师更加注重学情和校情的分析和判断，并将其融入课程的实施中。

（2）教师的视野不断开阔，更加关注不同学科的实施进程，促进课程之间的关联性实施。

（3）教师作为课程实施主体的角色意识得到彰显，完成从课程的执行者到课程的创生者的转变。

（三）学校发展

（1）基础课程夯实根基，拓展课程基于兴趣，探究课程立足综合，三级课程的界限淡化，在单学科、跨学科、超学科三大领域都做了有益的探索。学校课程结构科学适切，为培育目标的全面实现奠定了扎实的基础。

（2）聚焦课堂，开展问题驱动下的支持性实践研究，着力变革教学方式，提升课堂实效，学校教学质量保持一定的水平。

（3）课程评价不断完善。学生学习平台的建设与使用实现了校本课程自主选课、课程实施过程管理全覆盖和课程实施的全程评价。

未来，学校将在全时空育人的背景下，探索建立"融通五育、联通三级、贯通三维"的课程体系，促进学生的全面发展。

第四章 探求课堂教学之核心

一、问题是教学的心脏

余文森先生曾经说过:"没有问题就不会有解释问题和解决问题的思想和方法。"问题是引起质疑、引发思考的起点,可以说没有问题就不会有思考;而思考是思维发展的起点,所以问题是引导学生思维发展的"灯塔"。有了问题,思维才有方向;有了问题,思维才有动力;有了问题,思维才有创新。

学校在"和润课堂"的研究基础上,进一步聚焦问题和支持,问题的价值在于思考问题并解决问题,思考、解决问题的过程才能对学生的思维发展起到推动作用。人的天性就是好奇、探究,有了问题自然会有思考,思考的目的是解决问题。然而教学过程是一种提出问题、解决问题的持续过程,教学实践的过程应该自始至终围绕问题来进行,即以问题驱动教学。同时深度教学是提升课堂教学发展性的教学理念,强调学生学习的主动性发挥,追求学生在认知、情感、技能等方面的系统变化,把整体提升学生的学科核心素养和关键能力作为教学目标,教学更多地指向学生的问题解决能力和价值观念培养。无论是学生的主动性发挥、问题解决能力还是高阶思维能力的培养,都和课堂问题有关,因此,学校以"和风润雨,顺木之天——问题驱动下的支持性教学研究"为主题,开展了三年多的课堂研究,通过问题预设与共构,引动学生的自主学习、合作探究。通过探究、讨论学习问题而解决问题,发展学科关键能力,让学生置身于复杂而有意义的问题情境中。

(一)问题教学的特征

学生是问题探究的主体,有价值的问题要符合学生的思维发展规律,体现层次性。对于难度较大的问题,可以设计有一定逻辑关系、层次的问题,以问题串的形式引领学生进行一系列连续的思维活动,使学生的思维逐步达到新的高度,逐步加深对问题本质的认识,促进学生实现知识意义上的自主构建。

1. 提问的目的性

任何教学活动都有其自身的目的性，都是为了达到一定的目标而进行的，可以是促进学生智力发展的，可以是提高学生能力的，也可以是获得新知识的，而教师对学生的提问也是有目的性的。首先，是提问主体的目的性。教师提出的问题是经过课前精心设计，反复推敲，最后确定下来的能够对学生发展和成长起促进作用的问题，因此教师在设计问题时会带着一定的目的去设计这些问题。而学生的提问则是生成性的，随着教学的进行，学生的认知也会有一定的变化，在不同的阶段会有不同的问题，这些问题是学生为了解决现有内心的矛盾而提出的，也是带有目的性的。其次，是提问内容的目的性。任何问题的设置都是为了使学生能在矛盾中经过不断思考、探究，最后得到升华。因此，我们设置问题的目的性、针对性、指向性很强。

2. 参与的主动性

学生积极主动地思考问题、参与课堂，也是采用问题教学特别关键的一步，也可以由此检测教师设置的问题质量如何。在问题设置时，教师要选择那些具有创新思想和具有一定思维质量的问题，才能激发学生的学习兴趣，引发思考，使其在自主探究的过程中发现新的问题。教师要多鼓励学生，给予其足够多的思考的时间，使问题迎刃而解。问题教学通过问题这一线索，把整个课堂完美地串联在一起，同时通过师生间的互动交流，学生会更主动地参与到问题的解决中，这要比教师直接告诉学生答案是什么的效果要好千百倍。在课堂上运用问题教学法，学生会更积极、更主动地参与教师的教学合作。通过对问题的主动探索，学生也从被动和枯燥的学习转向积极主动的学习，通过自己对问题的主动探索，学会发现问题，解决问题，并能应用于实践。

3. 过程的启发性

教学是一个教学相长的过程，对教师和学生都具有一定的启发性，教师在问题教学的实施中起着不可替代的作用，能引领学生主动思考问题并提出新的问题。在这一过程中，一方面，教师及时地引导学生的思维，在面对一些较难解决的问题时，教师给予学生一定的指导，给出正确的思考方向，使学生的思维得到启发。另一方面，在课堂上，学生的表现也会对教师具有一定的启发意义，教师根据学生的表现和回答，可以启发自己的教学，发现问题，及时调整不足，考虑到不同学生的学习基础和实际解决问题的能力，设计出有针对性的问题，使教学更科学合理。

4. 答案的开放性

现在的学生很有自己的想法，他们看待问题的角度有时是老师想不到的，但是在实际的教学中，很多学生的表现很被动，他们不愿意提出自己的问题，甚至不敢回答老师在课堂中提出的问题，不敢说出自己的想法，缺乏主动性，造成这种现象的原因是他们怕"错"，学生在这样的心理暗示下，肯定不会有新颖独特的想法。因此，教师在课堂上一定要设计开放式问题，鼓励学生积极发言。在开放式问题下，每个人都可以表达自己的见解，不会有对错之分，这样可以减少学生的心理负担，使他们更愿意主动地参与到问题解决的过程中，并在思考互动的过程中收获喜悦与成长。这样的开放性也正是我们追求的"和而不同，各得其乐"。

（二）问题在课堂教学环节中的应用

学习总是从问题开始，问题总是与学习伴行，所有问题解决必定以对问题存在的认识为开始。所谓的"教学问题"是一个包含新内涵的概念，它是教师根据教学目标的要求编制的，覆盖教材内容且提高认识水平的问题。问题是课堂教学的中心，教学离不开问题的设计，如图4-1所示。

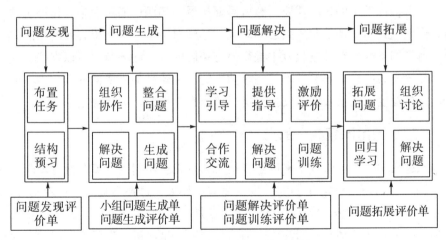

图4-1 问题在课堂教学环节中的应用

1. 问题发现环节

问题发现环节，学生对课本和问题发现评价单进行结构化预习。在预习中，学生经过思考后，将自己不理解或产生疑惑的问题整理并记录在问题发现评价单上，并对自己的结构化预习进行自我评价，这个过程即"问题发现"。

2. 问题生成环节

在学生进行结构化预习后，教师首先组织学生在小组内讨论并解决组员在问题发现评价单中出现的问题和组员生成的问题；其次，组内没有解决的问题由一名成员进行记录，生成小组问题生成单，小组内完成对组员之间结构化预习的互评；最后，全班进行合作交流学习，如果有全班都解决不了的问题，由老师整理后记录在问题生成评价单上，记录的问题就是全班生成的问题。同时，要把全班生成的问题记录在问题解决评价单上。

3. 问题解决环节

在教师创设的学习情境下，教师通过问题解决评价单中呈现的体现教学重点和教学难点的"问题"，进行合作探究（小组内）、展示对话（小组间）和评价（全班）环节，逐步引导学生解决问题，完成学习任务；继而通过问题训练评价单对学生进行问题训练，以此来巩固学生所学内容并落实教学目标。

4. 问题拓展环节

教师根据学生的拓展需要，整合需要拓展的问题，通过学生合作评价的方式，借助问题拓展评价单中拓展的问题，达到对所学内容深层有效的拓展并回归学习，如果教师在课堂教授中觉得没有拓展内容，此环节便可以省略。

教学模式的教学环节并不是完全独立的，授课教师需要根据教学内容的多少、难易程度、学情及课时安排等情况整合教学环节，灵活应用。

（三）运用问题教学的意义和作用

问题教学对于课堂教学来讲是有很大的意义和作用的。著名教育家陶行知先生说："发明千千万，起点是一问。禽兽不如人，过在不会问。智者问得巧，愚者问得笨。"为什么"发明千千万，起点是一问"？关键在于"提问是引发学生学习产生心智活动并作回答反应的信号刺激，是促进学生思维发展的有效途径。高质量的课堂提问，可以说是一门教育艺术"。

1. 培养学生的听说能力

学生问题生成的过程，既是教师了解学生学习状况的探测过程，又是教师针对学生实际确定、选择最佳教学方法和完善教学设想的过程。这一过程中，学生既要说又要听，还要思考。学"说"的能力，不外乎就是能说和会说两个方面。课堂上有意识地让学生说，可以培养其语言表达能力。学生只要敢于说出来，就说明他们克服了心理上种种障碍和压抑，具有良好的探究动机。要想说，就需要清楚自己说些什么，怎样说才好。学生的问题生成，要经过一番"听别人怎样说"的过程，要经过一番动脑思考的过程，要经过一番精心的选择和语言组织的过程。这是一种综合训练的过程。学生在说中锤炼了自己使用规范语言的能力，增强了自身语言表达的逻辑性和艺术性，同时也具有相互启发诱导的作用，教师也从中得到了信息的反馈。

2. 培养良好的读书习惯

习惯是人才素质的标志。良好的习惯让人受益终身。阅读教学的主要任务是培养学生阅读的能力和良好的读书习惯。"边读边想"是一种良好的阅读习惯，也是阅读的一种好方法。要求和激励学生质疑，可促使学生在读书的过程中，脑子转起来，思维活起来。"学而不思则罔"，要发现问题，就必须一边读一边想，一边领会一边揣摩。否则读了之后，脑子里只有一片空白，发现不了问题。只有做到了边读边思，读后才有收获。此外，让学生生成问题，还可培养学生悉心揣摩与比较推敲的良好读书习惯。良好的阅读习惯能促使学生自觉持久地进行阅读实践，并逐步内化成阅读能力。

3. 培养学生的思维品质

人的思维是一种精神活动。这一活动始于疑问。人的认识能力包括许多方面，其中，核心是思考能力即思维能力。学生在分析解决问题时，会表现出不同的认识水平，这是由于人的思维能力存在着比较明显的个别差异。学生思维能力的形成与发展，在相当大的程度上取决于教师的培养。学生发现了问题，并力求解决它，这就是他们锻炼思维能力的过程。发现和解决问题越深刻越彻底，其思维就越会朝着认识事物内在联系和规律方面发展，思维也就越敏捷。爱因斯坦说："提出一个问题往往比解答一个问题更重要。"科学家的发明创造往往从问题开始。"学起于思，思源于疑"，任何思想都是从疑问开始的，疑问是获得知识的前提条件。有了疑问，才有进一步深入学习的需要，也才可能获得新知。"小疑则小进，大疑则大进。"发现问题并提出来，既是思维活动的表现形式，也是思维活动的结果。思维的发展从问题开始。每发现一个小问号，这个小问号就像一个小钩一样勾住学生的好奇心，使学习成为一种自觉自愿的心理渴望,"要我学"转变为"我要学"。问题越多,好奇心越强,兴趣越浓,注意力就越集中,思维就越活跃。在老师的引导下,学生进入一个个"研究者""探索者"的角色之中,探讨自己提出的问题,情绪高涨,其乐无穷。

4. 激发学生的学习兴趣

任何教学方法都能激发学生的学习兴趣,问题教学法相对于讲述和讨论更能激发学生的学习兴趣。讲述使学生在听讲的过程中感觉到知识的重要从而产生喜好学习的情绪;讨论使学生在一起辨析问题的过程中感觉到知识的重要从而产生喜好学习的情绪。问题教学要求学生回答问题,学生回答问题如没有相应的知识,就无法弄懂问题,更谈不上辨析问题,因而问题教学除了具备讲述和讨论两种能够激发学生学习兴趣的功能外,还有两者不具备的一种作用,即心理需要。每个人都看重别人对自己的评价。当学生站起来回答问题,若不会回答,会自感羞愧;若回答错误,会产生自责;若回答正确,从老师和同学们的眼神里得到赞许,其荣耀感会油然而生。这三种心理都是有无知识、运用知识的回馈。这样的回馈促使不会回答问题的学生发奋学习,回答错误的学生用心学习,回答正确的学生更加努力地学习。

5. 加深学生对重点知识的记忆

"识记、保持、认知和回忆是记忆的基本过程。"一般来讲,识记动态演示的东西要比识记静态演示的东西容易,且前者在记忆中留存得更长久。比如电影和书本反映相同的故事情节,使一般人感到记忆深刻的是电影而不是书本。问题教学与讲述教学,一个是动态的互动,一个是静态的互动。自然,在同一基础上学生识记比较容易的和记忆保持比较长久的知识是通过前者传授的,而不是通过后者传授的。而使用问题教学法的时候,一般会把要求学生应该掌握的、重点掌握的知识作为问题设计的内容,也有将容易被忽视、被混淆的知识作为问题设计内容的情况。是以,使用问题教学能够加深学生对重点知识的记忆。

6. 促使教师认真备课

问题教学固然可以当堂设计,但毕竟是临场发挥,打的是无准备之仗,不利于教学重点的突出、难点的把握、疑点的解除。要想突出教学的重点,把握教学的难点,解除教学的疑点,必须在课堂教学前认真准备好"问题",就像打仗前认真准备好武器一样。教师常常为设计什么样的问题和怎样设计问题而神伤。因为在设计问题时要考虑的情况很多，比如每节英语课以设计多少问题为宜，问题教学是放在课头、课中还是课尾进行才更加有利，特别是问题以什么样的形式表现，其难易程度如何把握，怎样让问题与教学内容结合得更为紧密，问题的素材从哪里准备，对素材作怎样的加工整理才符合题意等。这促使教师备课时要投入大量的精力，既不能懒惰、也不能随意，更不能低估现代小学生的认识、辨析能力而投机取巧。所以有人说"备课是连续性的、细致而复杂的脑力劳动"。

7. 增强教与学的关系

教师和学生是构成教学的主要因素。在课堂教学中，学生应处于主体地位，教师对学生的学起主导作用，教应为学服务。然而目前在很多阅读教学中，学生没有足够的个体学习自由，没有潜心领会语言文字的时间，被教师的问题所牵引，被动地围绕教师转。素质教育的一个重要的方面就是发扬全体学生的主动精神。授课前先让学生读书自学，提出疑难困惑。教师根据课程标准和教材的要求，结合学生的实际需要来组织教学，教学的主观性和盲目性就能减少，针对性和实效性增强。这样，问题由学生提出并在老师的调控下进行的教学，就可以使教学动机和学习动机得以统一，确保学生在课堂学习的主体地位，使"教"真正有效地为"学"服务。

课堂问题反映了学生的思维状态，也是其主动性发挥的重要支点，因此，在一定意义上，课堂问题是深度教学的内在引擎，相应的教学实现需要通过课堂问题来驱动和引领。教师要明确课堂问题对于深度教学的价值意义，明白两者之间的内在关联，才能在深度教学实践中真正发挥课堂问题的驱动和引领作用。通过问题的创设，遵循的原则，精心、巧妙地设计好问题，诱发学生发现新问题，提出新见解，激活学生的思维，提高学生的积极性、参与性，把握知识的迁移方向，引发学生的好奇心和创新意识，把课堂教学搞活、搞实，真正地体现教学中"以人为本"的理念，培养学生的参与意识，激励"胜任动机"，萌发"成就感"，以逐步形成具有方向性、选择性和创新性的学习行为习惯。

二、问题从何而来

中文中的"学"经常跟"问"组成"学问"，所谓"学起于思，思源于疑"。问题产生于人们的认知冲突，努力突破新旧认知的界限的过程也就是问题解决的过程。问题通常指那些并非可以立即求解或较困难的问题，那种需要探索、思考和讨论的问题。可见，问题往往不是学生能立即作答的，能引发讨论、具有一定思维价值的,才能被称为问题。

在信息时代的今天,人们更加重视"问",这源于一种怀疑精神,一种对于创造型人才的真诚呼唤。现代社会对人才的评价标准已经发生了变化,创新人才最重要的特征不是掌握更多的已有知识,而是主动地发现、探索、体验和解决问题,从而具有获取新知识和利用知识进行创新的能力,问题意识、问题能力可以说是创新能力的基础。袁振国教授提出:"让学生带着问题走进教室,带着更多的问题走出课堂,是问题教学的精髓。"这是问题教学中较为先进的教学理念。问题教学是以问题为中心开展教学活动的一种先进的教学方法,也是学生之间通过相互合作学习,最终解决问题、获得知识的过程。问题教学模式在问题教学理论的指导下,不断发展和完善,不断凸显出问题教学模式对学生能力培养的优势。

那么,课堂中的问题从何而来?所谓"问题",就是课堂教学要致力于营造让学生自主发现探究目标的情境与氛围,努力培养学生的发问意识和质疑能力,以学生问题为起点、教师问题为引导、学科本原性问题为目标,这样的教学,学生兴趣度高,探究主动性强,体验更深刻,生成积淀更丰富,创造性也更活跃。有了原生问题与原态探究的"因",必然会促成发现(结论)的"果"。学生在课堂中对原生问题进行了原态探究,好奇心、判断力、把握复杂情境的能力以及创造力得以迸发,发现精神、质疑精神、创造精神得以滋养,知识与思维方法在课堂学习活动中得以再造,成了学生自主创生的、可纠正的、动态发展的个性化知识——它不再是学生身心之外的真理,而是在学生共同生活与学习、实践等活动中"生产"出的若干"经验"之间的意义、关系与过程。

(一)问题教学理论发展

在收集和查阅大量文献的基础上,笔者总结了国内外有关问题教学的研究现状,在国内研究现状部分,对孔子、孟子、王阳明等人有关问题教学的思想主张进行总结梳理;在国外研究现状部分,对苏格拉底、卢梭等人有关问题教学的观点进行梳理。

1. 国内的问题教学理论发展

我国古代学者孔子,十分注重对学生积极性的调动,他倡导通过师生间的问答来启发学生的思想。孔子的"不愤不启,不悱不发,举一隅而不以三隅反,则不复也""疑是思之始,学之端""学而不思则罔,思而不学则殆"等思想都体现出其对问题式教学的重视。孟子的"自求自得"思想体现其对学生学习主动性的重视,主张学生应主动寻求知识。明朝时期,王阳明在对孟子的"自求自得"思想的推崇下,强调学生在学习中应该"各得其心",主张在学习中一定要学会独立思考,不能做形式上的读书人,要用怀疑的眼光看待问题。近现代时期,蔡元培先生曾经表达教育的艺术在于鼓舞和唤醒,而不在传授,强调对学生求知意识的唤醒,激励学生主动学习,而不仅仅是知识的传授。叶圣陶先生也表达过,教师的教,不在于把知识全盘教给学生,而在于对学生的引导,强调教师的作用不是教给学生一个问题,而是启发学生和助其掌握解决问题的方法。问题教学法作为现今流行的教学方法之一,被越来越多的教师和专家学者所接纳,其对教育、教学的影响力也在逐步扩大。

2. 国外的问题教学理论发展

希腊哲学家苏格拉底提出的"产婆术"是问题教学理论的起源,苏格拉底认为知识并不是通过直接的讲授传递给学生的,而是学生在提出问题、思考问题和解答问题的过程中获取的。他认为所有的知识都是从无数的问题中产生并由人类掌握的,而不是通过其他人灌输的。苏格拉底还提出问题需要以一定的形式提出才能达到最终的目的。心理学家也对问题进行了研究,不同的心理学流派对其进行不同的定义,可以概括为:问题是一种特定情境下的未知事物,问题的解决者们从一个已知的情境进入未知情境时,遇到的障碍就是"问题",只有解决这一问题才能继续进入下一个未知情境。早在 18 世纪,法国哲学家、教育家卢梭也提出了有关问题教学的一些观点,卢梭认为学生在提出问题后,教师不应直接告诉学生真相,而应教授学生探究问题的方法,学生在探究的过程中解决问题,学习知识。自此,基于问题视角的教学方法得到各行业人士的广泛关注。到了 19 世纪,美国哲学家、教育家杜威指出良好的教学必须唤起孩子们的思想,并提出了学生在解决问题过程中,需要根据问题的设置推导出假设,并验证假设的对与错,再进行纠正。

(二)问题教学模式发展

20 世纪 60 年代,问题教学模式最初是由加拿大医学院教授巴罗斯,为了解决医学生在学习过程中医学理论与实践应用相脱节的问题而设计的,在医学上采用这种模式进行授课,有助于医学生将理论与实践相结合,更好地培养医学生的创新意识和应用意识。

随着时代的发展,20 世纪 80 年代,问题教学模式吸引了大量专家和学者的关注，推动了问题教学模式的发展。问题教学模式不但应用于医学，还应用于生物工程、建筑学、金融等领域。到了 20 世纪 90 年代，研究者提出问题教学模式不仅是一种教学模式，还是一种教导方式，学生可以通过解决问题的过程来促进他们的学习。进入 21 世纪后，随着对问题教学模式的研究，正如《基于问题的学习》中总结出问题教学模式的特点：教师在应用问题教学模式授课前，要提前设计好需要应用的完整问题，鼓励学生探究问题，最后解决问题。教师在应用问题教学模式时，既是学习情境的设计者，又是引导问题讨论的引导者。在这个模式中，学生以合作的形式利用知识和技能解决一系列实际问题。随着研究的深入，研究者总结出问题教学模式是在教师的指导下，学生通过判断问题、分析问题、采取行动和问题解决的过程，发展自身解决问题和协作的能力。

随着问题教学模式研究的逐渐深入，应用该模式出现的一系列问题逐步得到解决，问题教学模式逐渐完善，推动了问题教学模式的发展。

（三）如何设置问题情境

随着问题教学模式的发展，问题情境作为问题教学的依托，成为问题教学中不可或缺的部分。问题教学的核心内容是对问题情境的研究。学生掌握新知识的过程实质上就是在问题情境中进行思维活动的过程，教师应用问题教学的关键是为学生创设合适的问题情境。

1. 问题的组成

教师创设的问题情境一般包含 4 个方面：知识和能力目标、学生已有的知识和经验、需要解决的因素、活动方式和方法。

2. 问题的层次

以概念教学为例，可创设以下问题：

（1）形成和建立概念的问题。

在学生对事实进行感知的基础上，使其形成概念、掌握规律或原理。

（2）理解概念的问题。

通过问题引导学生进行必要的推理等思维活动，使其对概念有一个初步理解。

（3）归纳、类比、建立规律的问题。

引导学生从个别扩展到"类"，再从"类"把握其背后的规律。学生不仅需要完成抽象概括的过程，还要完成从系统化到具体化的过程。

（4）运用概念的问题。

引导学生发散思维，通过互动合作，运用掌握的概念、规律或原理，解决以上主题范围内的定向问题。

（5）综合运用概念的问题。

在主题范围内自行发现与主题相关的综合性问题，自行提出解决方案并解决问题。这要求学生不仅具有分析问题的能力，还应具有解决真实问题的能力和创造性。

3. 设置问题情境的方式

一个好的问题情境能培养学生的能力，能启发学生的思维，能促进和提高学生运用已有的知识去解决问题的能力、语言表达能力、动手实验和设计实验的能力、观察能力、自学能力、团结合作能力。

（1）通过实验引出问题情境。

挖掘实验的内涵与外延，与知识的联系角度，或自我设计实验，使实验不单纯是实验，而要为教授知识和技能服务。如，由用浓、稀硫酸分别与铁反应的实验引出有关物质的量浓度的学习。

（2）联系实际引出问题情境。

生活中的知识往往是学生熟悉的，联系实际的问题会激发学生学习和探究的兴趣。

（3）通过实物、图片、录像、模型引出问题情境。

给学生以直观的冲击，带给学生陌生、矛盾的事实，从感性中引出问题情境。

（4）通过假设引出问题情境。

假设、验证、激发矛盾，产生问题情境，是一种科学的研究方法。由此不仅可以促使学生设计方案并进行验证，还可以训练学生的思维能力。

（5）学生自学引出问题情境。

教师在自学前或自学后提出要思考、研究的问题，对学生的学习有一个导向的作用。对于学生在自学后提出的问题，教师选择适合教学目标的问题推荐给全班同学共同讨论并解决。

（四）问题设计的原则

随着问题情境的引出，课堂上的问与答成为问题教学的核心，而问什么则是问题教学的关键，根据难易程度不同，可将问题分为记忆性问题、理解性问题和创造性问题。提出记忆性问题，旨在让对方复习旧知识，主要是前面学过的课程知识，也包括其他方面的知识。这是最简单、不需要过多思考就可以提出的问题。提出理解性问题，旨在让对方对所学知识做出自己的解释，或者用所学知识解决相关问题。这是有一定难度，需要花费一定气力才可以提出的问题。提出创造性问题，旨在让对方对某个事情提出独到见解，或者创造性地解决相关难题，再就是题目本身就有能够引发对方着力思考的独创性。这是难度较大，需要费神费力才可以提出的问题。问题教学的实施不是随意的，需要遵循一定的原则。

1. 科学性原则

保证教学质量的前提条件就是保证教学的科学性，教学是一件十分严谨的工作。师者，传道授业解惑者。教师要向学生传递科学知识，解决学生心中疑虑，这就要求教师在教学中有深厚的学科知识素养，秉承科学严谨的态度，在设计问题时要认真琢磨，根据教学目标、教学内容等设计出结构合理、逻辑严谨的问题，使问题有利于学生发展，这样学生才有探究的价值。我们都知道形式是为内容服务的，问题设计出来是为了更好地反映教学内容。如果只是为了活跃课堂气氛而设计一些与教学内容无关的问题，则是不可取的。因此，要讲求课堂问题设计的科学性，使课堂教学有序进行，使问题教学的优势得到充分发挥。

2. 全面性原则

其一，问题要面向全体学生。随着教育改革的发展，学生的主体地位越发得到重视，在教学中要关注全体学生的发展，动员全员参与到课堂中来，问题教学尤是如此。在提问时，较简单的问题可以让学习成绩一般的学生回答，相对较难的则可以让成绩比较好的学生回答，既要照顾到班级里的优等生，也要考虑到学习成绩并不是很好的学生。其二，问题设计的全面性。如果问题设计得过于简单，会满足不了学生的求知欲，学生不能有更深层次的提高，甚至会使学生"轻敌"，养成懒惰的思维方式；若问题设计得过难，学生会感觉吃力，容易打消学生学习的积极性，造成其产生厌学心理。因此，设计的问题要全面多样化，既包括与学生生活相关的常识性问题，也包括有关学科的知识性问题，还要包括解放学生思维的开放式问题等。

3. 独立性原则

运用问题教学还应遵循独立性原则，这里的独立不是指每个人分开、单枪匹马做某件事情，而是包含两方面的独立性。其一，是学科问题的独立性。如：道德与法治学科的教学中可以融入历史学科的知识，亦或是其他可以为本学科利用的资源，达到各学科之间的优势互补，获得教学效果最优化。但是在融合的过程中不能丢失本学科的特点，要用全面综合的眼光看待问题，一定要在保证维持本学科特点的基础上加以吸收和借鉴。其二，是解决问题的独立性。问题的解决需要师生的共同努力，互助合作，这样确实可以集思广益，有利于问题的解决，但是互助合作不代表放弃独立性，一定要让学生进行独立思考，这样大家可以交流观点、想法，真正做到取他人之长补己之短，使自己的想法和观点更加完善，促进问题的解决。

4. 控制数量原则

问题教学可以收到良好的效果，但不能过多过滥（这里的问题主要指理解性问题、创造性问题，不指记忆性问题），即使所设计的问题个个都是精品也应如此。因为若设计的问题过多，所花费的教学时间多，影响知识传授量。此外，互动太频繁会使学生疲于应付，产生抵触情绪，使问题教学失去意义。

5. 难易适中原则

问题教学中的问题既不能设计得太简单，也不能设计得太难。太简单，引发不了学生思考，达不到培养学生思维能力的目的；太难，学生自感能力无法企及而放弃思考，同样达不到培养学生思维能力的目的。难易适中就是让学生在回答问题前感觉是"踮起脚来摘桃子"，即不努力回答不上，努力了就能回答得上。

6. 循序渐进原则

道德与法治这门课作为一门意识形态领域的学科，旨在培养学生形成正确的政治立场、高尚的人格素养以及优秀的道德品质等。道德与法治学科要解决的是学生的知、信、行方面的矛盾，只有矛盾解决了，教学目标才会实现，而解决这一矛盾的有效办法就是通过问题来连接。问题的设置也是为了帮助学生掌握新知，提高道德修养，并能自觉地应用于生活中的方方面面，这就是一个循序渐进的过程。我们的教学不是为了得出结论而教，获得结论的过程同样重要，在解决问题的过程中，切不可急于求成，要给学生充分思考的机会，循序渐进地对学生加以引导，帮助学生找到问题的突破口和自己应努力的方向。

7. 预设和生成相结合原则

教师在课前会提前预设好问题，但是也有很多无法预料的情况发生，这就要求教师在教学中要遵循预设和生成相结合的原则。预设是指根据已有的事实资料，做出下一步实施计划的推理假设。预设性问题是教师根据教学内容、教学目标以及学生的发展现状等要素推敲形成的，是教师有计划的设想，是教师仔细推敲出的对学生最有启发性、引导性的问题。凡事"预则立，不预则废"，教学是一项有目的、有组织、有计划的活动，教师一定要提前预设好课堂中的问题，才能保证课堂有条不紊地进行。尽管预设在我们的教学中起着非常重要的作用，但也一定不能忽视课堂中生成的问题。

我们所面对的学生是独立的个体，他们想象丰富，看待问题有自己的思维和想法，对新鲜事物和未解的问题充满了好奇。虽然老师课前会做教学设计，会精心安排教学中的每一个环节，甚至会设计和学生互动的每一个问题，但是课堂中还是会有很多随机性问题的出现，这就需要教师拥有教育智慧，利用好课堂的生成性。生成性教学注重知识的获得过程，关注学生创造性思维的发展，课堂中问题的生成往往是学生自己主动发现探索问题的过程，学生是问题创设的主体，从学生角度得出的问题有时会比单纯由教师提出的问题的价值更大。教师精心准备的问题无论对教学目标的达成，还是对学生的成长来讲，都是非常有质量的问题，但是在教学实践中会出现很多不可操控的状况，并不是所有预设的问题都能得到解决。

（三）问题驱动式课堂

《现代汉语词典》关于驱动的解释是"施加外力，使动起来"。驱动性问题一词来源于基于问题的教学方法。基于问题的教学方法并非像传统的教学方法那样，教师一味地教，学生一味地学习理论知识，而是以教师提出的问题为课堂的起点，让学生围绕问题寻求解决方法的学习过程。在这一过程中，驱动性问题就是其重要的因素之一。有学者认为，驱动性问题是教师在课前设计好要提出的问题，需要教师对教学内容及学生有充分的了解，这是成功实施驱动性问题的基础。学生根据教师所提出的问题进行讨论与交流，发表自己的看法与观点，由此提出解决问题的方法。在这一教学过程中，教师需要发挥一定的引导作用。

"学而不思则罔，思而不学则殆。"没有问题难以激发人的求知欲，感觉不到问题的存在，学生自然也就不会深入思考，而没有思考的学习最多不过是表层和形式的映像。"问题驱动式课堂"，旨在凸显学科育人导向，推动课堂由"单向控制"走向"多维互动"，由"被驱动"走向"自驱动"，由致力于解决问题的"知识获取"走向探究原生问题的"知识再造"，助力学生实现知识的个性化创生、理解、掌握与应用，提升学生的学习力，提高课堂教学的育人水平。问题不是为了难倒学生而有意设之，适时地提出优质高效且具有驱动功效的问题可以促进学生的发展，那么学生应如何处理"学与思"的关系？教师又应通过怎样的途径帮助学生理清二者的关系，收到良好的教学效果呢？

"问题驱动"教学，即以"问题"为载体，师生合作，以问题背景创设情境，以教学内容提出的问题为主线，并按照学生的心理智力发展情况精心设问，然后围绕提出的疑问解决教育教学中的实际问题，以此来引导学生自主学习、合作探究，使学生在解决问题的过程中得到进步，实现师生互动、师生综合素质共同提高的目的。笔者认为，驱动性问题是围绕知识点进行课前设计且相互之间有联系的问题，这些问题层层递进，紧密相连，可以发散学生的思维，引起学生的思考。学生通过问题的驱动，不仅可以学得知识，还能提升解决问题的能力。驱动性问题是教师进行问题教学的重要手段。教师通过驱动性问题进行教学内容的呈现，学生的思维通过问题得以驱动，从而学习知识，最终问题得以顺利解决。"问题驱动"教学需要考虑以下几个方面：一是问题的设计角度，提出的问题是否契合教学目标、教学内容、学生情况等，问题是教师在课前精心设计的，并非课堂上临时提出的、没有任何意义的问题；二是问题实施的有效性，其是否在合适的时间、以合适的方式提出，并且是否让学生进行充分的思考；三是提出的问题是否能真正驱动学生的思维发散和知识的迁移，是否能有效地反馈学生的认知水平，能够形成真实、有效的评价体系。因此，教师在课前结合教学内容、学生学情等设计的，真实、科学、有明确指向性和能够驱动学生思考的且在课上能增强学生兴趣与参与感的问题，可以使教师更加快速地达成教学目标，从而提高教学效果。

1. "问题驱动"教学模式的特点

有效的驱动性问题对问题解决的教学能起到事半功倍的作用，对学生的学习也产生着深远的影响。经过对"问题驱动"教学相关文献的研究，可知"问题驱动"教学模式的特点具体如下。

（1）情境创设是前提。

"问题驱动"教学可以为学生创造一个良好的学习环境，让其融入其中、自然而然地进入学习状态而不是感觉到在接受教育。当学生适应这个情境并找到它与知识的契合点时，问题的解决也水到渠成。新学会的知识实质上就是一种高级规则，它使个体能够解决相似的其他问题。此外，还需要考虑问题的情境，不同类型的问题情境，总是有其不同的作用，笔者将问题情境概括为五类，主要包括：创设"悬念式"问题情境，激发学生的学习兴趣；设置"矛盾式"问题情境，培养学生思维的辩证性；设置"直观式"问题情境，拉近学生与文本的距离；创设"生活化"问题情境，增强学习的综合性；创设"开放式"问题情境，历练学生思维的发散性。由此可见，问题情境的类型丰富多样，教师应根据教学内容与教学目标创设问题情境，借助多媒体，利用图像、音乐、文字等多种形式相结合的方式来调动学生的积极性，使学生快速进入问题情境中。

（2）问题设计是关键。

"问题驱动"教学，顾名思义就是以问题为载体驱动教学，它是"问题驱动"教学模式的精髓所在。问题设计的好坏直接关系到教学质量的高低。问题的设计要与学生的知识水平和认知能力相吻合，在"问题驱动"学习系统中，好的驱动性问题应具有"可行性、价值性、情境化、意义性和可持续性"的特点。

（3）自主学习是灵魂。

课堂教学是学生的"学"和教师的"教"相结合的双边活动，二者缺一不可。好的课堂更多地体现学生的主体地位，把问题的提出和解决交给学生。因此，在"问题驱动"教学模式中，要有效地促进学生积极主动地参与，引导学生进行探究和构建认知结构，自觉主动地获取知识，提高分析解决问题的能力。问题会激发学生分析已知，寻求解决问题的未知，通过对问题的分析，学生有了进一步的思考，能很快找到问题的切入点。如，通过什么手段和途径去获取需要的信息，如何给小组成员安排相应的任务，对搜集来的信息如何进行分类整理等。

（4）问题解决是归宿。

不论哪种教学模式，都是为解决问题、寻求答案而服务的。比如我们都知道学科中的数学就是把传统的、单纯的解题过程发展为通过解题获得新知识和新技能的学习过程。同理，学生在解决其他学科问题的过程中，也会不断提高探究、解决问题的能力以及思考问题的能力，以问题解决为最终目的。在此过程中，小组成员将开始收集大量的资料，或请教他人，或运用互联网，或查阅相关书目；当所有资料收集好后，小组成员将对搜集到的材料进行过滤、筛选，剔除与问题不相干的材料。这时，学生往往会面临一些困难，因此，教师要在这时候提供适当的辅导帮助。当学生在小组内对各种解决问题的方法进行分析与评价后，教师便可以指导其选择出一个最佳的问题解决方案。

2. "问题驱动"教学模式实践的优势

（1）以问题为线索，贯穿课堂。

问题驱动式课堂强调将知识用"问题"这个"辫绳""辫"起来。问题是课堂的线索，各个环节围绕问题展开，其贯穿整个课堂教学过程。对于知识点的教学，教师先提出问题，学生再思考问题、交流问题，最后教师收集答案、解答问题。在这种教学模式中，推理和探究成为一种课堂学习常态，学生的思维探究能力得到高效率提升，激起其强烈的求知欲望。

（2）以学生为课堂主体，构建高效课堂。

学生是课堂的主体，但是长期以来，学生的主体地位得不到明显的体现和重视，而问题驱动式课堂是"师生双边"的课堂，教师作为课堂的引导者，把富有深度、生活性、未生成性的问题"抛出来"，经过学生的自主合作"加工"再收上来，最后使学生的"问题意识和探究能力"得到提高，在激发学生的学习积极主动性上发挥了很强的作用。学生在学习过程中，可发现学科问题，并运用学科原理解决学科问题，从而达到课堂教学目标，建构高效课堂。

（3）以核心素养培养为课堂的重要目标。

问题驱动式课堂以核心素养为课堂重要目标。在目标指引下，教师摒弃了旧的、效率低的灌输式教学方式，用问题来驱动课堂，促进学生各方面能力的共同发展。对于学科基础理论知识，教师通过"问题驱动"模式进行讲解，同时培养学生的学科实践技能，并在两者间建立有效的连接。"问题驱动"模式可以推动学生进行思考探究，在这个过程中，学生的个性得到了尊重和发展，更有获得感和自豪感。

3. "问题驱动"的意义

（1）以问题为中心，有利于培养学生问题意识。

没有问题就不会有解释问题和解决问题的思想和方法。以问题为中心的学习，有利于培养学生的问题意识，提高学生分析、解决问题的能力。学习离不开问题，小学生在解决问题过程中避免不了问题的思考、分析、探究。课堂教学活动实质上是发展学生思维的过程，以"问题驱动"促进学生探究，在探究中引发学生对学科问题的深度思考，在思考中促进学生思维的进一步发展。问题是驱动的起点，也是终点。学生围绕"问题"学习，处于需要解决的问题情境中，强烈的带入感会让学生产生紧张感，能够激发学生强烈的解决问题的动机，促使学生主动解决问题。问题的解决是有过程的，需要一步一步地进行，即解决一个个"子问题"，这也是学生要掌握的知识点。学生在解决子问题的过程中，成就感逐渐上升，注意力始终保持在"问题"上，学习的效率大大提升。学生经历问题解决的过程，不但没有学习的疲惫感，还能获得成就感，激起学习的兴趣。在学习的过程中，解决问题不是唯一的目的，培养学生发现问题、提出新问题的能力更为重要。学生的认知是一个循序渐进的过程，问题意识的培养也是循序渐进的过程，教师在教学中开展"问题驱动"教学，有利于学生培养问题意识。

（2）以学生为主体，有利于充分发挥学生主体意识。

以学习者为主体，充分发挥学生的主体意识，促进学生个性发展，培养学生的自主学习能力。传统课堂上"满堂灌"式的教学，教师讲、学生听，并没有充分考虑学生间的差异。学生是有差异的个体，不同知识背景的学生面对同样的问题，不利于学生创造性思维的发展，没有凸显学生的主体地位。问题驱动式课堂中，学生是问题的解决者，掌握学习的主动权。在小组交流、资源共享、评价质疑中，各种观点相互碰撞，容易产生创造性的火花，同时也能加深学生对问题的理解。问题解决后，学生经历自评、互评、教师评价的过程，可全面审视自己，有助于学生反思自己的优势与不足，促进学生自我发展与扬长避短。科学的教学是教师教给学生学习的方法，"授人以鱼不如授人以渔"说的正是这个道理。在"问题驱动"教学中，学生作为学习的主人，学会的是学习的方法、学习的能力；学生学会分析问题，能够自主探究问题，掌握自主学习能力，有利于学生的个性发展。

（3）激发学生学习兴趣，提升学生思维能力。

学生的天性使得他们对有趣的事物格外感兴趣。驱动问题镶嵌在一定情境中，与学生的日常生活紧密相关，容易激起学生的学习兴趣。探究性的问题，多样化的师生活动，能够极大调动小学生学习的积极性。小学生处于心智发展的初级阶段，是培养学习兴趣、学习习惯的重要时期。课堂教学的根本目的是在学生已有的经验、知识水平的基础上促进学生学科素养的提升。教师在教学过程中要重视培养学生的思维能力，促进学生高阶思维的发展。问题作为"问题驱动"教学的起点，贯穿于整个课堂教学中：一方面，问题能激发学生的探究兴趣，调动学生的积极性；另一方面，通过对问题的学习，能锻炼学生分析问题、收集学科信息、解决问题的能力，培养学生的质疑精神，提升学生的思维能力。"问题驱动"教学模式应用于小学教学，结合学科的特性，有利于培养学生善于思考、善于质疑等思维能力。

（4）提升教师专业素养，促进教师专业发展。

提升教师的专业素养，促进教师的专业发展，有利于提高教师的教学能力。课程改革背景下，教师的专业发展越来越受关注，无论是教师个人职业发展方面，还是学生全面发展方面都应该引起重视。师生角色的改变、教学理念的变化给教师教学带来新的挑战，教师应该顺应时代发展的要求，提升教育教学能力，这能给学生提供更好的教学服务，有利于提升教师教学能力，提高课堂教学有效性，同时有利于教师个人职业生涯的专业发展。教师应向经验丰富的专家型教师请教，也可以利用网络平台提升自己的知识储备，以研究者的目光来看待教学中存在的问题，在日常教学中积极反思，在教学实践和反思过程中不断改进、完善教学设计方案，从多方面提升教师的专业能力。

三、问题的基本类型

哲学家卡尔·波普尔提出，"科学与知识的增长永远始于问题，终于问题——愈来愈深化的问题，愈来愈能启发新问题的问题"。问题化学习能够发展学生的问题性思维。问题性思维能力的培养主要体现在问题解决的过程中。问题化学习的特点就是问题贯穿课堂的始终，学生们会一直围绕着问题进行思考，在问题中不断产生新问题。通过一系列的问题，不断激励学生自主学习，深入理解课程的新知。在问题化学习的课堂中，学生带着问题进教室，教师的价值在于要根据学生的问题，运用策略引导学生聚焦课程的重点问题。学生们通过问题的提出、研究、解决到新问题的提出等一系列的学习活动获取知识，并将获得的知识建立在自己思考的基础上。因此在这个过程中，教师是引导者，引导学生积极探究，在不断解决旧问题、发现新问题的过程中，调动学生积极性，充分保障课堂的质量。问题化学习能够促进学生自主学习。教师作为引导者，要正确把握教师的"教"和学生的"学"之间的关系，引导学生学会独立思考。

问题可以揭示学生认识上的矛盾，问题也可以对学生的心智产生刺激。所以，我们认为教学过程应是一个以问题为中心，不断提出问题、不断分析问题、不断解决问题的过程。它改变了教学过程以讲为主，学生处于被动地位的局面，而以启发设问，引导、分析矛盾，揭示其规律的方式进行。当前，国内问题教学方法在过程实施中多会围绕问题核心展开，教师以提出问题为主，同时对学生进行启发引导，学生配合各种活动方案，在教师指引下参与到问题的研究当中，最终达到解决问题的目标。其不足之处在于，学生在上课的时候多是根据教师预先拟定好的线路进行思考，缺少主动性，无法展现出课堂的发展性。不过，因为这种方式在班级授课中比较容易进行，因此，这一种教学的方式在我们国家当前阶段被广泛运用。一般来说，现有问题教学可以总结成问答型、研究型、发现型、问题解决型等，具体如下。

（一）根据提问的情况划分

1."师—生"设问

教师向学生提出相应的问题后，不要求其立刻进行回答，而是让学生通过思考分析、研究，得出自己的结论。

2."生—师"疑问

学生根据自己在课堂的学习或是在预习、复习的过程中所产生的问题，向教师寻求解答帮助。

3."生—生"互问

学生和学生间在讨论过程中互问互答，以自主学习方式加深对于问题的理解。该模式突显了学生的主体性。

4."师—生"追问

在解决某个具体问题后，教师和学生之间追问能够起到循序渐进、加深理解作用的相关问题，继续保持思维的活跃，由此及彼，推动学习进程，问题与问题之间具有比较强的连续性，一环扣一环。

（二）根据问题的内容划分

1. 记忆型问题

需要学生根据已有的知识，进行机械式的记忆、回忆，让知识点得到重现。例如字音、字形、作家作品、名言名句等文学常识，表现特色、修辞手法等语文知识都是需要不断识记巩固的。

2. 理解型问题

需要学生理解文中重要词语的概念，理解文中重要句子的含意，需要学生加强理解能力。一个重要词语或者语句的内涵是无法孤立在文本之外的，只有联系上下文，结合具体语境进行综合分析才能准确解读。

3. 能力型问题

需要学生调动语言、思维、认知等各方面能力的问题，理解的基础上读懂语言的含义，挖掘其深层次内涵，由表及里地赏析其修辞和效果，感受语言的艺术魅力，呈现的是能力的跨越。

（三）根据问题解决的思维类型划分

1. 聚合式思维型的问题

学生对原有的知识进行回忆并根据提供的材料进行综合式的分析、研究，从而得出一个情理之中的答案。

2. 发散性思维型的问题

问题有着开放性、广泛性的特点，需要学生从已知信息出发，通过思维的转变，从新角度去思考并认识问题，进一步对已知信息进行分析及评价，从而形成自己独特的见解。

（四）问题教学的应用技巧

问题是思维的源泉，更是思维的动力。实施以问题为中心的教学，问题的设计是关系整个教学成败的关键。从形式上看，问题是一种双向式教学，其中既有教师的思考过程（如问题设计、预设目标、预期效果等），也有学生的思考过程（思考问题、查阅资料、归纳表述、解决问题等）。问题是促进学生理解和掌握知识，发展学生思维能力，评价教学效果，以及推动学生实现预期目标的有效手段，是提高课堂教学效率的实用策略。教师应根据新课程的培养目标、内容特征、学生已有的经验和认知特点等多方面综合考虑。

（1）面向全体学生发问，使大多数的学生都有回答问题的机会。还要注意五忌：忌先点拨后回答；忌要学生齐声回答；忌不分对象提问；忌急躁对待回答问题的学生；忌只点个别学生（差生或优生）。

（2）做好每堂课的归纳与总结。在最后阶段利用精心设计的问题引导学生总结归纳本堂课的要点、重点和难点，做到心中有数，以便学生课后消化和积累知识。

（3）使问题适合学生的能力水平，不能让问题提出后无人能回答或者每个人都能很容易回答，也就是说要使问题适应各类学生的水平。

（4）鼓励学生。不管学生回答正确与否，鼓励是必不可少的，学生回答完毕后，教师一句"很好！"或"不错！"的肯定，都可以让学生信心倍增，学习动力十足。

（5）问题的提出不能是教师将已有的知识简单地转化为问题，而应由教师创设情境，使学生面临矛盾，从而主动地形成认识上的问题，或让学生通过练习、观察、阅读、讨论等活动遇到一些有趣但又难以回答的问题，并启发他们主动提出问题。教师通常可以采用逻辑设问法和事实质疑法。所以，问题的形成过程就是思维创新的过程，发现问题只是静止地继承，形成问题才是一种创新，形成问题比发现问题更重要。

（五）培养教师和学生的问题意识

问题驱动课堂教学始终是要将"问"这个字贯穿其中，教学过程是一个质问、解疑的双向活动过程。解决所有学科的关键点就在于问题，而生活的智慧也源自事事都要问原因、寻根源。应注意拉近学科课堂和生活课堂的距离，"学"最终还是为了"用"。提出问题、解决问题对学生而言，是自己课内课外理解并掌握知识，获得各方面发展的重要途径。所以，优化教师的提问策略和培养学生的问题意识是目前亟待进行分析研究的两个维度。

1．加强教师提问的有效性

课堂提问可以说是组织课堂教学的一个非常重要的方法，同时也是教师与学生进行沟通交流、及时获得课堂反馈、提高课堂效率的重要方法。教师在课堂上提出一个问题，让学生自己寻找答案，远远比传授一个答案更加重要。有效的课堂提问可最大限度地激起学生的学习兴趣和探索欲望，开启学生的思维活动，提升课堂的学习效率。从教师的角度来看，应该从以下几个方面完善课堂提问。

（1）提问具备针对性。

课堂提问是一种为达成某个教学目标所采用的方法，所以在提问的时候不能过于盲目，更不能想到什么就问什么，想怎么问就怎么问，也不能随意找一个学生进行提问。提出的问题不仅要和本节课的教学目标紧紧联系在一起，同时也要和整体的教学任务紧密联系。课堂提问的主要功能有集中学生的注意力、诱导学生思维训练、检测目前学习效果、促进学生合作探究、锻炼学生口头或书面表达能力。因此，教师课前备学情的工作不能马虎，应充分考虑学生的生活、情感等方面的体验及兴趣、个性等方面的差异，针对学生反馈的信息，最终确立教学的重难点，对问题进行有针对性的设计。教师还要考虑提问中可能出现的情况及应对方法，对提问的形成和内容反复进行认真的思考，同时确立相应明确的思维目标。

（2）提问重视启发性。

课堂是学生和教师的共享空间，但其更是学生的主场，教师要注意对学生的思想进行启发，指导他们自己进行思考、探索并得出结论。教师应从教材的重难点出发，抛砖引玉式地引导，将学生的注意力吸引过来，调动他们主动寻求与当前问题相关的思维。后发性的问题能让学生举一反三、触类旁通，能让学生在解决该问题的时候又思考出新的问题，这样有利于由一个问题自然生成第二个问题，产生"抛砖引玉"的效果。因此问题的设计要具有足够的引导性，帮助打开学生的思路，扩展学生的思维空间，吸引学生主动参与解决问题，实现课堂学习效果的优化。

（3）提问面向全体学生。

教师提问要面向全体学生，关注每个学生的发展。当然，学生作为独立的个体，他们每个人的知识储备量和理解接受能力各有差异，所以他们面对不同水平的问题时反应也是不一样的。教师应了解学生的学习能力，知晓学生的主体需要以及不同层次学生的特殊需求，以便提问时做到因人而异，使问题具有覆盖率和层次性，尽可能让每一位学生都有机会参与问答，营造公平公正的和谐课堂。

2. 提问方法多元化

教师在课堂上提问时不能一味用一种单一的形式，而是需要采取多元化的方式，同时要注意提问的语言要具有多样性，最大限度调动起学生的积极性并且能让学生产生新鲜感。以下是几种方式的简析。

（1）单一式课堂提问。

单一式提问是指教师针对某一问题直接提问学生，这类问题一般通过简单回忆和思考即可得出答案。因为答案易得且具有唯一性，比较适合全班学生共同回答，让学生可以在齐答中相互感染，并且引起思考落后的同学的注意，使其集中精神认真听讲。但需要注意的是，齐答往往适合陈述性知识类问题，有思考余地的问题是很难做到齐答的。即便是对陈述性知识的检测，采用齐答的方式也会让部分同学"浑水摸鱼"，蒙混过关。复述式的提问较适合针对个人进行单独的提问，这类问题虽然是针对个别的同学，但同时会对其他学生有刺激作用，使他们在听取的过程中查漏补缺，巩固所学知识。

（2）层递式课堂提问。

层递式提问是教师对学生提出相互联系的多个问题，问题之间环环相扣，后一个问题的适时引入恰恰是对前一个问题的延续和深入，使学生对问题的理解逐层深刻，常用在有效突破课堂的重难点上。

（3）突发式课堂提问。

教师在课堂上可以时不时提出一些问题，吸引学生关注教学内容，最大限度提醒学生注意自己是否在学习轨道上，制约学生做与课堂学习无关的事情，让学生从暂时的"脱轨"状态回归到"正轨"，使他们在课堂上有更好的精神状态。当然，前提是这类提问需要紧跟教学内容，有一定的针对性和思考价值，不能为了提问而随便问。

（4）点拨式课堂提问。

学生往往无法一次准确回答问题，而是需要反复多次思考整合。在这个过程中，学生不断发现错误，纠正错误，归纳错因，会对问题形成深刻的记忆。是以，教师可在课堂中提出一些学生容易出错的问题，当学生回答有误时，教师需要及时引导学生寻找错误根源，有点拨性地再次提问。

（5）双向互动式课堂提问。

教师在学生为主体的课堂上，不仅要多鼓励学生积极提问，向教师寻求解答，还要在学生之间展开互动，生生之间交流受时空限制相对少一点，使学生养成互相提问、合作探究的习惯，可以更进一步拓宽思维。双向互动式课堂提问不仅有师生提问，也有学生对学生的提问，问题的来源和问题的解决大多出自学生，这样有利于学生自己探寻解决问题的方法和途径。教师在必要时指点迷津，这样才能真正把提问的权利交给学生，把解决问题的机会留给学生，教师不是不参与，而是宏观调控。有时候学生的问题也能促进教师的思考，填补课前备课的漏洞。教师和学生共同发展，为学生的创造性思维发展建构知识和信息环境，让学生积极参与活动并且在活动中得到个性化发展。教师鼓励学生：遇到难题并不可怕，可怕的是失去探究的信心和能力。学生问出了水平，又有水平地解决了问题，会从中得到成就感。

（6）提问的语言表达清晰明朗。

语言是教师传道授业解惑最重要的媒介，新课程改革要求教师语言规范、简明、富有感染力。无论从哪个角度来看，清晰明确的教学语言对学习成果的取得都是不可或缺的因素。无论是对高级认知的提问语言，还是对学生评价的语言，都应该以亲切引导、关爱鼓励的语言为主，根据具体问题应用陈述、疑问或是赞美、肯定的语气，营造良好的师生学习氛围。另外，教师还要调节好提问语言的节奏，做到疏密有间、张弛有度，扫除呆板、沉闷的课堂气氛。

课堂教学的提问不能脱离教学目标，要根据学生的知识储备、理解分析能力、心理情绪状态等相关因素激发学生兴趣，以问题驱动学生主动接受知识。当学生的内部需求化为学习的驱动力时，学生就可以保持较好的状态参与思考、讨论、分析、归纳等系列活动，不断地从有效的课堂提问中收获自信感和愉悦感，在课堂中保持良好的学习心态。

（六）学生问题意识的培养

爱因斯坦认为提出问题胜于解决问题，是因为创新能力更加难能可贵。但是在传统的课堂中，教师往往是主动者、支配者，学生是被动者、服从者，听从教师的学生才是所谓的"好学生"。有国内研究者归纳出学生问题意识弱化的原因主要有五个方面：观念障碍；信息障碍；教师权威障碍；教学方法障碍；技能障碍。应试教育的首要弊端在于教师一直在做本该由学生自己做的事，帮学生读书，帮学生思考，帮学生找答案，然后干脆"好人做到底"，将辛苦找到的结论和答案直接输送给学生。从表象分析，这些问题好像最终都被学生心安理得地接受了，但是这种方式完全忽视了学生自己发现、思考、创新的过程，忽视了对学生问题意识的培养，自主探究、自我表达能力的训练，导致学生学到的知识是比较死板的。可以见得，要注重培养学生的批判和质疑的能力，才能使其学习能力进一步提升。

一个好的问题会是一堂好课的亮点，学生的高效学习也会从提出一个有价值的问题开始。从发展的角度而言，提出问题是学生探究的起步；从课堂教学的过程而言，提出问题是发展学生能力的重要环节；从教师的职责而言，提出问题是激发学生求知欲和尊重学生思想的基本职责。所以，如何使学生有勇气在课堂上提出问题，如何激发出学生敢问善问的潜能，都是培养学生的问题意识、创新能力的重要课题。

1. 落实以生为本观念，为学生提问营造和谐氛围

让学生敢于问问题是培养学生问题意识的基础，但是长期的被动接受学习让很多学生在课上不敢或是不想提问，他们会存在因自己提出的问题简单而被

别的学生或教师笑话的顾虑，有的学生甚至会怕提出课堂难以解决的问题后教师会不高兴。特别是一些成绩不太理想的学生，他们会认为提问是好学生的任务，与自己没有什么关系。这样的课堂不会有良好的教学效果，还会让学习成绩不好的学生更加不自信，对学习失去兴趣。长此以往，本身成绩相对落后的学生就会变得更加落后。所以，作为教师而言，在课堂上要做到教师和学生、学生和学生之间的平等，不伤害他们的自尊，不践踏他们的人格，不阻碍他们的个性发展，为相对落后的学生营造一个和谐的学习环境来起步发展。教师也要一改居高临下的高姿态，平等参与到学生的活动中，适时提出问题并接受学生的不同意见，实现从"师道尊严"向"学道尊严"的转变。

鼓励赏识学生的教师最容易受到学生的欢迎，学生有了学习的热情和信心，在民主平等的和谐氛围中，会慢慢解放自己并自由思考，养成敢于提问、善于提问的良好习惯。教师与学生主要采取协商、讨论的方式决定师生共同关心的问题，如果想让学生提出问题，就要给学生一定的思考时间，一旦学生在课堂上想问、敢问、能问，教师就大胆将课堂交给学生自己去思考、分析、讨论、探究，让学生爱上自己研究解决问题的课堂。一线教师很清楚的是，课堂上的学生在解决问题的过程中会遇到各种阻碍和困难，如果教师为了让课程进度不受干扰或者让预设课堂的完整结构不被分解，不在课上留出足够的时间、空间，忽视学生自己发现的问题，中断学生的思维，放弃一起讨论共享的乐趣，其实是得不偿失的行为，不会让学生养成强烈的问题意识。教师以生为本，在课堂上留时间给学生，并不是说自己就可以置身事外了。教师应就问题设置陷阱，诱导学生去质疑并思考，并且在他们苦思不解时巧妙点拨，学生的思维冲突越激烈，新问题产生的可能性越大，这样也是强化巩固已学知识的过程。当然，教师要掌握学生提问空间和时间的度，不可使其占用过长的时间，并在学生有困难的时候，及时给予帮助、引导。

2. 强化基础知识掌握，为学生提问创设适宜条件

学生专业知识的掌握程度直接影响他们的实践能力，缺乏基础知识储备就无法对获取新知产生动力，缺乏动力就无法调动思维形成问题意识。所以，首先要让学生储备良好的基础知识。基于这一点，教师就应有意识地使学生加强基础知识的学习，不断扩展阅读面，丰富知识层面。当知识积累达到一定量时，学生势必产生困惑，此时教师应抓住学生有想问问题的冲动的这个契机，给学生创设适宜条件，鼓励学生有勇气提出来，对增强学生信心，产生探究期待有很大帮助。有了知识的基础，才可提高学生的思维能力，对类似问题产生

相关疑问和解决的意见。

3. 抓住课堂过程亮点，及时对学生提出的问题给予引导

课堂的精彩往往来自学生的一个意料之外的问题或回答，如果问题有价值，应及时肯定，使之成为课堂的一个亮点，因为学生保持探究的兴趣和动力的源泉之一就是自身得到肯定。即使有些学生提出的问题模糊不清，思路不明，教师可以先对其提问行为给予肯定，再对问题本身适时点拨引导，帮助学生把问题表达得清楚明晰。如果学生所提出的问题是常识性的错误，教师也要机智地将错误转化为课堂的教学资源，帮助他及时纠正。学生会从亲历解决问题的过程中收获知识、能力以及尊重。

4. 开发批判性思维，培养学生掌握提问的习惯与方法

批判性思维就是从新角度去思考传统理论，质疑权威结论。开发学生的批判性思维，一定要从课堂开始锻炼学生各方面的思维能力，大胆冲破思维定势的束缚，拓宽思维的深度和广度。学生提问是课堂中常见的展现自我风采和个性的形式之一。问题意识的形成离不开批判思维，所以教师决不能忽略学生质疑的大好时机，培养学生掌握一定的方法，在质疑中分析问题、思考问题、解决问题。其实，教师让学生进行批判的同时，教师也会受到很多启迪，加深对文本的挖掘。学生问题意识的培养是聚沙成塔的渐进过程，教师与学生共同营造民主和谐的课堂气氛，给学生留出提问的时间和空间，处理好过程的放和收，发展学生批判性的思维能力。学生会在自学后及时发现问题并提出疑问，敢于向教材质疑。

（七）问题教学实施要求

1. 平等、民主的师生关系是实施问题教学法的前提

教师必须转变"师道尊严"的思想，以学生为本，努力创设平等、和谐、民主的教学氛围，充分调动和发挥学生的主观能动性和积极性，努力发掘学生的创造意识和能力，使学生学会自主学习，激发学生学习的动力，树立远大的奋斗目标。教师还要努力创设问题情境，引导学生在学习过程中勤于思考，方能做到"学""疑""思"相结合，逐渐形成问题意识并找到解决问题的办法。

2. 弹性、宽松的教学管理是实施问题教学法的保证

传统的教学管理是整齐划一的，存在压抑人的个性发展倾向的，较为封闭的教育；现代的教学管理是有弹性、宽松且促进人的全面发展和个性解放的开放教育。问题教学法的实施要求教学管理者进行教育管理制度和教学体系的创新，不仅具有民主的管理作风，还要求进行教学方法及教学内容的改革，大力提倡启发式教学。更重要的是，在教学管理制度的制定和教育决策的过程中，要强调学生的参与，即要大力提倡"学生自治"或"自我教育"，使学生在参与教学管理的过程中学会思考问题，真正成为学习的主人和学校的主人，从而实现学校教育以人为本的目标。

3. 学生具有问题意识是实施问题教学法的基础

实施问题教学法首先要逐步培养学生形成问题意识。学生的问题意识是指学生在学习过程中由无疑而生疑，由有疑而思疑，由思疑而释疑，由释疑而心怡，从而逐渐养成爱思考、善于解决问题的方法。这种"学—疑—思—释—怡"的过程，就是学生问题意识的形成和培养的过程，学生的问题意识和自主学习意识共同构成了学生学习过程中的两大重要因素。

4. 教师的问题意识是实施问题教学法的关键

教师是否具备问题意识和提问技巧是决定问题教学是否成功的关键。首先，教师应不断扩大自己的知识面，努力提高素质，做到有问必答，凡答必妙。其次，教师也应树立问题意识，做到时时引导提问，处处激励解答，并做到多层次解答。在创设问题情境上下功夫，在提问技巧上多思谋。最后，教师应把握提问的度，做到"不愤不启，不悱不发"，不到学生处于思考的状态时不提问题；不提可直接回答的问题；提问题时要根据学生的个性差异和年龄特点，因人而异，不提千人一面的问题。

第五章　奠定课堂教学之基础

第一节　我们的课堂主张

每一所学校都是一所潜在的特色学校。每一所学校都有自己的实际情况，都有自己的个性。"形成办学特色"的意义在于找到学校个性优势、个性资源，找到最适合本校个性发展的道路。因此，每一所学校都能发展为特色学校。

文化积淀与文化张力是凸显学校办学特色的最本质的东西。所谓学校办学特色，就是创建学校文化上的自身特色。"办学特色"只有上升到"学校文化"的高度，才能显现出独树一帜、卓尔不凡的魅力，即以文化为内核，形成遍布校园的特色氤氲，使其浸润学生和教师，内化为学校的品质。因此，特色学校更加着重于文化层面和精神层面的发展。特色学校最深层的追求还是人的发展。

盐小东区从2006年就开始致力于追求"和乐教育"。学校认为"和乐教育"至少包括两个层面的意义：从整体的层面看，和谐统一、相宜相生；从个体的层面看，和而不同、各得其乐。基于这样的认识，学校在2007年至2010年三年规划时重点关注的是整体的和谐统一、共生共融。在2010年至2013年三年规划时，学校转向对"差异""个体""不同"的关注，让盐小东区的师生在"和"的前提下追求各得其所、各有其乐。"和乐教育"理念主要是通过四个方面来建构的，即和顺管理、和雅德育、和润教学和和美校园，而和润教学是"和乐教育"体系的核心与关键。

一、和润教学的提出——"三个源于"的基本认识

（一）源于"教育是农业"的基本认识

著名教育家叶圣陶先生曾经说过："教育是农业，不是工业。"重温这句

话，首先引发的思考就是农业与工业的根本区别究竟是什么？我们的答案是：农业的对象是生命，工业的对象是材料和产品。这表现在以下几个方面。

（1）但凡生命，都有它自身的生长特点和生活习性。与农业不同，工业可以统一产品的型号，保持产品的性能一致，输入相同的生产程序，即工业可以使用相同的模式和流程制造产品。然而世界上没有两片完全相同的树叶，不同的农作物都有不同的生活习性和生长特点，需要不同的栽培方式，不能强制它生长。与之相似，每个学生都是独立的活生生的生命个体。他们都有不同的生活经历、认知特点、学习风格和发展方式。这意味着差异是教学的逻辑起点，教学应当从差异开始，以差异结束，而不是强制每个学生都按照一个相同的方向，以一种相同的方式发展。对于生命的这种本性和内在力量，外部环境不能彻底改变它，只能顺应它、保护它并使它发展，此所谓古人云："能顺木之天，以致其性焉尔。"

（2）但凡生命，都是一个有组织的整体。构成这个整体的各个部分必须得到均衡的满足和发展，否则就会失衡。在农人那里，农作物是被当作整体进行培育的，其中任何一个部分失去滋养，农作物便无法丰满生长。与此相似，学生是一个完整的生命存在，它需要在身体、知识、智慧、情感、精神等方面得到均衡、全面的发展，否则就会失去健康，成为不健全的人。

（3）但凡生命，都有一个渐进的自然生长的过程。农作物的生长都需要一个周期。同时，农作物的培育是一个复杂的过程，需要农人精心地培土、浇水、施肥、除草，才能结出丰硕的果实。正因如此，农人习惯于耐心、细心的守护和等待，而不会拔苗助长。苏霍姆林斯基曾经说过："教师与之打交道的，是自然界中最娇嫩、最精细和最敏感的东西，是小孩子的大脑。当你想到大脑时，就要想象这是一朵挂着露珠的、娇嫩的玫瑰，要做到摘下花朵而又不使露珠跌落，需要多么的小心谨慎。"

通过以上简单的列举，就会发现教育与农业有太多的类似，教学的本质属性和根本意义应当从"农业"中去追寻。作为一种培养人的社会实践的活动，教学必须追求效率和标准。效率和标准本身是没有问题的，问题在于，教师在追求效率和标准的同时，不能忘记教授的对象是一个个独立的、整体的、活生生的生命！因此，在面对学生时，盐小东区需要每一个教育工作者学习农民的善良及其对生命的尊重，让学生能够获得真实而舒展的成长。

（二）源于学生"有"的思考

坚信学生"有"，即学生有求知的本性、欲望、兴趣和能力。教学要做的事情是帮助学生将他"有"的东西充分地挖掘、发挥和引导出来,而不是一味地从外部加以灌输。

18世纪的卢梭是一个真正"发现儿童"的人,主张"把儿童看成一个独立的人",批判当时的教育忽略儿童。20世纪加德纳"多元智能理论"主张发现不同儿童的不同优势智能,让教师树立"人人都能发展,人人都能成才"的儿童观。著名教育家于漪提出,学生是学习的主人,是能思善想具有主观能动作用的人,而不是"容器"。教师要把"教"的出发点转换到从"学"出发,要目中有人。教师的"教"是通过学生的"学"而发挥作用的,因此教师要不断研究学生的新情况和新特点,启发、引导学生学习。

盐小东区的每一位教师都清楚地认识到,儿童不是"一张白纸",所有的孩子都不是"零起点",每个生命都具有高级本能和潜力。在课堂中,如果教师能给学生创设和提供一个开放的、多样性的发展环境,那么学生获取适合自己发展方式的概率就会大大提高。

既然学生"有",教师就应该帮助学生找到新旧知识的"连接点",教学活动的实质就是利用这种连接帮助学生对自身的认知结构进行重新建构,建立起更科学、更完整的认知体系,使学生实现在原有基础上的发展。

(三)源于学校质量提升的反思、追问和调整

1. 反思——学校内涵发展需要什么样的教学追求

学校更名为"成都市盐道街小学(东区)"至今,已经走过七年的风雨磨砺。在借助盐道街小学教育链优质资源、主动谋求学校特色发展的七年中,学校逐步形成并提出了"和乐教育"的办学理念,其核心是通过和乐校园生活的构建,寻求师生"和而不同,乐而不松,各得其所,各有所乐"的发展。

学生作为学校发展中最为鲜活的个体,是和乐校园生活中最应该被关注的核心群体。如何通过各种适合学生成长的教育活动和方式,充分激发学生的学习潜能,促进学生和谐发展与快乐成长是我们一直研究思考的问题。

2. 追问——我们的课堂怎么了

在对盐小东区前期的课堂研究进行的梳理中发现,盐小东区的课堂出现了"几多几少":关注教授多,关注习得少;关注讲授多,关注探究少;老师要求多,学生自主少;课堂封闭多,民主开放少。过多关注了结果,而忽视过程的落实;过多关注了教学的内容,忽视了学生的生命成长。学生的课堂表现是被

动的、沉默的,课堂氛围是沉闷的,课堂的效率是费时低效的。教师们也常有这样的困惑:为什么都讲了,学生还是不会?为什么时间花了很多,教学的效果却不太明显?教师教得累,学生学得苦,这样的课堂现状严重制约了学生主动、生动地发展,很难真正实现学生快乐成长的培养目标。

3. 调整——让学校的教学"正本清源"

通过分析发现,唯有关注人的教学,才能真正让教学"正本清源"。盐小东区作为一所老城区的小区配套学校,特定的生源结构要求学校必须找到适合学校的课堂追求和教学方法。教师唯有用农业的方法,精耕细作,顺势而为,尊重学生个性差异和成长的特点,相信学生的潜能,并让学生的潜能在教育教学活动中获得最大限度的发挥,才能让学生体验生命成长的快乐。"和润"教育的思想才能真正得以落实。在"基于农业的教育观"和"基于'有'的学生观"的两个基点之上,学校踏上了"和风润雨,顺木之天"的和润教学的课堂特色创建之路。

二、和润教学的诠释

(一)和润——和风润雨,顺木之天

1. 关于"和"

《广雅》中说:"和,谐也。""和"与爱意教育、柔性教育是一致的。教学发生当中的两个重要心理变量——教师、学生都是"柔"的。

学生是"柔"的。王守仁说:"大抵童子之情,乐嬉游而惮拘检,如草木之始萌芽,舒畅之则条达,摧挠之则衰萎。"儿童往往处于具有柔弱的心理变量的位置。

成人则必须有童心,虽已成人,但保有儿童天性才能将心比心地去对待儿童。所以,教师是长不大的儿童,从这个角度来看,教师也要"柔"。

《礼记》中说:"其爱心感者,其声和以柔。"如果一个人是充满爱心的,或者是被爱心感动的,那么他发出来的声音一定是"和"的,同时是"柔"的。假如我们是充满爱心的教师,那么面对学生的时候,教师的声音一定能自然地浸入学生的心里。

《广韵》中记载:"和,不坚不柔也。""和"在教育本性上是柔性的,刚柔相济就是"和"。刚性教育容易引起被教育者和教育者的对立情绪。惩罚训斥

孩子时，孩子内心深处会出现对立情绪，这是受一种规范的约束之后克服自己，然后顺应教育要求的表现。而"和"的教育则不然，我们常常用"和风细雨"来描述爱的教育、柔性教育。因此，"和"与爱意教育、柔性教育是一致的。

2. 关于"润"

"和润课堂"的"润"，指达到和谐目的、和谐状态的方法、途径。"随风潜入夜，润物细无声。""润"，讲究策略的艺术性、创造性，研究教育教学过程的自然无痕，研究课堂教学诸元素的和谐发展，研究各学科教学、各种教材的自然渗透浸润，研究教育的节奏与学生心理发展的节律合拍。学生的思想品格、人格精神不是教出来的，而是学生耳濡目染、逐渐养成的。教师要在"和"的课堂氛围中，发挥浸润和潜移默化的影响和感染作用。

从儿童对知识符号的接受心理来看，因为抽取了生活的鲜活，符号变得理性而晦涩，符号去情境、去生活后，失去了感性，色彩已经不丰富了，所以，儿童接受时就会抗拒。这时候，就要想办法让枯燥的符号能够进入学生的内心，因此要对枯燥的符号进行审美变形。这样的过程应不着痕迹，直入儿童心田。这样的处理方法叫"润"，也就是"润滑"的意思，正因为"润滑"，才容易进入儿童的心田。"润"其实是对刚性、理性教育的柔性处理和对枯燥乏味的符号系统的审美变形。"润"是策略，"润"是针对儿童天性的柔性；对粗暴教育方式的艺术化；对理性、晦涩的文本符号的审美变形，使之色彩丰富，顺畅地进入儿童的心理空间。

3. 关于"和润"

"和"与"润"既有统一性，又有区别之处。

"和"意味着柔性，意味着充满爱意，意味着去刚烈粗暴，在这个意义看"润"，"和"就是"润"，二者具有统一性；对枯燥的符号进行审美变形要借助某些审美手段，从这个角度看，艺术审美与"和"具有一致性，在这个意义上的"润"就是"和"；"润"的课堂不会采取单一的教学方式，而强调多彩的、多样性的选择，在这点上，"润"和"和"是一致的。

但是"和"与"润"也有区别，"和"不仅是通道、途径、手段，更是目的、愿景。我们通过"和"的教学、手段以达到知识、社会、儿童三维度的和谐统一，达到儿童德智体美各方面的和谐生长，达到儿童感性和理性和谐；达到社会发展需求与个人发展需求相和谐。"和"是一种新思维，"润"是新工艺,"和"在理念层面上指导"润","润"在操作层面上践行"和"。

4. 关于"和风润雨"

"和风润雨"取"和风细雨,润物无声"之意。教师运用适合学生发展的教育教学策略,在课堂教学的各环节开展教与学的活动。这样的教学,处于主体地位的是学生而不是老师,老师为学习提供支持,提供环境,提供条件,教师在不知不觉中影响学生,无痕的教育就像是一个"场",在"场"效应的作用下,学生逐渐内化知识。

5. 关于"顺木之天"

该词源于唐代文学家柳宗元的《种树郭橐驼传》。郭橐驼是一位驼背老者,以种树为业,名扬京城。他所种之树"或徙移,无不活;且茂硕,早实以蕃"。有人问他有什么绝技,他回答说:"能顺木之天,以致其性焉尔。"所谓"顺木之天",就是尊重树木的本性、天性,相信每一粒树种、每一棵树苗都有长成参天大树的潜质。只有"顺木之天",才能使这种潜质和天性得以正常发挥。育人正如育树,要培养一个做题目的天才是容易的,但是培养人的品性却需要这种种树的道理,教育是需要"学"与"教"统一的,所以"教"应适于"学"的人本身,顺从人的天性,从而潜移默化地造就一个人的品性。

(二)和润教学

"和润"教学之"和",指向课堂环境的和谐、师生之间的关系和谐、教学目标和教学内容的和谐、教学活动及教学策略的和谐,教学评价与教学反馈的和谐,教材内容与媒体选择的和谐等,"和"是"和润"教学的前提,"润"是方法和手段。这关注的是学生在发展中,教师如何尊重学生的个性差异和成长的特点,选择运用适合学生成长的方法,让学生的潜能在教育教学活动中获得最大限度的发挥,体验成长快乐,获得"和而不同,各得其乐"的发展。"和润教学"关注人格心灵、充满人文关怀;"和润教学"有丰富的内涵,充满经典文化的浸染;"和润教学"关注学生内在心智,使之充满美好体验;"和润教学"是工具性、人文性合一的课堂,是自由对话的关注个性发展的课堂,是充满审美的愉悦的宜人心境的课堂,是绿色生态的整体和谐的课堂。

三、和润教学的特征

和润教学倡导用"润物细无声"的教学策略和途径来培养学生,是在长期的课堂教学活动中形成的，是师生自觉遵循和奉行的共同的教学理念和教学行为。和润教学具有以下四个特征。

一是顺势。和润教学首先强调顺势而为，不做作、不强求，面向全体学生，尊重学生的个性差异，真正做到因材施教，保证让每个学生都能积极且有个性地发展。同时，和润教学也尊重教师，提供适合教师的有特点的、成长的职业生活。

二是渐进。和润教学应该是长期坚持且循序渐进的一个过程，重在学科方法、学科能力、学科思想的培育上。和润教学中，教师不会直接"给"出知识，而是在师生互动、生生互动的过程中逐渐"润"，"润"方法、"润"能力、"润"思想。

三是调和。和润教学追求课堂的缓急有序、动静相生、疏密相间、起伏有致、浓淡相宜、张弛有度。需要的是耐心等待、随机应变、细心关照、合理调控甚至以退为进、以守为攻的介入。和润课堂追求各个方面的和谐有度，以达成"和"的教学目标。

四是无痕。教学是一门艺术，讲求教育功能的隐蔽，追求的是心灵与心灵的对话，指向的是无痕和无言。儿童是鲜活的生命，而生命的成长无时无刻不在变化着，和润教学是像呼吸一样自然发生的过程，使孩子们在潜移默化中获取知识、形成能力，在春风化雨中浸润思想、提升素养。

"和风吹绿柳，时雨润春苗。"和润教育坚持以教育润养每个生命的和谐成长。这种润养，是对每个人全方位的滋润养育，是润物细无声的感召，是在潜移默化中体现教与学、师与生的价值融合。我们期待通过"和润"教学特色的创建，让我们的课堂成为学生张扬个性的天地，让我们的校园成为师生共同向往的乐园，从而实现盐小东区"和而不同，乐而不松，各得其所，各有所乐"的价值追求。

第二节　我们的基本策略

一、策略一：浸泡（重在滋养，关注"学习场"的培育、全方位的熏陶）

（一）情境创设重激发

教学情境是指具有一定情感氛围的教学活动。"境"是指教学环境，"情"是指洋溢在"境"中的教学双方即师生之间的情感交流，情因境而生，境为情而设，情与境统一方为情境。创设好的情境能促使学生产生学习动力。"兴趣是最好的老师"，学生的兴趣从何而来？创设恰当的情境不失为一种良方。好的情境教学能让学生自主学习，激发学生的学习热情，更好地促进学生智力的发展。好的教学情境能引发学生积极思考，丰富想象，内化知识，强化学生的认知行为，促使师生双方达到和谐统一。创设愉悦的教学氛围是激发学生积极进取的好方法，它能改变平铺直叙的刻板式说教，使教学跌宕起伏、错落有致，在学生脑海中形成深刻的印象。同时良好的教学情境能使师生关系密切，使教与学更加协调，能有效消除学生在学习中的紧张心理，达到"亲其师，信其道"的教学效果。兴趣是最好的老师。好的情境创设不仅有利于突出教学目标，突破教学难点，更有利于学生保持良好持续的学习状态，于亲身体验中理解习得知识、获取能力。

案例 1：《流动的画》

有人说过：好的开课，是教学成功的一半。开课的成功与失败，取决于孩子的学习积极性和学习主动性，而兴趣就是培养孩子积极性的一个先导。在教学《流动的画》这课时，我抓住孩子们对画画的兴趣，开课时就让孩子们画出自己外出旅游或坐车时所看见的喜欢的东西。此时，孩子们很认真地画出自己喜欢的东西，有房子、远山、森林等，接着我问："孩子们，你们见过会流动的画吗？"望着孩子们疑惑的眼睛，听着他们叽叽喳喳地议论声："画还会动吗？""画会动，不可能吧？"此时我知道他们想听我的答案了，我告诉他们今天我就要带着他们去看看这幅流动的画卷，并请他们将自己心中的疑问提出来："为什么说这幅画会动？""这幅画是谁画的？"这样我便很顺利地进入了新课文的学习，同时也使孩子们带着问题和好奇进入了文本。

案例 2：《林中乐队》

（播放森林中的音乐。）"同学们，奇妙的音乐把我们带入了美丽的大森林，谁来说说刚才你听到了什么？仿佛看到了什么？你的心情怎样？"（学生谈感受。）从音乐情境出发，用听觉上的感受带领孩子们"走进"森林，感受自然的魅力。

案例 3：《认识角》

教师在执教《认识角》一课时首先为学生提供了学习和生活的原型，支持学生的学习兴趣。教师在新课引入环节中遵循我校"有"的学生观，针对学生在图形认识方面已有的知识，出示了一些学生熟悉的图形（如长方形、正方形、三角形、平行四边形）来引入新课，让学生在熟悉的情境里进入新的学习。之后教师出示了学生生活中常见的"剪刀、钟面、红领巾"等物品图案，使学生直观地感知角。

（二）活动设计重参与

教学活动的设计是为了使学生能够更好地掌握学科知识技能，形成一定的学习策略，为后续学习打下基础。因此活动的设计实施一定得关注学生的参与。只有学生广泛参与的教学活动，才能让学生体验深入，认知深刻。

活动设计需要注意以下几点：首先教师要研究学生的基础，从基于"有"的农业生长观出发，在学生的知识基础上引发出新的知识生长点；其次通过情境的导入，让学生能尽快地进入文本，深入探究；最后，在学生遇到问题的难点时适时点拨，启发他们用自己的方法得出学习结论。

案例 1：《铅笔有多长》

在设计这一课程的时候，教师预想了 4 次活动，每次活动都指向了不同的教学目标。活动 1 为测量 1 号铅笔（长 10 厘米）有多长，教师放手让学生先根据已有的测量活动经验和方法独立完成测量，学生会轻松得出 1 号铅笔长 10 厘米的结果。在全班汇报交流时，教师适时追问："1 号铅笔除了长 10 厘米，还可以怎么说？"让学生在思考其他表达方式的过程中，认识到 10 厘米就是 1 分米，分米是新的长度单位。活动 2 为测量 2 号铅笔（长 6 厘米 3 毫米）的长度。学生在自主探索和独立操作的过程中会发现：之前的长度单位厘米已经不能准确地表达 2 号铅笔的长度，这是新知和旧知之间存在的冲突，也是解决当下学习问题的需求与已有知识不足以解决问题之间的冲突。认知冲突的产生、解决问题的需求会迫使学生主动学习新知，即认识新的长度单位。因此，在独立探索后，教师先让学生相互交流，在相互学习中尝试解决问题。在这一过程中，学生的学习需求被激发，主动学习的意识增强。活动3为比长度（比较1分米和1毫米），帮助学生建立空间观念。活动4则以小组合作学习的形式，探索已学长度单位之间的关系。这些丰富的学习活动不仅有助于学生积累丰富的活动经验，同时也让学生在活动中因教师对问题的指引和活动中产生的问题而滋生自身主动学习的意识。不论是主动地独立学习还是主动地合作学习，都意味着学生的学习真实有效地发生了。

案例2：语文作文教学与少先队活动融合

作文是小学语文教学中的重要组成部分，是检验学生听说读写综合能力的主要方式。但是由于小学生的生活经验和视野有限，不少学生在作文写作中生搬硬套，甚至出现抄袭现象。这些问题的产生与学生缺乏写作素材、缺乏生活经历有直接关系。而少先队活动的开展，为学生提供了更多实践与了解社会生活的机会，学生可以获得更加丰富的写作素材。少先队活动丰富多彩，而且有着很强的时效性。通过少先队建队日活动进行爱国思想教育，在这项活动中，可以组织学生进行写作比赛，以"我的建队日"为主题，结合学校的少先队活动，让学生在亲身参与活动的过程中，了解到课本中没有的英雄事迹和历史事件。在这样的氛围感召下，不少学生通过写作表达了对祖国的热爱，对抗战英雄的崇敬，对现在幸福生活的珍惜和感恩，对未来奋斗的畅想等。少先队活动为学生提供了丰富的精神营养和写作素材。

（三）评价激励重指引

教学中运用多样评价方法，对学生的学习活动给予适时的反馈，让评价在激励中指引学生进行深入的学习体验，获得持续的发展。

1. 教学评价设计的原则

（1）目标性原则。

教学评价的设计要以教学目标为依据，在教学之后，学习者在认知、情感和动作技能等方面是否产生了如教学目标所期待的变化，这是要通过教学评价来回答的，离开了明确具体的教学目标就无法进行教学评价。

（2）关联性原则。

设计教学评价时应关联教学目标与评价方式，追求不同评价方式的互补，通过多样化的评价方式和工具，促进学习目标的实现。

（3）过程与结果统一原则。

教学评价，既要评价教学的结果，也要对教学的过程及其中的方方面面进行评价。信息技术环境下的教学设计要改变以往过分重视总结性评价的教学评价方法，而应关注形成性评价、面向学习过程的评价，对学生在学习过程中的态度、兴趣、参与程度、任务完成情况以及学习过程中所形成的作品等进行评估。

（4）客观性原则。

在设计教学评价时，从评价的标准和方法到对评价者的规范，特别是最终结果的评定，都应符合客观实际，不能有主观臆断的成分或掺入个人情感。

（5）整体性原则。

在设计教学评价时，要对教学活动的各个方面做多角度、全方位的评价，而不能以点代面、以偏概全。为此，教学评价应该具有多样化的特点，实现评价的主体内容、方式、对象和标准的多元化及评价过程的动态化。

（6）指导性原则。

在设计教学评价时，应把评价和指导结合起来，要对可能的评价结果进行认真分析，从不同角度探讨因果关系，确认产生的原因，设计具有启发性的应对方案，以帮助被评价者明确今后的努力方向。

2. 操作方法

（1）档案袋评价。

学生档案袋或学生成长记录袋是指能显示学生学习成绩或持续进步信息的一连串信息以及其他相关记录和资料的汇集，其中一般包含关于学生学习过程中的学习目的、学习活动、学习成果、学习反思等主要信息。学生档案袋评价则是指通过对档案袋的制作过程和最终结果的分析而进行的对学生发展状况的评价。从其适用范围而言，学生档案袋评价多用于表现性评估。此外，学生档案袋的建立是教师和学生共同协作的结果，要为学生和教师对学习过程做全面评价提供帮助。

案例：学生阅读能力档案袋

考虑到阅读能力的培养是一个长期累积的过程，为了更好地进行阅读的练习，档案袋被用来记录学生们的学习情况。具体实施情况如下所列：

①每位学生拥有一张基本情况记录表，记录一些基本信息和阅读的初始状态等。

②阅读课上每位学生都拥有一张课堂阅读记录表，记录他们上课阅读的情况，并包括学生的自评和教师的评价。

③学生进行课外阅读活动的评价表，这个表的功能是记录学生平时课外阅读的情况。表的设计结构同课堂阅读记录表。

④学生每周阅读精华记录。这个表被用来汇总记录学生每周阅读的摘抄情况，主要包括好的句子和词语及它们的出处和对它们的模仿。表里同样包含学生的自评。为了方便学生之间的交流，可设置小组互评的项目，无需教师介入。

（2）问卷调查法。

问卷调查法是一种传统的评定教学工作的方法，主要是通过设计问卷、测试题、量表等对被评价者进行测试，以获得评价资料，并做出判断。需要注意的是：一要认真确定受调查者，受调查者要十分熟悉有关情况，要具有代表性；二是设计的题目不要太多，要富有意义，表述要简单、明确、通俗；三是题目的答案必须是具体的，最好使用判断、选择、填空等形式；四是最好使用无记名答卷，以消除受调查者的疑虑。

（3）访谈法。

访谈，就是研究性的交谈，是以口头形式根据被询问者的答复收集客观的、不带偏见的事实材料，以准确地说明样本所代表的总体的一种方式。尤其是在研究比较复杂的问题时，其需要向不同类型的人了解不同类型的材料。访谈法广泛适用于教育调查、咨询等，既有实施的调查，也有意见的征询，且多用于个性、个别化研究。访谈问题的形式有多种：从问题答案的限定程度看，可分为封闭型、开放型和半开放型。封闭型问题在设计时已预先确定好了几个可供选择的答案，被访人的回答只能在其中选取。例如："这节课老师所讲的内容你全部能听懂，部分听得懂，还是完全没有听懂？"这类问题由于答案固定，容易组织，便于记录和统计，减少了判断和加工环节，结果比较客观，但也存在一定的局限，较明显的是容易限制被访人的思路，搜集的信息不够全面细致。开放型问题的答案完全由被访人自己组织，自由应答，不加限制。例如："请你谈谈你在这节课中的听课感受。"被访人既可以谈是否听得懂、听懂多少，哪些能听懂、哪些听不懂，还可以对老师的组织教学、教法、语言、板书等各方面情况谈自己的看法，充分表达自己的意见，组织者可从中获取更多的信息。其不足在于不易记录和统计，给分析综合造成了麻烦。编制访谈问题应力求语言表述简明准确，而且与被访人的认知水平相适应，尽量少用或不用专门用语，注意其通俗性，以便取得被访人的配合并使其准确地把握问题。问题的提出不能带有倾向，例如"都说张老师的课讲得最明白，你不会不同意吧？"是不合适的。另外，访谈的问题一般应该按照简单—较复杂—难以回答的顺序编排。访谈开始不宜突然提出一些复杂或较为敏感的问题，而应提出一些简单且便于联络感情、激发兴趣的问题。

（4）观察法。

观察即在自然的教育场景下观察对象。观察法是人们为认识事物的本质和规律，通过感觉器官或借助一定的仪器，有目的、有计划地对自然条件下出现的现象进行考察的一种方法。观察法适用于评价那些在教学中不易被量化的行为表现（如兴趣、爱好、态度、习惯与性格）和技能性项目（如唱歌、绘画、体育技巧和手工制作）。观察一般要在事前确定观察目的、观察范围，并明确对将观察的现象需设置哪些变化的情况或场景，使被观察者在这种特定条件下进行活动，以获得合乎实际目的的材料。可使多名观察者参加观察，其中一名是任课教师，他（她）既是行动研究的实践者，也是研究者，他（她）是一位"参与观察者"，要在教学过程中注意观察学生的典型行为，以教学日志的方式记录观察结果。其余的人为"完全观察者"，根据分工，负责在限定的时间内，按要求对指定场面内的观察对象进行观察并记录。

二、策略二：浸润（重在渗透，关注循序渐进的点滴沁润）

（一）学科知识重梳理

脑科学中，对认知发展的研究结果显示，孩子在4岁以后逐渐学习从整体的角度来加工知识，等到孩子更大一些，就用整体思维来学习。所以，呈现信息的整体结构，如知识脉络或者是视觉组织图等，对孩子来说是更为有效的教学方式。重视学科知识的梳理不仅能帮助教师通读教材，梳理基本结构，理解教材编写意图，理清教材重点难点，把握教学核心内容，还能够帮助学生将所学的知识串珠成链，形成比较完整的学科知识体系。

案例1：数学局部知识体系

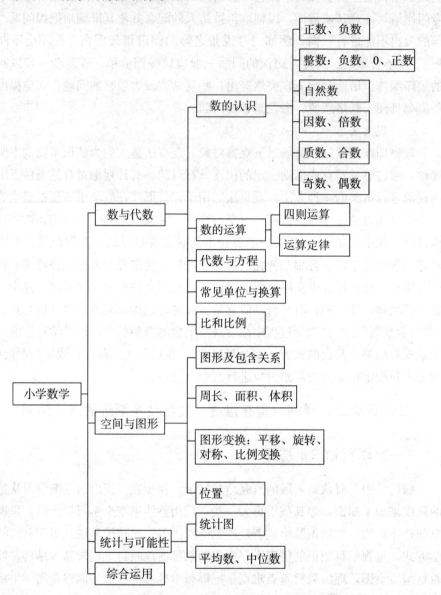

案例2：小学语文阅读方法梳理

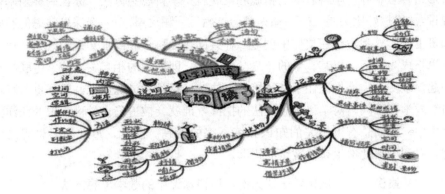

（二）学科方法重提炼

不同的学科，有不同的学科学习方法。重视学科方法的提炼，有利于学生求教与求学有机结合，有利于学习与思考的结合，有利于学用的结合。

案例1：以语文教学为例，有以下几种方法：①阅读法（朗读、默读、背诵）；②讲授法（讲述、讲解、讲评、讲演、复述、讲读、讲练，说书）；③对话法（问答、谈话、讨论、辩论）；④实践法（观察、调查、访谈、参观、实验、考察、考证、游戏、交往、旅游、实习、见习、练习、作业等）；⑤电教法（照相机、幻灯机、投影机、录音机、广播、电视、电影、录像机、语音实验室、电脑、网络、多媒体）；⑥研究法（问题—解决式、课题—探究式、实验—论证式）；⑦自学法。

案例2：以美术教学为例，有以下几种方法：①讲授法（教师通过语言的描述、说明，向学生传授知识技能的方法）；②谈话法（教师与学生以口头语言相互交流进行教学的一种方法）；③讨论法（在教师的指导下，学生以班或组为单位，围绕某一个问题进行讨论、各抒己见、相互启发或辩论，从而获得或巩固美术知识的教学方法）；④读书指导法（教师指导学生通过独立阅读美术教科书和课外美术资料获取知识，开阔美术视野的教学方法）；⑤演示法（教师通过示范让学生明白思路的方法）；⑥参观法；⑦比较法；⑧实践法。

（三）学科思想重渗透

学科思想是指由学科专家提出的对之后学科发展和学科学习最具影响力的

观念、思想和见解,是"知识"背后的"知识",如数学学科中的变式思想、数形结合思想等。学科教学的精髓和灵魂就是学科思想方法。苏霍姆林斯基曾说过:"思想好比火星——一颗火星会点燃另一颗火星。"一个深思熟虑的教师和班主任,总是力求在集体中创造一种共同热爱科学和渴求知识的气氛,使学科思想成为线索,以其真挚的、复杂的关系,即思想的相互关系使学生联结在一起。事实上,谁把握住了学科思想方法这一精髓和灵魂,谁就能举重若轻地组织教学;谁缺乏对学科思想方法的把握,谁就会被迫陷入学科知识的汪洋大海之中,面前总有讲不完的知识和练不完的习题。因此,重视学科思想的渗透,有利于帮助学生获得智慧的钥匙。

案例:以《优化》一课为例,谈谈本课中的数学思想方法

在教学过程中,看似无意地请同学说说沏茶安排,其实是非常用心地安排了这几种情况出现的顺序。样本出示的顺序,从没有按顺序的流程图或全是文字表达,到有顺序的流程图,再到同时完成的流程图,进行了三次对比。第一次对比:对比文字表达和没按顺序的流程图。第二次对比:对比文字表达和有顺序的流程图。第三次对比:有顺序的流程图和同时完成的流程图。这三次对比,让学生充分地感受到优化带来的便利。学生通过一次次的对比,一次次的反思,把他们的所思所想用语言的方式一一展现出来,丰满了学生的学习过程。我们再回到课中第一个小朋友的身上,问问他如果重新选择,会选哪种,为什么?这个小朋友的再次选择,就是优化思想已经渗透在孩子们心田的一个小小证明。每个人都在反思中学到了优秀的方法,从而在学习方法和解题策略上不断提高自己。在这种对比反思中,学生发现只要合理安排好空间,我们就能节省时间,这不正是我们的优化思想吗?

本节课还运用数形结合的思想,用流程图和示意图使思维过程变得外显和直观,这是帮助我们理清思路的关键。随后通过计算这样的形式,再次分析与感悟14分钟与11分钟背后的原因,即有的事情同时做,节省了时间。通过算式对流程图的再次审视,无声地向学生介绍,当你在描述或阐明某种安排时,除了可以用图来表明,也可以用算式进一步进行佐证与说明。

转化的思想是解决数学问题的根本思想,解题的过程实际上是转化的过程。在分析对比了3张饼的烙法之后,教师放手让学生用自己的方式进行探究,可以想一想或试一试,在本子上记录一下。教师提供了充分的时间,让各个层次的学生都得以发挥,一部分学生能够把烙四五张饼的方法

转化成烙 2 张饼或 3 张饼的方法，而有的学生还是需要在实际的操作中去再次感悟优化的思想与方法。因此在这一环节，我们的目的就是让各个层次的学生都相应得到自己的发展，能够运用转化方法的学生进行合情合理的推理研究，不能运用转化方法的学生继续操作，找到烙饼的方法。到探索烙六七张饼的方法的时候，大多数小朋友不会再选择用动手操作的方式来烙饼了，都会选择用转化的方法，把烙六七张饼的过程转化成烙两三张饼的过程。

本节课里的归纳，属于规律的归纳，全班通过观察、对比、讨论，提出猜想，揭示出省时的烙饼方法：偶数数量的饼用烙 2 张饼的方法。奇数数量的饼可以先用烙 2 张饼的方法，最后 3 张饼再用烙 3 张饼的方法，还能通过观察最短时间与饼数的关系，归纳出在烙第 1 张饼外，最短时间＝饼数×3。

三、策略三：顺发（重在顺势而发，关注顺应学生的本性，在保护中激发潜能）

（一）存疑之时重追问

高效课堂，提倡以学定教，顺学而导。"导"的方法之一便是追问。追问是课堂教学中发展性理答的一种重要方式，可以及时地启发学生的思维。它是在学生基本回答了教师提出的问题后，教师有针对性地"二度提问"，再次激活学生思维，促进他们深入探究。教师适时、有效的追问可以使课堂效果锦上添花，化平淡为神奇，更好地提升学生的学科素养。追问集中体现了教师的教学素养、教学智慧、教学水平和能力。更重要的是，追问是学生在教师引导下进行"再创造"的过程，可以及时地启发和激发学生的思维，拓宽思维的广度，增进思维的深度，锻造思维的强度。一个智慧的教师总能顺思而问、顺学而"追"，以问促思，以问促学，问出别样的精彩。下文我们将共同探讨教学中的追问艺术，希望能帮助诸位教师把教学导向更加深广的领域，更好地促进学生的思维发展，提高课堂教学的有效性。追问的方式主要有探因、追根、迁移、质疑等形式，是对前一个提问的深入和发展，具有一定的随机性，通过环环相扣的追问对问题进行深入了解。

1. 追问什么

（1）追问意外。

课堂教学中随时有"意外"发生，这就需要教师机智灵活地把握那些稍纵即逝的课堂契机，捕捉生成信息，及时地追问，把课堂中的"意外"巧妙地引导到有价值的思维轨道上来，从而促进知识的动态生成。

（2）追问关联。

各学科的知识结构既有横向关联，又有纵向关联，它们之间存在着千丝万缕的联系。课堂教学中，教师在知识的衔接处设计问题，进行追问，既可以让学生聚焦核心知识点，也能够根据知识的线索关联实现认知结构的拓展。

（3）追问内涵。

课堂教学应呈现"知识的本质内涵"，各学科的基本概念是构成和反映学科本质的重要组成部分，关注知识本质就必须准确把握概念的本质属性。学生在学习中出现认知错误，暴露的是学生的思维障碍或理解缺失。此时，教师紧扣其本质内涵对学生进行追问，凸显问题的核心，可以帮助学生建立起正确的认知。

（4）追问过程。

世间万物尽管有着不同的呈现形态，但其在根本上有相通之处，知识也是如此。学生在学习新知识的过程中，教师可根据学习的具体内容不断设置思维冲突，打破学生的认知平衡，促进他们的思维进一步发散，进而对其中蕴含的规律有深刻的认识和精当的总结。

2. 怎样追问

（1）要善于对症出击。

一个教学环节的成功，很重要的一点就是教师能及时地抓住师生间对话时出现的问题，对症出击，且紧扣不放，穷追到底。正是这样的追问，才能充分调动起学生的思维，使学生的思维始终处于一种紧张和被深度开发的状态。这就要求教师始终要全神贯注于学生的言说，敏锐地捕捉学生思维中出现的问题和不足，或作提醒，或作补充。

（2）要适时雪中送炭。

在教学的追问环节中，首先强调的是预设，这要求教师自身对问题的理解和把握要深刻全面，因为只有"手中有粮"，心中才能不慌。其次，教师在学生的思维受阻或思维逸出之时应能够及时"出手相救"，给学生雪中送炭，充分发挥教师的引领和点拨作用，而不能置身事外、冷眼旁观，否则，极有可能会让学生的思维"雪上加霜"。这同样要求教师在课堂上要集中注意力，全神贯注地参与对话的整个过程。

（3）要顺势趁热打铁。

机智的教师常常会"顺势一击"，抓住一点，巧妙地拓展学生的思维。有的时候从表象上看，教师所提的问题似乎已经得到了较为圆满的解决，但是学生的思维还有可拓展或开掘的可能和空间，那么，教师就不能让学生的思维止步于此，不妨乘势而上、趁热打铁，再追一问，从而拓宽学生思维的广度、增进学生思维的深度。

无论是对症出击、雪中送炭还是趁热打铁，追问都要讲求适时、相机而问，这也许就是所谓的"良机"；也就是说，学生只有在进行了充分的思考之后，思维处于一种由"起点"迈向"终点"但尚未达到"终点"、正处于中间靠后的状态时，追问才是最有效的。

3. 何时追问

（1）追问于混沌状态。

不确定性和无序性，是思维混沌状态的重要特点，所谓"山重水复疑无路"，说的也许正是这种现象。而学生的思维一旦出现混沌状态，也就出现了一个值得教师去把握的"良机"，一个需要教师适时追问、点拨的时机。这个时候教师不能"袖手旁观"，恰当的追问，或许就会收到"柳暗花明又一村"的效果。

（2）追问于临界状态。

追问追求的是一种"激活效应"，孔子早就说过要"不愤不启，不悱不发"，而"愤"与"悱"，就是追问的前提和时机。所以，只有当学生的思维处于由活跃到受阻、似懂非懂时实施追问，才能使学生的思维在临界点上产生顿悟、发生质的飞跃；如果学生的思维尚未进入临界状态就去"追"，便不能体现出点拨的作用，追问也就不能收到预期的、比较明显的效果。

（3）追问于僵持状态。

追问的目的是帮助学生突破思维的瓶颈，因为在教学过程中，学生的思维在一般情况下不太可能是一帆风顺、畅通无阻的，总会有暂时停滞的、相持不下的时候，特别是当教师提出的问题带有一定的思维难度时，如果教师能够抓住这个时机追问，或许就能突破"僵持"的瓶颈。

（4）追问于定势状态。

由于认知经验、思维发展的局限，学生的认知难免表现出比较孤立、粗浅、简单的特征，甚至出现思维定式。追问的目的就是帮助学生突破思维的瓶颈。在学生处于思维定式时，如果教师能够抓住这个时机，站在一个较高的角度和层次，追问引领，帮助学生搭设思维的跳板，拓宽思维的视角，或许能突破瓶颈，跳出窠臼，识得庐山真面目。

（二）关键之处重点拨

点拨即点化、启发、诱导之意。适时的点拨能"一石冲开水中天"。学生理解重点处时，点拨能"画龙点睛"；学生的学习偏离主题时，点拨能使其"余音绕梁"；学生理解参差不齐时，点拨能"拨开云雾见青天"。

提问是一门课堂教学艺术，而点拨是立于提问中更加精巧的艺术。"点拨"促进人们进步，架起学生思维的桥梁，引导学生准确把握思维的方向，及时地启发和激发学生思维的"层层波浪"，从而在师生、生生的交流互动中创造出精彩、灵动和智慧的课堂。

1. 点拨于最近发展区

苏联教育家维果茨基认为，人的认知水平可划分为三个层次："已知区""最近发展区"和"未知区"。课堂提问不宜停留在"已知区"和"未知区"，即不能太易或太难。问题太易，则不能激起学生的学习兴趣，浪费有限的课堂时间；问题太难，则会使学生丧失信心，不仅使学生无法保持持久的探索心理，反而会使设问失去价值。教师应在"已知区"和"最近发展区"的结合点即知识的"增长点"上追问，这样有利于学生原有认知结构对新知识的同化，使其认知结构得到补充完善并最终使学生认知结构中的"最近发展区"发展为"已知区"。

2. 点拨于知识疑问处

向学生提出有意义的问题是学生探索和创造的前提，教师课堂的点拨一定要引发学生思考，不能为问而问，以致使学生的思维始终处于教师预设的台阶上，严重禁锢学生思维的拓展。抓住学生的疑问点，在知识的疑问处设计问题，进行点拨，不仅能化难为易，而且能有效地吸引和提醒学生主动思考和解决这些问题，完成思维的再创造过程。这样的点拨可以让学生和老师共同聚焦教学目标，同时也能够增强学生的成就感和信心。

3. 点拨于思维发散处

所谓发散思维，是指从特定的信息目标出发向外辐射，多角度、多方面思考、想象，从而探索出多种多样的设想和解决问题的办法，产生大量、独特的新思想的思维方式。在教学中，由一点切入，由点带面，多方诱导，充分发挥学生假设、想象、猜想的作用，培养学生思维多向发散，实现理论和实践的统一，达到事半功倍的效果。

4. 点拨于教学难点处

教学难点是学生接受比较困难的知识点或问题不容易解决的地方，它起到承上启下的作用。一节课成功与否，一个重要的考查指标就是教学难点是否能突破，要想在这个环节取得比较理想的效果，及时点拨很有必要。每节课都有教学难点，而难点恰恰是学生最难理解、最容易产生疑惑的地方。此处不突破，势必会影响学生对整堂课的理解。为此，教师必须在此处精心设置问题，帮助学生走出认知中的误区。

5. 点拨于学生错误处

"理想的课堂是真实的课堂。"学生在探索知识的旅途中，由于知识水平、思维能力、经验阅历等因素的影响，对问题的理解难免会出现认知偏差，这不足为奇。英国心理学家贝恩布里认为，差错人皆有之，而作为教师，对学生的错误不加以利用则是不能原谅的。这时教师不应以一个"错"字堵住学生的回答或亲自把正确答案双手奉上，而应正确解读学生的错误，弄清产生错误的原因，把错误为己所用，使之更为有效地为教学服务。教师如能在错误处进行暗示性地追问，引发学生的再度思考，让学生在自我认知中走出迷茫、走向澄明，让学生自己认识并纠正思维误差。

（三）学科知识重建构

教学要解决学生现实生活中遇到的问题，让学生尝试完整地解决问题。知识是由学习者在试图理解自己的经验时构建的。在学科教学中让学生的学科知识和学科能力得到系统的发展，需要教师在教学中有建构的意识，运用建构的方法，指导学生将知识形成完整的体系。

1. 经验学习

经验学习即学生在教师的指导下，通过具体活动，改造自身经验并建构知识的社会过程。它强调直接经验的获得与提升，学生通过感知和领悟获得具体经验和抽象经验，通过反思观察和积极实验提升经验；强调经验在学习过程中所发挥的重要作用，认为学习者原有的经验是进行意义建构的前提；强调学习者在与环境、与自我、与他者互动过程中所获得的对话经验；强调学习是一个过程，经验的建构具有社会性，它是在具体经验、观察反思、积极实验、抽象概括四个阶段循环发展的过程（见图 5-1）。

图 5-1　经验学习的循环发展

2. 探究性学习

案例：五年级下册《复式条形统计图》

以单手投球、双手投球谁更容易赢这个问题作为主线，让学生经历提出问题、收集数据、整理表示、分析数据、解决问题的过程。这个过程中，学生自主选择方法，采用画统计表、画两个单式条形统计图或画复式条形统计图的方法，其后通过探究比较三种方法，发现采用复式统计图这种形式最容易对比数据，体现了复式统计图的实际意义，解决了比赛时采用哪种方式投球更容易获胜这一问题。

在这个案例中，知识靠学习者自主建构，而不是由教师来提供。教师鼓励学生对自己的想法做出一种表达或形式；鼓励学生设计自己的探究方案，反思他们正在做的事情，用各种方式展示他们的想法，并与其他人比较记录，学生从中发现了令他们信服的情节。的确，一个好的探究教学设计具有这样的特点：明晰学生在建构的进程中会遇到多少复杂问题；存在一个充满适度竞争与阻碍的动态系统。最好的方法是引导学生思考和谈论他们所做的事，探究式学习不是靠教师找到一种传播知识的最佳教学方法，而是给学习者更好的机会去建构。在探究式学习中，一个好的教师通过设计一种让学生感到无忧无虑的空间（一种可以探索、表达及分享思想、计划和产品的可以自我完善的空间）来创造意义建构、知识建构的领地。只有当课堂能提供一定的空间并给予一定的自由，使每个参与者有能力对自己的成长负责时，这个课堂才会变成一种真正的学习文化的空间。

四、策略四：丰润（重在品质发展，关注学生学科素养的整体提升，达到丰硕、通天的发展）

（一）学科教学重整合

学科整合是指在承认学科差异的基础上不断打破学科边界，促进学科间相互渗透、交叉的活动。学科整合既是学科发展的趋势，也是产生创新性成果的重要途径。从字面上理解，学科整合强调学科间的相互渗透和交叉，帮助学生产生创新性成果。反推我们现在的育人目标，也是强调对学生的创新思维、创造能力、综合能力的培养。再者，学科间本身就应该是互通互助、彼此促进的。学科的整合需要教师经常在学科的边界开展交叉学科的研究，具有多种学科知识背景的教师更容易将知识交汇贯通。各学科如何在突显各学科教学特点的基础上加强学科整合，实现共同的价值追求——人的发展，特别是人的全面和谐发展，即怎样进行学科融合？

第一种是从课堂层面进行整合，我们可以在一节课中加入语文本位的东西，同时融入音乐、美术学科。

案例：《林中乐队》

首先通过播放优美的音乐将学生的注意力和关注点引入课堂，学生在艺术的熏陶中开启对这篇文章的学习。学生们发现原来这种优美的音乐还有另一种表达方式：文字。在流畅的文字描述下，就算我们没有身临其境，脑海里也能产生对美妙音乐的感知体验。结课的时候，同学们还可以自由选择把这种感受表达出来的方式，可以是写一篇小作文，也可以用一幅自己对这片森林的幻想画来表示。

第二种是在现有课程之间的融合，所有学科围绕一个主题展开教学。

案例：风筝制作

在基于项目的学习中，所有学科的老师围绕"风筝制作"的主题给学生们上课。语文课从风筝历史的角度，数学课从风筝图形特点的角度，美术课从手工和绘画的角度，科学课从结构和材料分析的角度，分别给学生授课。通过学习制作风筝，学生对风筝有了更深的认识，同时也为学生在今后的探索学习中做了示范。要想创作、设计一件事物，我们可以从了解这件事物的属性出发，研究它的构成，理解它的原理，最后创造出新的工具、作品。

第三种是开设相关的课程。我校开展了综合实践课，有助于培养学生综合素养。开设的课程涉及多个领域，有必修课和选修课之分，例如"思维与表达"和"有趣的数学"。再如音乐素质班，通过音乐来培养学生，对学生进行美育教育，提升学生的艺术素养，从而提升其对各个学科的理解，这是一种综合素质的培养。

（二）运用知识重拓展

拓展是用一种学习影响另一种学习。这句话既道出了教学的目的，又道出了学生在掌握方法后自主获取知识，寻求发展的方法。在学科教学中有意识、有主题地指导学生拓展，一方面巩固其所学的知识和能力，另一方面有利于拓宽其学习的视野，实现"教是为了不教"。

案例：数学组教师对基础性课程中的教材内容进行了课外延伸，即增加教材的深度和广度。一、二年级在班内面向所有学生间周一次的"数学活动课"中，拓展了解决问题的技巧，把运用数学思想解决问题的方法融入学生的潜意识中。通过对方法技巧的学习，对思维的训练，学生拓展了视野。这激发了他们学习的愿景，他们在学习中收获了解决问题的策略，深切体会到了学习的实用性，对学习的愿望更加强烈。

（三）解决问题重创造

学生运用已获得的知识和能力解决问题，是教学的最终目的。教师积极营建自主创造的氛围，鼓励学生质疑问难，引导学生从随意性的提问向有目的性的提问发展，在解决问题的过程中重视创新，关注创造。

1. 注意培养学生的想象力、观察力，提高学生的创造性思维

案例：不规则物体的体积

教师先出示几个不规则物体（如橡皮泥、苹果、西红柿等），再抛出问题："怎样求出这些物体的体积呢？"学生们畅所欲言，有的学生说："橡皮泥可以捏成长方体或正方体，然后量出相关数据再根据公式计算。"这就是把未知的知识转化为已学的知识。还有的学生表示苹果、西红柿等无法直接求体积，指出这些物体不像我们学过的长方体或正方体那样规则，所以就给它们命名为不规则物体。教师适时点拨追问："同学们很会思考，像这样不规则的物体确实不能直接通过公式进行计算，同学们可以

想想橡皮泥的体积计算方法，有什么想法想与大家交流吗？"学生马上醒悟，可以想方设法把不规则的物体转化为规则物体，只是现在不能通过"捏造"改变，那可以怎么办呢？教师拿出工具，一个装着水的长方体盒子。此时，教室里沸腾了，很多学生都有了转化的方法，即把这些物体扔进水里，水上升的体积就是不规则物体的体积了。

由于展现了思维进阶的全过程，学生自觉或不自觉地开始有了解决问题的策略：把未知的转化为已知的，提高了自身思维能力。

2. 巧设习题，开拓思路，培养创造性思维

在教学过程中，巧设习题是教学中的重要组成部分，是培养学生创造性思维的一种有效方法。

一题多解法：运用不同的数学方法解同一问题，使思维更具流畅性。

案例：租船

有22人租船，4人坐1条船，至少需要几条船？

学生面对这一问题时，不同的能力层次有不同的解决策略，大致有如下3种方法：

画图法：

列表法：

1条	2条	3条	4条	5条	6条
4人	8人	12人	16人	20人	22人

列式法：$22 \div 4 = 5$（条）……2（人）　　$5 + 1 = 6$（条）

画图法是简单的思维展示，学生从画图法中形象地看出为什么最后一条船坐不满，这必不可少。列表法的思维就更进一步，蕴含了逻辑推理的过程。在此基础上，列式法理解起来就很简单了，余下的2人是不可以不管的，所以5条船是不够的，要在此基础上增加1条船才行。不同的方法都解决了这个问题，但是因为有了方法展示，便可以让不同的孩子在解决问题的时候有了更多的选择。

一题多变法：对题目进行开拓、变形，将题目的已知条件或所求问题加以变更，使一题变为多题，逐步引申、扩展。这能有效调动思维，达到举一反三、触类旁通的目的，使思维具有变通性。

案例：长方体的表面积

信息：长方体的房间长 15 米，宽 10 米，高 3 米。

问题：①铺瓷砖的面积需要多大？（求长方体底面的面积。）

②除去门窗 25 平方米，刷漆的面积是多少？（用长方体四周的面积和顶面面积之和去掉门窗的面积，或用长方体表面积去掉底面的面积和门窗的面积。）

3. 引导学生设计实验，培养创造性思维

设计实验是学生自我创造的过程。因为学生设计实验时，大脑中必须运用与这个问题有关的知识，考虑使用哪些工具，如何设计，怎样操作。学生会在思考中进行分析、综合、推理、联想、想象等各种思维活动。因此，当学生在具备一定的经验和操作策略的前提下，教师给定研究内容，让学生独立思考，之后让大家讨论，共同分析，选出可行性实验方案。

总之，创造性思维能力是各种思维能力的集中体现，培养学生独立地、创造性地解决问题的能力是教学的最终目标。

第三节　我们的收获

盐小东区从 2006 年开始致力于"和乐教育"的追求。《广雅》中说："和，谐也。""和"既是一种价值追求，也是一种实际行动。"乐"是我们追求的方向。学校研讨并追求的"和润"教学则是"和乐教育"体系的核心与关键。

"润"，本义是"雨水下流，滋润万物"。《论衡》中有"雨润万物"之说，古诗中也有"随风潜入夜，润物细无声"。"润"就是一种无声的、自然生成的教育，是对学生的一种尊重，是顺势而为。无论是教师还是学生，他们都是柔和的，这与爱的教育、柔性教育不谋而合。

"和润"教学秉承着"和风润雨，顺木之天"的理念，基于"农业"的教育观。教师以学生为主体，尊重学生的个性差异和成长的特点，选择运用适合学生成长的教学策略，化"知"为"行"，让学生的潜能在教育教学活动中获得最大限度的发挥，体验学习的乐趣与成长的快乐；学生在学习体验中，积极参与丰富的课内外教学活动，提高学习的兴趣，碰撞出思维的火花，探究出问题的答案，协同小组合作，激发出自身学习潜能，一课一得，学有所得。在"和润"教学的滋养下，无论教师、学生还是课堂都悄无声息地发生着巨大的

变化。

一、教师之变化

（一）教师观念的变化

1. 教师观念的改变——树立以人为本的学生观

在传统教学模式中，绝大多数教师存在着"教师中心""教师主体""以本为本""以分为本"的教学观念。一节课下来，经常是教师一言堂；师生围绕着书本转，教师在教学中想的是以教材为本，教材上的话成了教师教学的金科玉律，"眼中有本，心中无人"成了很多课堂的标配，一味追求分数成了教学活动中的主要目的。这样的教学观念只能让学生被动地接受知识，学生也只能是由教师按照教材塑造的客体。教师成了课堂上的强势者、主导者，甚至是主宰者，教学成了"填鸭式"和"驯兽式"活动。这样不仅无法让学习本身具有的愉悦性、探索性、创新性得到体现，教学质量也无法提升；更严重的是，这样的教师主体观抑制了学生所具有的独立性、主动性、创造性，长此以往，对于学生性格的塑造及其学习兴趣、能力的培养都有影响。"和润"教学的实施，如沐春风般更新了教师的陈旧的观念。教师在课堂上关注人、尊重人、相信人，尊重学生之间的差异性、主体性、潜在性，树立以人为本的学生观。

2. 教师观念的改变——树立平等合作的师生观

课堂教学是教与学的双边活动，教师作为教育者，"闻道在先"，在知识、能力与经验方面，比学生高明，但在人格方面，师生却是完全平等的。"和润"教学要求教师一定要有民主、平等、合作的意识，平等是合作的前提，合作是教学成功的保证。教师在教学中应把学生看作与自己人格平等的朋友和教学活动的合作者，承认他们的价值，尊重他们的人格情感、个性差异和智慧潜能，保障学生在课堂学习活动中应享有的基本权利，形成平等、民主、和谐、融洽的师生关系，从而使学生"亲其师而信其道"。同时，从学生实际出发，发挥教学的主导作用，精心设计有利于学生参与的生动、活泼、愉悦的课堂教学情境，给予学生自主活动的时间和空间，鼓励学生的求异思维和创新意识。教师还应经常从学生的反馈中得到教学的信息，尊重他们的意见，尽可能满足其合理要求，使教学过程不仅有知识信息的传递，而且有充分的情感交流与人格的熏染，最终使教学活动成为师生共同探索、共同享受成功的喜悦、实现教学相长的互动过程。

3. 教师观念的改变——树立优质高效的课堂观

优质与高效相统一的教学才是让学生受益的教学。"和润"教学的提出与实施，让盐小东区的教师在树立现代教学观念的同时，还努力钻研教学艺术，提高按教学规律执教的自觉性与能力。教学方法的最优化，让师生以尽可能少的时间和精力投入，使学生获得尽可能大的收益。教师在课堂上充分发挥其优势，让学生直观、生动、愉悦、高效地掌握知识和技能，取得优质高效的教学效果。

以人为本的学生观体现了现代社会对学校教育最根本的要求和教育工作最重要的规律，平等合作的师生观反映了一种现代新型的师生关系和有效的教学策略，优质高效的课堂观体现了现代社会对教育质量和效益并重的要求。学校的"和润"教学促使教师不断更新思想，与时俱进，并在教学中不断践行和创新。

（二）教师行为的变化

思想的改变必然带来行为的改变。教学行为是指教师"教"的行为，即教师为完成教学任务、达成教学目标而采取的可观察的外显的教学方式。它大体包括两个方面的内容，一是直接指向教学内容的各种行为；二是为了使上述行为得以顺利实施而对自己和他人行为进行组织管理的行为。

在"和润"教学实施之前，部分教师依然通过传统的教学方式达到教学目标，以讲授、说教为主，"教师中心"异常明显，忽略了学生的主体性、差异性、合作探究性、创新性，结果导致课堂气氛冷淡、紧张和压抑。在"和风润雨，顺木之天"教育观念的引导下，教师鼓励、肯定、引导学生积极参与教学活动，教学行为具有交流、激励和民主的性质，课堂气氛是友好、轻松和愉悦的。"和润"教学的践行使教师在教学过程中实现了以下几个方面的教学行为转变。

1. 教师引导，学生主体，以学促教

课堂中绝大多数教学沿"知识本位—智力本位—人本位"的发展轨迹，最大的特点不是"教教材"，而是"用教材教"，即通过知识、技能的传授，最大限度地发挥课程潜能，实现育人的功效。传统教学中注重的是知识的传授，教师主导，课堂成了教师展示风采的地方。一堂课究竟怎么上？传统教学中教师

是课堂的中心，教师牵着学生走，学生围绕教师转。长此以往，学生习惯被动地学习，学习的主动性会渐渐丧失。显然，这种以教师"讲"为中心的教学，是不利于学生的潜能开发和身心发展的。比如常见的语文阅读教学，教师过多的讲解、分析和说明常使学生感到枯燥乏味，从而丧失了学习的积极性。教师仍然把自己作为教学的中心，担心学生读不懂课文，于是包办代替，结果适得其反。其实，教学不仅要看"教"，最重要的是"学"，学生是怎样学的：是被动接受，还是主动探知？是消极倦怠，还是兴趣盎然？"和润"教学提倡自然浸润，尊重学生，顺势而为，给了盐小东区教师们带来了启发。教育家王守仁说："大抵童子之情，乐嬉游而惮拘检，如草木之始萌芽，舒畅之则条达，摧挠之则衰萎。今教童子，必使其趋向鼓舞，中心喜悦，则其进自不能已。譬之时雨春风，沾被卉木，莫不萌动发越，自然日长月化。若冰霜剥落，则生意萧索，日就枯槁矣……"意思是说，一般来说，儿童的性情是喜爱玩耍而害怕拘束的，好比草木刚萌芽，如果提供一个好的生态环境它就能迅速生长；如果受到摧残压制，它就会衰竭枯萎。课堂上，一定要以学生为主体，让学生欢欣鼓舞地发展，心中喜爱而欢悦。这就好比沐浴着春风雨露的花草树木，自然而然地萌发出勃勃生机，日新月异；倘若冰霜纷至沓来，花草树木就没有了生机，便一天天地干枯了……

举例来说，在《名字的秘密》教学中，教师两次教学导入带来的不同效果引人深思：

第一次教学：

> 师：每个人都有自己的名字，孙悟空有很多名字，像齐天大圣、斗战胜佛、孙行者，今天我们一起来学习名字的秘密。（学生死气沉沉，毫无兴趣）

第二次教学：

> 师：孩子们，你们看过《西游记》吗？看，谁来了？（出示孙悟空图片）谁来叫一叫它的名字？
> 生：孙悟空。（众说）
> 生1：我还知道他叫斗战胜佛。
> 生2：他叫美猴王。
> 生3：哈哈，他叫弼马温。（众笑）
> 师：还有其他名字吗？（追问）
> 生：齐天大圣、孙行者。（发言热烈，意犹未尽）

师：你们知道吗？每个名字背后都有故事和秘密，这节课就用你们的亮眼睛和小脑袋去发现——名字的秘密。（板书）

以上两次不同的教学导入，效果的不同是显而易见的。第一次教师说"今天我们来学习名字的秘密"，生硬而呆板，激发不了学生的兴趣。第二次教学的成功，通过设置情境的方式引入，用学生熟悉的人物孙悟空拉近了距离，唤起了学生的生活认知，使其叫出故事人物的名字。这个导入有吸引力，话题一抛，所有孩子都饶有兴趣地思考。随后孩子们轻松而富个性化的发言，激活了课堂，让课堂充满轻松愉快的欢笑声，极大地激发了学生兴趣。教师在学生原有的认知中加以实时追问，促进了学生的思考，唤醒其已有经验，学生畅所欲言，激活了课堂氛围，激发了学生探索的求知欲。第一种教学设计，教师的导入是冰冷的，很严肃，是传授式的教学，让学生毫无兴趣、无话可说。学生的求知欲怎么能被激活，心里又如何能放松呢！可见，课堂上关注学生，以学生为主体，创设情境，激发学生兴趣非常重要，给予学生丰富的情感生活和情感体验，努力让教学过程成为学生的一种愉悦的情绪体验和积极的情感体验，学生才能学有所得。保护学生天性，春风化雨，才能生机盎然，教育顺乎儿童天性，"和润"的课堂就是顺应儿童天性的柔性课堂，"和润"课堂是润物细无声的课堂，"和润"课堂是尊重学生的课堂，更是以人为本、以学生为主体、以学促教的课堂。

2. 聚焦"和润"，修炼"五力"

不少教师从教两三年，依然不知道如何教书。课堂上，生硬、僵化地宣讲教案，面对不同的学生熟视无睹，缺失了教学存在感，缺乏了课堂的调控力。特别是各种教学新思潮百花齐放，也让有的教师们觉得无所适从：有的教师们心有余而力不足；有的觉得学生主体就是"无为而为"。迷茫、探索，课堂的低效必然造成学生发展链上的断裂。教师在课堂上施予教学，就是学生学业成长的重要依据。和润课堂的不断尝试，提炼了教师"五力"。

第一力：课堂表现力。这是教师课堂教学能力的"原能力"，是所有能力的支撑。课堂表现力首先体现在教师的言语表达水平上，力求在课堂教学中做到口齿清晰，发音标准，表达有感染力。同时，这也包含了教师课堂上应有的生动活泼的肢体语言。如，学校严老师的课堂受到学生喜欢，这与她的言语表现力很有关系。严老师童趣化的语言表达，配合儿童熟悉且喜欢的肢体动作，让语文课堂成了儿童享受语言表达之趣的乐园。通过教师的素养展示，充分激活、诱发儿童学习的积极主动性，在课堂中与儿童充分互动，有效推进教学。

课堂表现力帮助教师建立起与课堂现场的及时关联。

第二力：课堂关注力。这是教师应具备的课堂教学的特殊能力。课堂中最需要关注的就是学情。关注学情的起点应关注学生进入课堂前已学到了什么，具备了哪些方面的知识，达到了怎样的水平，有哪些认知储备等。"和润"教学要求关注年段学情，分项细化教学目标，重视教学重难点，这就给了教师备课的秘诀，每一次的教学要切中教学目标，关注学情变化的拐点，关注教学重难点是什么，在遭遇重难点时学情有什么变化等。对学习效果产生重要影响的学情拐点需要教师敏锐地发现，给予及时的教学辅助。学情的终点，也就是设定的教学目标。课堂要显得亲切、自然、扎实、有效，都源于对学情各个阶段的关注和对儿童的尊重。学情，不是僵死不动的，关注的是变化的动态，"力"就是应变能力。目标细化，关注学情，极大提升了教师的课堂关注力，让教师建立与学情的动态关联，保障了课堂顺利实施。

第三力：课堂执行力。这是课堂教学的核心能力。执行力，就是将"纸上谈兵"变为"实际操演"的能力。"和润"教学要求教师在二次备课中预设学情。教师将教案设计好后，会仔细将全过程在大脑中演绎数次，直到自己几乎能看到课堂教学的"真实场景"，可以预计到各类问题的产生，甚至可以预先想到学生能够提及的各种言说。思维演绎让教师知道如何确保设计顺利实施。有了它的先行，课堂执行起来就感觉胸有成竹。此外，教师还要有执行"B计划"的能力。设想好的计划无法执行、遭遇的学情让你大感意外时，就要有能及时调整的另一方案，这就是"B计划"。这样的情况发生时，能否处变不惊，能否因势利导，能否达成"意料之外，情理之中"的教学效果，全看课堂执行力的高低。在执行中不断调整，在变化中达成目标，具有强烈的"教"的意识，这就是课堂教学的核心能力。课堂执行力的提升，有助于建立起教学内容及教学目标的意义关联。

第四力：课堂判断力。其中，最明显的就是对学习结果的判断。例如，判断学生说得对不对、好不好、巧不巧、妙不妙，对于学生传递的信息及时回应。判断得体，有助于促进教学向设定的目标发展；判断失当，教学就滑向无效的深渊。判断，不仅仅局限于当堂信息，高层次的判断还应延伸，从当下的学习到走向生活、走向未来，判断教学是否有助于儿童应对未来的发展，是否有益于个人素养的持续发展。"和润"课堂引导教师根据学情进行多元判断，及时给出有针对性的评价，并进行课后反思。一节课下来，除了反思学生表现，反思课堂形式、方法，也要反思自己的言行。反思是对自我行为的判断，是高级的能力，教师应以谦和的态度和勇敢的精神去面对。课堂判断力，建立起教师与教学行为、教学效果的关联，是极为重要的能力。

第五力：课堂创造力。创造力的表现更为多样，如在课堂上创造性地使用教材，打通单元界限，实现单元整合，进行同主题的教学；创造性地引发学生学习，对其心智进行启迪；将学习和生活实现统整，让儿童通过学习实现认知增长。"和润"教学特别注重通过追问的方式，使课堂有新的生成，这就是课堂创造力，它建立起课堂与儿童的发展之间的密切关联。

在执教《荷叶圆圆》这篇课文时，教师的引导和追问，给人以思考。

师：这题目多有意思啊，我们来读一读。（及时评价并引导）

（生读题目）

师：瞧，你们觉得这荷叶怎么样？（追问）

生1：很漂亮。

生2：很可爱。

师：你喜欢吗？读一读。（追问）

师：像这样两个字叠在一起的词，我们叫它叠词，用上叠词，课文就像拥有了魔力一样，让我们一下子喜欢上荷叶了。（小结）

师：瞧，谁还想挑战读一读？（出示第一段：荷叶圆圆的，绿绿的）

（生读）

师：你们又觉得荷叶怎样？（追问）

生1：绿绿的。

生2：圆圆的。

师：我们再读一读，瞧，圆圆的，绿绿的，看看还有没有新发现？（追问）

生1：样子可爱。

生2：颜色很美。

师：真会读书，很会体会，把你的感受读出来。（及时评价）

（生读）

师：多可爱的荷叶啊，谁能像夸荷叶一样夸夸苹果。（引导语言表达）

生1：苹果大大的，红红的。

生2：苹果圆圆的，红红的。

师：生活中，还有哪些事物，你也想这样夸夸呢？（追问）

生1：香蕉弯弯的，黄黄的。

生2：黑板方方的，黑黑的。

生3：嘴巴小小的，红红的。

这一段教学中，教师很注重低段学生的语言积累和运用。通过引导、追问的方式，让学生的思路从文本拓展到生活，有机地将生活实际与学习联系起来。学生在教师指向明确的评价中，步步深入思考，从词语"圆圆的、绿绿的"中体会荷叶样子可爱、颜色美丽，从朗读中体会到荷叶的可爱、美丽。语言句式的运用，教师巧妙地搭好梯架，半扶半放，最后完全放手，课堂不断生成新的内容，学生在愉悦轻松的氛围中，有效学习。在践行"和润"教学的过程中，教师"五力"不断提炼，教学相长，促进了师生关系的不断融合。

3. 化"知"为"行"，知行合一

知行合一，是由明朝思想家王守仁提出来的，即认识事物的道理与实行其事，是密不可分的。知指内心的觉知，对事物的认识；行指人的实际行为。认知和行为的统一，更能促进师生融合，让教学效益最大化。我们以四年级上册第三单元的"留心观察"为例，具体谈谈教师在践行"和润"教学实践中的具体做法。

（1）勾连教材板块，聚焦连续细致的观察，形成合力。

首先，明确选编目的，围绕要素，美美与共。下表是对单元板块教学内容及目标的梳理。

表5—1　单元板块教学的内容及目标

板块整理	单元导语	精读课文	小资料	阅读链接	交流平台	习作
各板块教学内容	体会文章准确生动的表达，感受作者连续细致的观察并写观察日记	《古诗三首》《爬山虎的脚》《蟋蟀的住宅》	写观察记录	《燕子窝》	总结连续、细致、多感官的观察方法	写观察日记
各板块教学目标	感受连续细致的观察	通过文本品味准确生动的语言，感悟连续细致的观察	运用观察记录开展连续观察	感受观察日记和观察记录的不同，了解日记格式	梳理、总结并运用连续细致观察的方法	指导学生完成自做任务
各板块与语文要素关系	提出明确的语文要素	感悟学习语文要素	练习实践语文要素	练习实践语文要素	梳理总结语文要素方法	运用语文要素

借助梳理表格，了解单元内容的基本构成，思考和探究基于语文要素整体构建单元学习的内容，开展学习过程，从而达成语文要素的落实。"单元导语"

"精读课文""交流平台"等各个板块，紧密围绕单元语文要素"感受连续、细致的观察"，向心着力。从明确各板块要素到体悟单元要素，到梳理要素，各美其美，美美与共，相互勾连，形成合力，实现单元整体目标的达成。

其次，关注关联差异，渐进推进。

虽然单元各板块联系紧密，是一个整体，也要关注单元各板块内容间的差异性、层级性，从而循序渐进促使单元语文要素的达成。这种差异性，首先表现在单元不同板块的教学功能和价值上。

①认知在不同板块中层层深入。

"单元导语"旨在明了语文要素；精读课文着力于体会学习语文要素；"交流平台"意在总结、提炼语文要素。这些板块围绕单元语文要素呈现出的教学功能，达成的教学目标各不相同，逐步深入，层层推进。这符合学生学习认知的不同过程：初步认识—深入体悟学习—总结迁移。以上三个板块也有共通性，即三者都引导学生通过文本学习单元语文要素，这样的学习属于"知"的层面。但"纸上得来终觉浅，绝知此事要躬行"，要真正掌握语文要素，转化为学生的能力，还需运用于实践，使得"知行合一"

②实践在不同板块中渐进推进。

单元教学中设置了小资料"学习做观察记录"，单元习作"进行连续观察，学写观察日记"。这些板块显然是为了将单元语文要素融入语文实践过程，将方法进行迁移运用，深化为学生的实践能力，实现知行转化的功能。正是板块间的教学功能价值的不同，为我们达成单元语文要素提供了由浅入深、由知到行、层层深入的渐进过程。

这种差异性，还表现在单元同一板块的教学功能和价值上。比如同为单元主体教学内容的精读课文《爬山虎的脚》《蟋蟀的住宅》，指向单元语文要素"体会文章准确生动的表达，感受作者连续细致的观察"。但各自的切入角度，以及教学侧重点会有所不同。《爬山虎的脚》重点在品读准确形象的语言，并进行积累，在此基础上发现"作者观察得特别仔细"，因此教学时可以着重指导学生体会细致观察的方法。《蟋蟀的住宅》品读准确生动的语言，承接上一课，继续体会作者细致的观察，且根据本课内容，更容易引导学生体会作者如何开展"连续观察"。两课都是针对观察，但教学时着重点不同，一课着力体会细致观察，一课突显连续观察，这样有别、有序、有层次地推进教学，有效降低重复教学带来的损耗，提高教学效率。

（2）品味生动准确语言，体会细致持续观察，落实要素。

本单元语文要素为体会文章准确生动的表达，感受作者连续细致的观察。

这一表述的前部分告诉我们达成要素的途径，后部分提示单元要素的重点在于"学习连续、细致的观察"。它指出学习连续细致的观察，不是靠抽象讲授或简单背诵，而是凭借对单元课文的阅读，在准确生动的语言中揣摩、感受、体会作者怎么观察，如何进行连续、细致的观察。基于此，教师可以从以下几方面入手。

①品读词句，揣摩连续、细致的观察。

单元两篇精读课文中，《爬山虎的脚》语言朴实、精准、形象；《蟋蟀的住宅》写得生动形象，语言妙趣横生又准确，传达出作者对昆虫由衷的喜爱。教学时，教师应抓住文中细致准确描写事物的语句，找到和连续、细致观察有关的关键词语，品读这些关键词，体会其准确地写出了什么，引导学生思考这样准确传神的表达和作者的观察有什么联系。例如《爬山虎的脚》第三自然段介绍爬山虎的"脚"的样子的语句，写得十分形象。教学时可以抓住"今天，我注意了，原来爬山虎是有脚的"一句，聚焦"注意"一词，围绕"注意"一词组织展开教学。针对"注意"提出问题："我"为什么要"注意"才能发现爬山虎有脚？作者注意观察了爬山虎的"脚"的哪些方面？作者注意到这些方面的什么特点？先出示插图，让学生感受一墙叶子的茂密，启发学生发现在这样大面积叶子的遮蔽下，爬山虎细小隐蔽的"脚"很不容易发现，由此可见，作者一定得从近处拨开叶子进行细致入微地观察。接着，让学生勾画描写爬山虎样子的语句："爬山虎的脚长在茎上。茎上长叶柄的地方，反面伸出枝状的六七根细丝，每根细丝像蜗牛的触角。细丝跟新叶一样，也是嫩红的。"引导学生从品读这段语句中发现，作者从爬山虎的"脚"的生长位置、样子、颜色等不同角度进行细致观察，从而体会出细致观察要从多角度、各方面落实。进而，教师再带领学生品读文中精准的语句"茎上长叶柄的地方""反面伸出""六七根丝""像蜗牛的触角""嫩红"等，体会作者的观察还深入到了不同方面的细节处，如放大镜一般精细地观察出了脚位置的生发点，脚的细丝的数量、样子的特点、颜色的深浅。学生从中明白原来细致观察还应从不同角度，从细微之处精准抓取特点。最后再次聚焦"注意"一词，结合刚才品读的内容想象作者怎样"注意"观察的情境，让学生在情境想象中充实作者细致观察的方法和形象。

②比较词句，体会连续、细致的观察。

比较是在词句教学中经常运用的一种方法，它能增强学生对语言信息、语言运用的敏锐度，提高学生对语言理解的准确性。在本单元课文学习中都可以用到此方法。例如学习《蟋蟀的住宅》第五自然段，可以引导学生抓住关键词

"朝着阳光""倾斜""顺着山势""半掩着""微斜"体会住宅的特点。试着去掉这些词并与原文进行比较，发现作者对住宅的描写十分准确形象。再抓住这些词，思考这样准确细致的描写与作者的观察有什么关系，从而使学生体会到正是由于作者细致入微的观察，才能将住宅的特点写得这样准确生动。

③补白词句，感受连续、细致的观察。

单元两篇精读课文中，作者的观察方法鲜有直接表述，但从文中对于观察对象精准生动的描述，联系生活经验，学生完全可以推测出作者是如何观察的。这样不但能帮助学生体会作者连续、细致的观察，还会激起学生对作者的崇敬，激发自己持之以恒观察事物的兴趣和信心。例如在学习《蟋蟀的住宅》中修建住宅的过程时，教师可以带领学生勾画出记录修筑时间的相关语句，然后引导学生结合作者的观察说一说发现了什么。通过捕捉关键词，整合信息，引导学生从"十月，秋天初寒的时候""一连看了两个钟头""即使在冬天"等语句，了解作者进行了长时间的连续观察。然后再链接法布尔的生平，补充法布尔在荒石园三十年如一日观察昆虫的事例，引导学生聚焦"三十年的观察"，创设情境，引导学生入情入境想象并描述法布尔在荒石原长期观察小昆虫的画面，体会法布尔观察时的耐心恒心与求实精神。

（3）开展习作实践活动，亲身经历，形成能力。

观察方法的获取，观察习惯的养成，观察能力的形成，不能仅仅依靠课堂上的讲授学习。素养的形成必然经历由认知到实践，由知晓到运用的"知""行"转化过程。因此本组单元语文要素提出了语文实践活动的要求：进行连续观察，学写观察日记。在进行本组教学时，既要在学习课文时仔细体会作者是怎样观察的，还要在课后认真观察周围事物，学做观察记录，学写观察日记，开展语文实践活动。教师要利用这些观察实践活动、言语实践活动，引导学生用一双善于发现的眼睛去认识世界、了解世界、记录世界，不断培养留心观察的好习惯。

①整合板块，实践有序化。

言语实践活动应该是一种结构化、阶梯化的实践活动过程，学生只有拾级而上，经历由知到行、由学习到学会的过程，才会真正形成能力，提高素养。单元的习作要求是进行连续观察，学写观察日记。无论是进行连续观察，还是写观察日记都需要有充分的时间实践。因此教学时就需调整板块教学顺序，整合单元内容，提前为习作做好准备。进入单元教学，可先将习作指导课前置，提前布置围绕感兴趣的观察对象进行连续、细致的观察的任务，然后指导学生运用"资料袋"中提供的两种观察记录的形式进行记录。在单元学习整个过程中，坚持指导学生连续观察，做好观察记录，从而激发其观察的兴趣，提升能力。在学习精读课文，体会连续、细致的观察后，利用单元习作再次指导学生写观察日记，教学时通过"阅读链接"体会观察日记的写法，并以此为范例，引导学生整理前期观察记录，形成观察日记。

②亲历过程，实践渐进化。

连续观察是一个长期的过程，它强调在观察实践中有所发现，不能纸上谈兵，泛泛而谈。因此，教学关键是"让学"，即让学生在亲身经历、亲身尝试中经历观察过程，获得观察体验，体会观察乐趣，形成观察能力，养成连续观察的习惯。但实践的过程不是一蹴而就的，而是分阶段、有序进行的。第一阶段，借助《爬山虎的脚》课后"资料袋"，选择观察对象，学习做"观察记录"。教学时指导学生明确观察记录的格式，掌握"图文结合"和"观察表格"两种形式，并从中获取一些具体的连续观察方法，比如：在连续观察中关注事物的变化，观察事物的大小、颜色、状态等不同方面；通过表格对事物的变化进行比较等。第二阶段，开展实践活动，进行连续观察。引导学生课后开展实地观察，亲自经历观察实践过程，运用学会的"观察记录"指导连续观察，记录观察变化和结果。这一阶段，教师要及时关注学生观察和记录的情况，注重在指导过程中创设交际语境、交流环境。此时可以利用晨读或课前的时间，引导学生交流观察中的发现，有针对性地进行指导；也可以利用班级群上传学生的观察记录，相互评价学习等。总之，以多途径、多方式为学生营造积极交流的渠道，创设真实具体的交流语境，指导学生在真实的语境实践、反思、改进、优化观察，提升观察能力。第三阶段，根据单元习作要求整理观察内容，形成观察日记，分享观察的乐趣。值得注意的是，这一阶段，是对整个单元所学知识的一个综合运用。习作的重点是对前期的观察内容进行整理，形成观察日记。教学时，围绕"整理"，可以帮助学生梳理整理的内容，确定整理重点，指导学生将整理重点具体准确地表达出来，最终形成完整的观察日记。至此，学生从学习"观察记录方法"到持续实践所学方法，再到通过习作实践迁移运用方法，从这样结构化、阶梯化的实践活动中，化"知"为"行"，形成观察能力，养成连续观察的习惯，最终促使单元要素达成。

（三）教师评价方式的变化

"和润"教学促使评价模式从单一化转向多元化。传统的教师以学生的学业成绩作为评价的唯一尺度，且具有甄别和选拔的"精英主义"功能倾向。这压抑了大部分学生的个性和创造潜能，使他们成为应试教育下潜在的牺牲品。

真正的评价应该起激励导向和质量监控的作用。"和润"教学要求不仅要关注学生在语言逻辑和数理逻辑方面的发展，而且要通过建立新的评价指标和改革评价方法，发展学生其他方面的潜能，诸如与人交往的能力、适应环境的能力等。评价应充分了解学生发展中的需求，关注个别差异，帮助学生认识自我，建立自信。评价方式也要多样化，不仅要重视量的评价，还要注重质的评价，如现在流行的档案袋评价方式、苏格拉底式研讨评定方式等。评价的功能要由侧重甄别筛选转向侧重学生的发展。另外，评价的真实性和情境性也十分重要，不仅要重视学生解决问题的结论，更要注重学生得出结论的过程。多元化的评价，使教师更科学、民主地用发展的眼光关注学生，以人为本，多元评价，使学生多元发展。

二、学生之变化

（一）平和的学习心态

创设适宜的学习氛围，保持平和的学习心态，这是促使智慧火花迸发的关键。最近的脑科学研究进一步证实，大脑皮质激活水平低时，特别是前额叶的激活水平低时，是产生创造性思维的最佳状态。这些都表明皮质激活水平低往往在人神经非常放松的状态时出现。这就需要教育者创设让学生充分放松的学习氛围，让学生的灵感迸发出来，激发出他们的创造性思维。心理学家罗杰斯认为，"心理安全"与"心理自由"是创造性人才成长的两个前提条件。所以，教师是要营造轻松、安全的学习氛围，学生就能保持平和的学习心态。

（二）"和活"的思维品质

"和活"就是和而不同。我们从"和"字的读音便能看到它丰富的含义。"和"是个多音字，它除了读 hé，还可以读 huò，意思是掺合、混杂，表示将固体的东西与液体的东西搅拌在一起，你中有我，我中有你。这正是对"和"的意思的一种恰到好处的诠释。"和"就是将多种不同物质综合在一起，使之融为一体，创造出一种人们需要的新东西。而相同的东西一般是没必要经过"和"的。"和润"课堂追求"和而不同"之美。尊重不同、承认差异、包容多样，培养个性思维品质。

（三）和悦的情绪状态

宋代张载说："学者不论天资美恶，亦不专在勤苦，但观其趣向著心处如何……此始学之良术也。"他指出，如果一个人对学习感到索然无味，即使天资再好，又能刻苦勤奋，都不能使学习卓有成效。现代心理学和脑科学的研究表明，学生在学习中保持愉快和轻松的心情，有利于发挥主动性和创造性，达到有意识和无意识的统一，从而释放巨大的学习潜能。

新课程的课堂教学关注学生的情感生活和情感体验，努力使课堂教学过程成为学生愉悦的情绪生活和积极的情感体验。怎么判断学生是否在进行优质学习呢？"情绪状态"是第一个维度。学生兴趣是不是很浓厚，学习热情是不是很高涨，学习情绪是不是很饱满，是不是具备很好的精神状态，是否非常认真地投入学习等十分重要。整个学习过程是非常愉悦、开心的，甚至是非常甜蜜和幸福的，这就是好的、和悦的情绪状态，可以融入学习。如果我们一进教室就看到学生萎靡不振、愁眉苦脸，那么这种学习肯定不是优质的学习。学生在学习时应有和悦的情绪状态，教育应当是学生享受成长快乐的理想乐园。

（四）和顺的收获"五得"

"顺"指顺应，不违背。在"和润"教学的学习过程中，讲究一课一得或者一课多得，学生自然而然地学有所得。

"五得"即得意、得言、得法、得思、得道。主体是学生，在学生是"自得"，在教师是"促得"。

所谓"得意"，就是读懂文本的内涵。这里的"意"，从语文学科来讲，还包含了本义、文义、引申义等，读懂文本中关键词句的含义，读懂文本背后的深意，读懂作者表达的情意。书读百遍其义自见，学生在各种形式中读出自己的理解、感悟，明白字里行间的含义。

所谓"得言"，就是把握文本的言语形式，包括文本中精妙的词语、优美的句式、恰当的修辞，以及文本的段落结构、文章的布局特征等。要在学习过程中达到识言、解言、赏言、评言、积言、用言的目的。

所谓"得法"，指在学习的过程中收获学习的方法。这里的"法"，从语文学科解读，分为读法和写法。读法包含了指读、默读、朗读、略读、浏览、精读。写法即文路、文体、文面、文智。"法"的获得，形式多样，有自主习得，教师教得，师生互构而得，生生互动而得，小组合作探究而得等。

所谓"得思"，即获得思路、思维，它包含了形象、逻辑、辩证、归纳、判断、创作等。

"得道"中的"道"即道理、道义、价值观取向。

这"五得"之间相辅相成，密不可分。下面以执教《王戎不取道旁李》这篇课文为例，谈谈学生的和顺收获。

(1) 聚焦课题，得言得意。

师：在我国的历史长河中，英雄辈出，天才无数，如四岁让梨的孔融，七岁砸瓮救人的司马光……他们的故事至今被人们口耳相传，津津乐道。今天让我们认识另一位少年——王戎。

（生读课题）

师：你有什么方法记住"戎"这个字？

生：右上的"戈"表示武器，"廾"表示铠甲，两部分合在一起表示武器的总称。

师：再读课题。

（生再读，读准字音，读出节奏）

师：这七个字读出了怎样的节奏？为什么这样读？（追问）

生：课题交代了人物、地点、事件。（得法、得言）

(2) 整体感知，点拨促得。

师：一读课文，读准字音。

（生读，师评价字音是否准确）

师：二读课文，读准节奏。

（生读）

师：三读课文，理解句子含义。

（生读）

(3) 合作探究，以学促得。

师：四人小组合作，互相说一说每句话讲什么？（合作探究）

（生讨论交流）

生 1 汇报交流：第一句（王戎七岁，尝与诸小儿游）意思为王戎七岁的时候，曾经和众多小朋友一起游玩。

师："尝"是怎么理解得来的？（追问）

生：借助课文注释。

师："尝"字放在句首，一般就是"曾经"的意思，我们可以通过结合注释的方法理解文言文。（总结方法）

通过小组汇报、师生互动、生生互动的方式，总结出理解文言文的方法：结合注释、词语代替、拓词组词、结合插图、联系上下文、联系生活实际、补充。

（4）比较鉴赏，得思得道。

师：王戎长大以后成了什么样的人？（资料介绍：王戎，魏晋名士、官员，竹林七贤之一，以远见卓识闻名于世）

生：远见卓识。

师：他长大以后远见卓识，不是偶然的，是从小就养成了好的习惯，才能有远见卓识。先观察，再思考，最后得出结论。不能和别人一样，为何不随众摘李啊？这个众不一定是对的，要有自己的见识，所以最后王戎以远见卓识闻名于世，此时，王戎在你们的心中是什么样的呢？

生1：有远见。

生2：爱观察，爱思考。

生3：很智慧，有卓识。

师：同样是王戎，《世说新语》中还讲到了他的其他故事，即"王戎有好李，卖之，恐人得其种，恒钻其核""王戎俭吝，其从子婚，与一单衣，后更责之"。

生1：吝啬。

生2：小气。

生3：自私。

师：连王戎这样的"竹林七贤"也有小气、自私的一面，那么与周围的人相处，要怎么办？

生1：每个人都有优缺点，要正确看待人。

生2：尺有所短，寸有所长。

师：取其长，补其短，乃为人处世之道。（得思、得道）

"五得"着眼于学生学习的本质，着眼于学生学科素养的形成，是践行课程标准的具体教学形态。"和润"课堂，在情境课堂中激发学生学习兴趣，在核心问题的提出过程中引导学生合作探究，发现问题；在追问中引导学生步步深入，拓宽思路。其以学生为主体，尊重学生，关注差异，使学生在轻松、愉悦的氛围中，一课一得，一课多得，学有所得。

三、关系之变化

"和润"课堂的"润"有两种意思，一是指没有障碍、畅通；二是指自然、亲切、愉悦。

（一）学生与学生的关系——和济

古人言："独学而无友，则孤陋而寡闻。""和润"课堂上，学生与学生之间可以没有障碍、畅通、自然地交流，课堂被亲切、愉悦的氛围所包围。学生在轻松愉快的交流中互相启发、互相帮助，碰撞出智慧的火花。

（二）教师与学生的关系——和畅

"和润"课堂的师生关系同样是无障碍、畅通与自然的。教师的态度是亲切的，彼此都是愉悦的，整个学习过程是轻松、快乐的。首先，教师要了解学生的精神世界。教师了解学生，是师生和畅关系的前提。其次，教师需要赢得学生的信任。教师赢得学生信任，是师生和畅关系的保证。"和润"课堂，师生各自敞开自己的精神世界，从而获得精神的交流和有价值的分享。因此，"和润"课堂上，师生心灵是相互联结的、和畅的。

（三）师生和文本的关系——和融

"和润"课堂中师生和文本的和融状态，其实是在文本解读中融入别样的体悟。师生浸润在文本中，师生与文本之间的对话是畅通、没有障碍的。文本对师生来说是亲切、温润的，是有情感、有温度的。

在教师的引导下，学生能做到鲁迅说的"自己思索，自己做主"，坚持用已有的经验去汇兑作品的情意，获得独特的体验，读出自己的个性。教师在课堂上满足学生的学习需要。课堂教学中形成和谐的"场"效应，让学生感受学习的魅力。

四、课堂之变化

在"和润"教育理念的浸润下，盐小东区的课堂教学也在悄然发生变化。从传统课堂到"和润"课堂的初步尝试，体现了学校对学生个体的充分关注，像对待植物生长一样顺应儿童天性，打造适宜儿童身心发展的"和润"课堂。因此，盐小东区的课堂教学在"和润"理念的指引下，在教学实践经验积累和行动研究中，正从方方面面进行深刻的变革。

（一）学生发展更具自主性

课堂是学生发展的精神家园，因此课堂教学的变革应该首先关注学生的健康成长，之后指引学生实现全面和谐发展。在传统的课堂中，课堂是发放知识的场所，课程是发放知识的清单，而学生则仿佛是被动接受知识的容器或等待改造的机器，课堂教学呈现的是呆板、重复的景象。但"和润"课堂把学生看作课堂这一生态场的有机组成部分，承认学生是有生命活力、思想情感和兴趣爱好的生命个体，课堂教学要重视学生的生命存在和生活体验，要促进学生生命的整体发展。

"和润"课堂要促进学生生命的整体发展，意味着承认和尊重学生的自主性。过去受到传统教学观念的影响，大部分教师只看到了学生对教师和教学环境的依存性，而忽视了其作为生命个体的自主性。如一味忽视学生是现实生活中的人，抹杀学生在自我发展中的主体地位，强制灌输，强求一致，则会有扭曲学生个性、压抑学生的能动性与创造性的教育风险。"和润"理念加深了教师对学生作为独立而具有独特性的个体的认识，让教师看到了学生生命的完整性和自主性。这就意味着教师在课堂教学中要学会彻底解放学生，要创造条件让学生在活动中自主发展和成长。让学生能够像自然生长的农作物一样，在"和润"课堂的教学生态系统中，得到生命的整体发展和自主发展，最终将"和润"课堂打造成学生生命整体发展的自主性课堂和生态性课堂。

（二）师生合作更显共生性

在传统的课堂教学范式中，课堂是灌输知识、规训学生的场所，是教师独自表演的舞台，教师是课堂的"主角"，学生则是不起眼的"观众"。而在"和润"课堂中，教师和学生是一种相互依存的共生关系。共生最早描述的是生物现象，在生态学中，共生指两个不同有机体基于有益或至少是无害的关系而相互依存。在当代，透过生物共生现象，人们认识到共生是人与自然之间形成的一种相互依存、和谐、统一的命运关系。

共生理论启发我们，盐小东区的"和润"课堂应当是一个有机的整体，教师和学生不是彼此割裂的对立关系，而是相互依存的共生关系。没有了学生，也就无所谓教师。没有了学生的发展，教师的劳动也就失去了价值和意义，反之亦然。因此，课堂不是教师一个人独白和表演的舞台，而是师生对话、交流的平台，课堂教学不是一种控制的技术，而是师生合作的艺术。通过合作，教师和学生才能够形成完整的体系。同时，在这样的课堂教学环境中，师生之间是一种互利共生的关系。事实上，课堂教学对于教师而言，不只是为学生成长所做的付出，不只是对别人交付任务的完成，它同时也是自己生命价值和自身发展的体现。通过与学生的交往与合作，教师也会收获知识和智慧，从而促进自我发展和进步。因此，把师生看作完整的体系，强调师生合作的共生性课堂就是"和润"课堂的体现和写照。

（三）学科教学凸显整合性

"和润"教育理念指引教师们开始用系统、整合的眼光考察与分析课堂教学的行为以及行为中的诸要素，使教学的各环节与各方面形成一个有机联系的整体。这就意味着要想使盐小东区的"和润"课堂落地并生根发芽，便要在课堂教学方面更加凸显学科教学的整合性。为此，盐小东区教师通过以下几个方面的努力，使学科教学的整合性日益凸显。

首先，更加关注学科内知识与态度、过程与方法的整合。知识与态度相统一，过程与方法相统一，是新课程改革的基本主张，这一主张反映在课堂教学上，就是要求教师在教学目标的设定、教学过程的组织等环节，注意将知识中蕴含的态度、意识、价值观挖掘出来，并巧妙地采用"随风潜入夜，润物细无声"的方式渗透。这就要求教师在教学过程中，既要关注学生的知识习得情况，也要注意将获取知识的方法、学习能力的培养等有机地渗透进教学过程的始终。其次，更加关注学科之间的联系和整合。学科之间的联系以知识的内在联系为前提，虽然学校课程将知识分割成不同科目，但深究本质，学科知识之间存在着深刻的联系。因此，盐小东区教师在教学中一方面关注本学科教学的目标与要求，另一方面关注其他相关学科的教学进度，分析其他学科与自己所教学科内容间的联系，并有意识地借助其他学科的知识资源等学习本学科知识。如在小学数学课堂教学中，教师可根据同时段学生语文学习的知识，将语数知识根据具体教学内容进行一定程度的串联和整合，这样，既能让学生体会到学科知识间的内在联系，也有助于构建高效的课堂教学样态。最后，更加关注信息技术与学科教学的整合。信息技术是实施教学的重要手段，它与学科教学构成一种相辅相成的关系，"和润"课堂教学也应致力于改变以往的"平时教学不用信息技术""公开教学信息技术滥用"的现象，使信息技术手段与学科教学内容结成一个整体，学生在课堂教学中，既能借助信息技术手段更牢固地掌握学科知识，同时也能获得信息技术所蕴含的科学素养、科学精神、科学方法等。

（四）教学内容强化结构性

"和润"课堂教学变革的重点之一，便是寻找教学内容内在的结构性的联系，在新旧知识之间、新知识各构成部分之间、新知识与学生生活之间寻找关联，形成对知识的整体性认识。

内容在教学中占据着重要地位，教学目标的确定离不开内容，教学方法的选择更是依托内容。虽然课程改革大大拓展了原有课程的含义，但课程的核心仍然是内容，关注的主要问题仍然是教育教学活动中的内容，其在很大程度上是以内容为中心，辐射至教学活动乃至学校改革的其他方面。"和润"教育理念指引下的教学内容何以结构化？原因有三，一是结构化的知识是能力形成的基础。"和润"课堂除了关注学生知识的掌握，更加关注学生能力的培养和提升。但并不是所有知识都有助于能力的提升，不是知识越丰富，能力就越强，恰恰是结构化的知识对能力的形成起了促进作用，因为这样的知识具有较强的黏合力，较严密的逻辑性，较丰富的关联度，可以较好地为知识的灵活运用服务。二是结构化的知识强化了知识的整体性。对学生来说，认识到知识与知识之间的联系，注意到各知识点之间的共通性或互补性，既可以使学生更好地掌握知识，形成整体性、系统性的知识观，同时也可以使学生将知识融会贯通，真正纳入自己的认知框架，与原有的知识经验结成一个整体。三是结构化的知识是基础知识存在的主要形态。基础知识是存在于概念与概念、范畴与范畴、命题与命题、原理与原理之间的联结之中的，掌握基础知识也是掌握知识的结构形态和内在要素的关联。

新课程倡导自主、合作、探究的学习方式，盐小东区的教师也在积极探索这些学习方式在实际教学中应用的方式与途径。在运用这些以学生学习为主要形式的方法时，教师开始关注引领学生注意知识之间的联系，要在自主学习的基础上进行提炼和升华，在合作学习的基础上进行分享与研讨，在探究学习的基础上进行概括与总结，也就是借助种种不同的引导方式，促使学生对知识有总体把握和整体认识。

（五）课堂知识关注生成性

在传统的课堂教学范式中，课堂是一个静态、封闭的实体，课堂教学就是按照预设轨道机械行进的历程。为了使课程教学不偏离预设的轨道，教师采用了各种防范和控制手段。与传统的单纯强调课堂的预设性不同，"和润"课堂倡导课堂的动态开放，重视课堂教学的生成性。课堂教学的生成性既源于教育主体的能动性和创造性，也来自知识本身的发展性和建构性。教师和学生是课堂教学的主体，他们都是具有思想和情感的生命体，由于知识、年龄和生活经验的差异，他们对同一个事物的理解是不同的，因而在教学对话中会出现许多"意外"。另外，知识本身的发展性和建构性也会使课堂教学呈现动态生成的特点。因此，"和润"课堂理念强调课堂教学不应当是知识的机械灌输，而是学生以自己的方式进行的主动建构。这样，由于教育主体的能动性和差异性以及知识本身的不确定性和建构性，理想的"和润"课堂教学必然会呈现出一幅复杂多变的动态生成景象。"和润"课堂教学的生成性也对盐小东区教师提出了新的要求和挑战，无论是备课还是上课，教师都要改变传统的机械式做法，在备课过程中要给学生的主动参与预留一定的时间和空间，在课堂教学中全面把握课堂的变化，善于捕捉转瞬即逝的教育机会，用好有利于学生发展的生成性教学资源。

（六）教学策略愈显综合性

"和润"课堂教学理念在教学策略上也对盐小东区教师提出了具体要求，即从教学目标和教学内容的要求出发，从学生身心发展的实际出发，选择多种不同的教学策略，并且将这些策略灵活运用于课堂教学，使课堂教学达到知识与态度、过程与方法等方面的目标要求，呈现出符合学生学习特点的教学形态。

课堂教学可供选择的策略很多，提问、讨论、讲述、角色扮演等都属此列。但要注意的是，每种教学策略都有其适用的特定场景，有自身的优势，也有自身的缺陷。可以说，没有哪种教学策略是可以通用于所有课堂、应用于所有班级、适用于所有教师的。教学目标调整了，教学内容变化了，师生关系的状态改变了，就需要选择不同的教学策略。策略是为目标、内容服务的，一味地追求策略的"花哨"，一味地追求策略的样式，其实是一种舍本求末的行为。因此，盐小东区的教师为保证学生在"和润"课堂中真实地进行了"学习"，既意识到在一节课中可以使用多种教学策略，也通过深刻地解读教材、解读学生等方式尝试将教学策略更加合理地综合起来。

综上所述，在"和润"教育理念的指引下，盐小东区的教师们积极投入到课堂教学的深刻变革中。虽然课堂教学的变革在实践过程中会因为各种现实因素遇到阵痛、阻碍，但教师们积极顺应时代潮流，通过不断地学习，主动地尝试接受不断更迭的教育理念，并开始将新的教育理念落实到教育教学的实践工作中。我校的教育变革虽道阻且长，但依然在全校教师的共同努力下，于教师、学生和课堂教学方面悄然发生着变化，而这些变化，正影响着学校、教师和学生的共同发展。

第六章 基于"问题驱动"的 支持性课堂的探索

第一节 以 "问题" 作为课堂的引擎

问题是课堂教学的心脏，是思维活动的起点，若缺少问题导向，课堂教学将会失去方向，失去活力。围绕"五品五能"培育目标，紧扣"问题驱动"和"支持性教学"研究，我们发现，学生摄取新知、解决问题、合作沟通等方面的能力提升，皆能在课堂教学中得以实现。问题是教学的心脏，是"支持性教学"的载体。知识的增长永远始于问题，终于问题。在教学中，从旧知识的复习到新概念的形成与确立，新知识的巩固与应用，学生思维方法的训练与提高，以及实际应用能力和创新能力的增强，无不从"问题"开始。因此，指导提出问题或设计问题、指导问题解决是课堂支持的关键。我们认为教师精心设计的问题更能激发学生的学习兴趣，吸引学生的注意力，调动学生学习的主动性，能更好地驱动学生独立思考、自主探究，从而更有效地激活学生的思维。在前一轮课题的研究成果上，我们把研究的目光聚焦在了课堂的引擎——问题上，我们期望教师的课堂能够在问题的驱动下，探索出更高效的教学途径，促使学生深入学习，促动学生的思考动机，促进学生的思维发展。

一、和润教学研究的前期探索和成效

（一）内涵发展，聚焦课堂

我校 2004 年 6 月更名为成都市盐道街小学（东区），至今已经走过 17 年多的风雨历程。在借助盐道街小学教育链优质资源、主动谋求学校特色发展的过程中，学校逐步形成了"和乐教育"的办学理念，其核心是通过和乐校园生活的构建，寻求师生"和而不同，乐而不松，各得其所，各有所乐"的发展。2010 年，学校新的领导班子上任后，更加坚定了走学校内涵发展之路，聚焦

发展中学校的共同问题——课堂与质量，进一步探索以课堂改革促质量提升的有效路径。2013 年 5 月，学校对前期发展进行了梳理，召开了脱离盐道街小学教育链的现场会；11 月，提出创建成都市的新优质学校，开始了独立办学的内涵发展探索。

（二）关注课堂，聚焦和润

和乐教育的办学实践，着力从"和顺管理、和雅德育、和润教学、和美校园"四个方面推进，和润教学是践行和乐教育理念的核心。著名教育家叶圣陶先生"教育是农业，不是工业"的思想，为学校的和润教学指明了方向，引发我们的思考：教育与农业有较高的相似性，教学需要的是能真正了解生命的"农人"，而不是流水线上技术熟练的"工人"；教学需要的是保护、引导、支持，而不是强制、组装、塑造。教学的本质属性和根本意义应当从"农业"中去追寻，我们要向农人学习，从农业中、从自然中去寻找教学之道。

教学作为一种培养人的社会实践活动，应追求效率和标准。效率和标准本身是没有问题的，但需要注意的是，我们在追求效率和标准的同时，不能忘记教育对象是独立的、整体的、活生生的生命！学校秉持"和风润雨，顺木之天"的理念。和风润雨即"和风细雨，润物无声"之意，在这样的教学中处于主体地位的是学生而不是老师，老师为学习提供支持，提供环境，提供条件；顺木之天，就是尊重树木的本性、天性，相信每一粒树种都有长成参天大树的潜质，同时也表示顺应生命的特征和本性，提供适宜的条件，使其终能成长为参天大树。和风润雨是条件，顺木之天是目标。正如庄稼的生长需要适宜的自然环境和农人的恰当耕作，学生的发展也离不开学习环境和老师的引导支持。"和润"教学之"和"，指向课堂的学习环境，它为学生的自主学习创设良好的外部条件，是和润教学的前提；"润"，指向教师的工作特点，为学生自主学习提供必要的帮助，是和润教学的方法和手段。

"和"的课堂，其外部表象是：井然有序，环境、师生、活动和谐；平等交流、彼此尊重爱护、多向互动、教学相长；宽松宽容、充分理解友善指点；思维灵动、思考积极、课堂气氛活跃；乐学好问、富有情趣和乐趣。在前期课堂实践中，课题组主要从以下几方面进行了思考与实践。

一是明确"润"的目的及意义，通过指导、帮助，激发学生自主学习的潜能，促进学生的自主学习。

二是把握"润"的时机。在深入解读学情和教材的基础上，准确定位课堂教学中的教师"在线指导"和"隐身支持"的时机。学生掌握知识、形成道德观念是一个主动探索领会的过程。因此凡是学生能通过自主学习、自主讨论和交流习得的，教师便可处于"隐身"状态，"旁观"学生的学习，依靠学生自身的自主性、能动性与创造性，将学生"有"的东西充分地引导、挖掘、发挥出来；当学生的学习活动处于启蒙、困惑、精要、困难、模糊之处时，教师则及时"在线"给予引导、点拨或追问，帮助学生明确方向，理清思路，从而归纳提炼，建构科学的知识体系，获得正确的思维方法。

三是研究"润"的内容。树立信心——给学生以鼓励，使之敢于主动学习；寻找原型——让学生有体验的机会，促进建构；设计问题——给学生以引导，促进思考；提供方法——让学生知晓可以怎么做，高效地学习。

四是探索"润"的方法。浸润——重滋养，关注"学习场"的培育、让学生有自主学习的时空，全方位熏陶。顺发——重激励，关注生成，调动学生参与学习的主动性。点拨——重基于学情的及时引领，让学生在需要支持的时候得到帮助，激发其潜能。丰润——重提升，通过挖掘学科思想内涵和学科方法的习得，关注学生学科素养的整体提升和终身发展。

二、教师角色的转变：由传授者转变为引导者

在时代的快速发展以及现代教育技术的引领下，盐小东区经过近十年的脱链自办、独立发展，迎来教育现代化的挑战和考验。面对这些，我们一直秉承着在"校园生活"进行"五育融合"的"全时空"下进行"主动学"的教育理念。盐小东区将学生的培养目标定为"和谐健康、乐学聪慧、多元发展"，教师成长目标定为"知识面广、有情趣；喜欢孩子、有爱心；乐于学习、有思考；善于沟通、有方法"。在教学过程中问题是所有教学的核心。美国心理学家布鲁纳认为教学的过程，是一种提出问题与解决问题的持续不断的活动。由此，我们可以看出"问题"在教学中的重要性。在教学中，从旧知识的复习到新概念的形成与确立，新知识的巩固与应用，学生思维方法的训练与提高，以及实际应用能力和创新能力的增强，无不从"问题"开始。设计问题和指导问题的解决是课堂支持的关键。因此，学校以问题驱动为学生的课堂学习提供支撑，顺应学生成长需要，提供适宜的阳光、雨露和清风，促进学生自主、生动地成长。学校提出"问题驱动下的支持性课堂教学实践研究"，聚焦点在于依据学科特点，聚焦课堂教学研究，以核心问题设计为载体，为学生的学习提供支持，促进学生主动建构、生动发展。我们将基于"问题驱动"支持下的课堂研究作为学生学习、教师专业发展的堡垒。

为什么我们会提出"问题驱动"的相关研究呢？

在当今的教育教学中，采取最多的教学方式应该是讲授式教学。因为讲授式教学确实有很多优点，例如其最大的特点就是高效。在一节 40 分钟的课堂里，要学习抽象的概念或者抽象复杂的课本知识的时候，采用讲授法就会将这些知识直接转化为具体形象、通俗易懂的知识，一定程度上能减少学生面对抽象知识的畏难情绪，并避免了学习过程中大量的弯路，节约大量探索的时间。老师的讲解让学习变得高效、快捷，因为很多知识都是老师直接传授的，不需要学生花费大量的时间去摸索，这样一定程度上会让学生在学习中感受到轻松和愉悦。

但是，单一的讲授式教学真的能让学生感到长期学习是一件快乐的事吗？答案是不一定的。讲授式教学也存在一些弊端，首先，在讲授式教学中，学生的学习浅显化、缺乏独立思考的空间；大部分时间都是听教师讲解知识，教师认为学生只要认真听讲就能够获得并掌握知识，而实际上学生是以听讲代替了思考的过程，很多知识的学习仅停留在表面，不会解决新问题，举一反三的能力较差。其次，讲授式教学容易让学生产生依赖性，缺乏主动性和思考性。传统的教育以教师为中心，教师是一种权威，教师讲得越多、越全面、越深刻，学生掌握得更多、学得才会越好。长此以往，教师只会注重讲得怎么样，从而忽视学生的主观感受。而学生会慢慢地产生依赖心理，认为所有的问题都有教师讲解，只要遇到问题就会期待教师解决，最终丧失了学习的主动性以及创造性。长期这样学习，学生不仅无法掌握基本的知识和技能，也无法提高自己的思维能力。

基于讲授式教学的分析，我们专门对盐小东区的课堂进行研究，发现课堂出现了"几多几少"的问题：关注教授多，关注习得少；关注讲授多，关注探究少；老师要求多，学生自主少；课堂封闭多，民主开放少。过多关注了结果，忽视过程的落实；过多关注了教学的内容，忽视了学生的生命成长。学生的课堂表现是被动的、沉默的，课堂氛围是沉闷的，课堂的效率是费时低效的。这样的课堂现状制约了学生主动、生动地发展，也很难真正实现学生快乐成长的培养目标。

针对以上问题，我们进行了基于"问题驱动"的支持性课堂的实践探索，该研究由以下理论研究支持：建构主义认为，学习是主动发生的，知识不是通过教师简单传授而来的，而是学生在一定的情境下通过他人的协助、引导，自主地学习认知。建构主义中的抛锚式教学也叫"基于问题的教学"，常用于小学的课堂教学中：教师经常会创设情境提出问题，让学生深处这些环境中感受体验问题，从而更深刻地理解问题，分析并解决问题。支架式教学也能帮助

"问题"教学，我们以学生为中心，培养学生的问题解决能力以及自主探究能力。教师在这个过程中需要一步一步地为学生提供适当的支持，让学生一步一步地发现和解决问题，最后掌握这些知识并提高解决问题的能力。与支架式教学相关的是维果茨基提出的最近发展区理论，是指在能达到的水平与即将达到的水平之间的区域，通过借助外力（同伴、教师或其他人）达到理想的水平。这种理想水平也是我们盐小东区教育者的理想水平，我们需要以"问题"作为课堂的引擎，逐步帮助学生达到最佳水平。

三、问题驱动研究的必要性及实践价值

如何实现"和风润雨，润物无声"？在关照"和"的前提下，学校着力在"润"上做了思考和实践，寻到研究落点。

"润"的实质是提供支持。教学的方法与农业的方法有极大的相似度，空气、阳光、雨露、水分是农作物生长的必要条件，但农作物的生长主要依靠自身。学生的成长也一样，教师需要做的是顺其天性，扶正祛邪，为成长提供帮助，"润"的核心就是支持。

设计问题和指导问题的解决是课堂支持的关键。问题是教学的心脏，知识的增长永远始于问题，终于问题。从旧知识的复习到新概念的形成与确立，新知识的巩固与应用，学生思维方法的训练与提高，以及实际应用能力和创新能力的增强，无不从"问题"开始。人本主义心理学代表人物罗杰斯认为，人类具有天生的学习愿望和潜能。这种心理倾向可以在合适的条件下释放出来——当学生了解到学习内容与自身需要相关时，学习的积极性最容易被激发。从这个意义上讲，教师的任务不是教学生知识，也不是教学生如何学习知识，而是要为学生提供学习的支持（含安全的学习环境、自主的学习空间、适宜的学科学习方法等）。

通过转变教师的角色，使其从传授者变为引导者，需要教师改变原有的观念，改变教学的方式，通过"问题"来促进课堂的发生。那何为"问题驱动"呢？何为"支持性教学"呢？

驱动，原义推动，在问题驱动中是指以问题为载体，通过问题预设，引导学生自主学习、合作研究，强化学生的探究意识与合作精神，让学生在解决问题的过程中自主参与、主动构建，促进学生学科综合能力的提升。

"支持"一词在字典中是"维持、支撑""给予鼓励和赞助"的意思。支持性教学指教师作为促进学生主体性发展的外部推动力，运用多样的教学方法和策略，与学生进行互动，为学生自主构建提供支持、帮助。

那他们融合在一起又有什么深意呢？

问题驱动下的支持性教学就是教师充分相信学生"有"学习的潜能，依据学生心理特点确定学习层次，将一节课的知识、能力、情感等构成"问题"系列，在教学设计上以"问题"为纽带，以知识形成、发展和学生思维过程为主线，师生合作互动，从而激发学生思维潜能，引导学生充分自主学习的教学。

原来我们的教学始于"问题"，"问题"是课堂的核心组成部分，"问题"应该是紧扣课本与学生的身心发展的。

（一）小学课程标准的基本要求

《小学数学课程标准》一共有四个总体目标，其中有一个目标就是问题解决，并要求学生能够从数学的角度去发现问题、提出问题、思考分析问题，最后解决问题。问题驱动法的基本要求是以学生为主体，以"问题"为学习的起点，以"问题"为核心的学习内容，提高学生的主动性以及问题解决的能力。在这一点上，两者都要求学生掌握基本的知识技能，并提升问题意识以及解决问题的能力。

（二）现代学生观

随着教育观念的转变，学生不再仅被称为一个求知者，其作为一个具有独特性的个体，一个具有独立意义的人，一个独立发展中的人的一面愈加突显出来。学生的发展是有一定规律的，不能拔苗助长，破坏学生身心发展的顺序性，要循序渐进，遵循他们身心发展的顺序性进行施教。学生是独特的个体。人与人之间有很大的差异，这就是由学生身上的独特性决定的。如果不根据学生本身的差异特点进行教学，那么培养出来的学生就像工业品一样，毫无自身特点，没有区别性。

教育的产生与发展正是因为有受教育者的存在，受教育者对于学校教育来说指的是学生，学生才是学习过程中的主人，是学习发展的主体。学生在学习过程中，是有巨大的发展潜能的，要相信每一个学生都能够成才，成为有前途的人。但是学生的学习永远离不开教师，教师在学生的学习过程中起着很重要的作用，那就是"引导者"的作用。教师只要教学方法得当，关注学生的主体性，便能引导学生通过对"问题"的学习促进对知识、技能的掌握，让学生真正地成为学习中的主人。

四、问题如何推动课堂进程

（一）设计问题，创设情境

设计问题在课堂教学中起着举足轻重的作用，要想设计好的问题，促进教学的开展。我们认为设计问题有以下几点基本要求。

1. 问题具有针对性

教师在教学设计时，除了考虑教学目标、教学内容等外，还需要重视教学问题的设计。一个好的问题设计，能够事半功倍。在设计问题时，不仅要考虑教材内容，还要依据学生的身心特点定制问题。在不同的学教学内容中，所设计的问题应该是不同的。

2. 问题具有合理性

在设计问题时，要充分考虑问题的合理性。问题必须明确、具体，不能含糊其词，严禁大而空。问题的合理性设计对于教师的要求很高，教师必须非常熟悉教材以及学情，准确把握课程概念以及教学内容的重难点，设计好每一个问题。

3. 问题具有启发性

设计问题时，应该考虑问题是否具有启发性。教师要预设问题提出后，学生会如何回答，引导学生思考，启发学生一步步进行逻辑推理，最后找到解决问题的方法。

4. 问题具有探究性

有效的问题一定具有探究性。探究性的问题也最能提高学生的思维能力。在教学前，可以适当地布置相关的预习作业，让学生先集中精力提前预习，在预习过程中发现问题、提出问题。在教学时，就以探究性问题作为驱动力，激活学生的思维，激发学生的学习热情。

设计问题除了达到以上几点基本要求以外，还要在设计问题时创设与问题匹配的情境，避免问题太抽象学生无法理解。情境中最好有与本堂课教学相关的生活素材，可以为提出问题起到铺垫作用。例如：在教学"认识角"一课中，教师出示生活中的图形，问学生是否认识。看似简单的问题拉近了学生与数学知识联系。教师接着问:"你知道这是什么图形吗?"学生回答"角"。教师接着提出核心问题"什么样的图形是角",然后进行教学。在探究新知环节,教师也可以选取生活中的素材(剪刀、红领巾),并提问"它们上面有角吗?",接着再让学生指出角,最后认识角。通过几次的情境创设,我们发现教学问题的设计,往往是与生活紧密联系的。在设计问题时,适当地把与数学相关的生活情境融入课堂中,不仅可以丰富数学的趣味性,还可以加深学生对知识的记忆和理解。

(二)提出问题,引发思考

建构主义理论认为学生不是空着脑袋走进教室的,在过去的生活经验以及学习交往活动中,他们已经逐渐积累了自己的经验和想法,也有利用现有的知识经验学习的能力和潜能。因此教师提出的问题要符合当代学生的现有认知结构。

在课堂上,问题的提出是教学的开端,教师给学生创设具体的情境后再提出问题,激发学生的认知冲突。问题的提出可以是师生共同商讨后提出的,也可以是学生根据自身的需求主动提出的。

一个学生提出与教学内容相关的问题,教师带动全班同学一起思考这个问题并想办法解决这个问题,借助师生共同体和学生共同体的团体力量思考问题。这样教学的目的也算达到了一半。课堂上有这样的问题可能会使学生根据自己的需要去探索和学习,也会充分发挥自己的主动性去解决问题。

另外,问题的提出不是随意的,首先要考虑与本堂课的知识是否有关联。其次,考虑学生的学习情况及认知状态。最后,要给学生留有思考的余地,问题不能太难也不能太简单,应让学生感到很想明白这个问题但又有一定的困难。

提出的问题来源于现实生活,将生活与学科知识相融合,让学生感受到学习是充满乐趣并且与生活息息相关的。学生遇到问题,就会养成用学科眼光、学科思维思考生活中的现实问题的习惯。这样还能让学生逐渐重视思考,从而增强解决学科问题的能力。

(三)分析问题,激活思维

当学生接收到"问题"的信号时,一般都会主动地分析问题,分析问题是解决问题的关键,看"问题"与已有知识是否有联系,如果和旧知识有关,我们就可以引导学生回顾旧知识达到"温故知新"的效果,然后让学生分析、探究新的问题，思考该如何解决。如果这个"问题"与旧知识无关，学生就会对新知识质疑，更加想去探究新知。

（四）解决问题，提升能力

建构主义提到学生学习主要通过新经验与原有经验相互作用，并且在这个过程中不断地丰富、改造自己的知识经验，最后完善自我的认知结构。解决问题的过程中，需要让学生产生认知冲突，达到主动完善认知结构的目的。解决问题最重要的是把知识进行加工转化并举一反三地应用知识。因此，学生的知识转化与应用能力很重要。学生在解决问题时，首先要联系已有的知识经验，然后进行思考、想象，接着通过建立知识的内部联系，不断地增强知识的转化能力，最后解决问题。其实，运用已有的知识解决问题是最常见的现象。在大多数情况下，新知识和旧知识是有联系的，学生及时准确地定位旧知识与新知识的联系，通过旧知识的桥梁促进新知识的解决，有利于高效解决问题。然而有时候会遇到新知识与旧知识联系不紧密的情况，此时教师应介入并提供引导，帮助学生解决问题。学生在这两种情况下应能够顺利解决问题并学会主动探究知识，从而提升思维力和创造力。

问题是课堂教学的"引擎"，驱动学生思考，激活学生思维，激发学生的学习愿望和潜能，让学生值得信赖的心理倾向在合适的条件下释放出来。其价值在于串起课堂教学的全过程，促进学生思考问题、分析问题、解决问题。这具体表现在三个方面：一是从学生个体来看，问题的价值在于激发学生的学习愿望和潜能，明确目的，提高自主学习的能力；二是从学生群体来看，问题的价值在于加强交流，促进集体思维的形成，形成集体智慧，加深理解；三是从教师方面来看，问题是一种课堂管理的有效教学方式。

五、问题驱动的作用

问题是所有教学的核心。在教学中，从旧知识的复习到新概念的形成与确立，新知识的巩固与应用，学生思维方法的训练与提高，以及实际应用能力和创新能力的增强，无不从"问题"开始。设计问题和指导问题的解决是课堂支持的关键。因此，我们以问题驱动为学生的课堂学习提供支撑，顺应学生成长需要，提供适宜的阳光、雨露和清风，促进学生自主、生动地成长。

（一）建构新知，培养探究意识

在问题驱动教学中，教师不是知识的主动建构者，学生需要凭借自己的已有知识、经验建构新知，这个过程应是学生通过自己主动探究实现的，教师一定要给学生充分的时间进行自主探索。学生对新知识的内化成为核心，课堂教学的模式从以讲授为主转变为以探究学习为主，以教师为中心转变为以学生为中心。

（二）分解教学难点，促进知识内化

在进行教学设计时，教师要根据教学的重难点设计问题，问题是由核心问题以及下面的子问题组成的。把核心问题分解成一个个子问题，实现了把"抽象问题"转化为"形象问题"，分解了教学问题的难度，增加了问题的层次性。学生面对核心问题时可能一时无法解决，但当教师把这个核心问题分解为一个个子问题进行教学时，学生会将子问题逐渐内化吸收，其接受知识的能力也会明显提高，这最终会促进学生获得知识。从"核心问题"到"子问题"，教师的提问循序渐进，遵循了学生的认知规律，有利于学生发展自身思维能力。

（三）梳理总结，评价反思

在问题驱动教学中，教师在课中或课堂结尾时需要引导学生对刚学习的知识或者本堂课学习的知识进行总结梳理，回顾整节课的知识，再次内化吸收、巩固所学，提高学生的知识归纳概括能力。教师应在课堂结束前及时总结并提出具有思考性的问题激发学生学习的欲望。例如提出问题："通过本节课的学习，你有什么收获？"让学生说出自己的收获，通过不同学生的回答，其他学生也能从中学到自己忽略的知识。在这个过程中，学生在心中会对自己的学习有反思和评价。

六、问题驱动的价值

从学生个体来看，问题的价值在于激发学生的学习愿望和潜能，明确目的，提高其自主学习的能力。

例如：北师大版六年级数学《圆柱的体积》一课的教学中，学生对于学习圆柱的体积究竟有什么需要，这是教师开展教学的关键。在这节课中，教师从生活情境入手，让学生根据生活经验说说可以用哪些办法求出一个圆柱学具的体积。如将圆柱浸没水中，使水面上升，引导学生观察思考，直观感知圆柱体积的概念，同时意识到过去学的排水法可以用来求圆柱的体积。紧接着再用图片展示两个圆柱形桥墩，让学生想办法比较哪个体积大，学生意识到前面所说求体积计算方法的局限性，从而产生思维困惑，进而生出探究圆柱体积计算方法的欲望。这样的导入不仅为学生创造了一个十分宽松的生活化学习环境，还

为学生之后构建数学模型，发现圆柱体积公式奠定了基础。

又如：北师大版五年级语文《凡卡》一课的教学中，学生产生了几点疑惑：凡卡为什么问候那些人？凡卡的爷爷为什么忍心看着自己唯一的孙子受苦？为什么不把他接走？为什么要写凡卡回忆过去的事？在这些疑点处让学生生成问题，教师引导学生去探索。通过体验和感悟，学生明白了契科夫写作的用意：以乐衬悲，使现状和过去形成强烈对比，生动地展现凡卡的悲惨童年。

从学生群体来看，问题的价值在于加强交流，促进集体思维的形成，形成集体智慧，加深理解。

例如：五年级语文《晏子使楚》一课的教学中，教师通过指导学生学习晏子与楚王的第一次交锋，与学生们一起总结学法：先勾出关键句子，再体会巧妙之处，最后有感情朗读。之后，教师提供学习导航以支持学生自主、合作探究解决第二、三次交锋。

这个环节中，学生形成了良好的全员参与意识，学生把握了恰当的学习途径，能疑善疑，自主合作，在汇报环节更是百花齐放，"疑"事"疑"人成了解决核心问题的关键，以"疑"贯穿始终，在"疑"的过程中寻求到了学法，找寻到了解决问题的途径。

对老师来说，问题是一种课堂管理的有效教学方式。

例如：北师大五年级数学《解决问题的策略——一一列举》一课的教学中，教师出示例1王大叔围栅栏的图片后，学生依次汇报从图中获得的信息。教师追问："由18根栅栏你联想到了什么？"学生："想到了可以求围成的长方形的面积。"教师再追问："求面积要知道什么？"学生齐答："长和宽。"前面几个学生的回答很散乱，没有深入，再往后恐怕要么重复，要么就是汇报答案了，此时教师这么一追问，把学生原本无序的思维聚拢起来。而后学生联想到求长方形的面积，这是追问下出来的一个好的回答，长方形的面积由长和宽两个因素决定，而教师紧接着的再次追问，使学生的思维完整了，有利于学生进一步的联想。

一节课中的提问次数可多可少，但准确把握好提问的时机却非常重要。用问题串的形式将教学的各个环节紧密联系起来，有效避免提问的随意性。问题串中能包含很多问题，能帮助教师在备课的时候用问题将教学各环节串联起来，做到环环相扣，也就能在一定程度上帮助教师把握好提问的时机，促进提问的有效性。

七、教学带来的反思

（一）问题驱动教学对教师要求高

在实际教学中，为了激发学生的兴趣，调动学生的积极性，教师一堂课需要提出很多问题来保持课堂的活力。由于受到各种主客观因素的影响，教师在课堂教学提问时，提出的问题往往与预设的问题有所差距，可能是问题不够具体、明确，也有可能是提出的问题没有层次性，导致提出的问题学生无法理解。另外，每个学生都有自己的独特性，个体之间存在一定的差异，学习的水平也有高低之分，所以在设计问题时，教师不可能按照每个学生的学习情况进行设计，只能根据大部分学生的情况进行设计，这样就无法满足学习水平较低的那部分学生，使"问题"教学无法满足每一个学生。教师设计问题时，考虑不全面，无法与学生的最近发展区相适应。即使有设计好的问题，交给不同的教师去教学，最终的效果也会不一样，这就需要教师不断提高自我的教学能力。想要让问题真正地驱动课堂，教师首先得从学生的学情、教材的重难点、学生的认知水平等方面着手，并提升自己的专业能力，积极钻研。

（二）问题驱动教学中提出的问题片面化

教学过程中，根据提前设计的问题进行课堂教学，但有时候提出的问题不具体、模糊化，导致学生没办法正确思考问题，这就需要及时调整问题的范围以及准确度。教师可以把学生无法理解的问题适当地转化为生活中有趣的问题，将数学问题与生活情境相融合，这样问题就会变得新颖有趣，学生自然而然就愿意去思考。

另外，还有些问题比较常规化，甚至达到固化的阶段。不同的课堂教师可能会问类似的问题，类似这样的情况有很多，于是我们就采取了像"同课异构"一样的方法进行解决。针对同类型课程，我们可以有不同的教学设计，提前调查分析学生的学情，及时修改方案，再进行教学。教师的作用是引导学生对问题有更好地理解和把握，激发学生的求知欲。在解决问题的过程中，学生往往需要借助教师的力量，学生离不开教师的支持和引导。

在问题驱动教学中，"问题"既是课堂的开始，也是课堂的核心组成部分。教师与学生在"问题"中共同成长与发展，教师在教学过程中，一定要充分理解教材，根据学生的身心发展特点，以学生的兴趣为出发点设计有效问题，以学生为中心，促进学生的思考，提高学生的思维能力。

第二节　支持性教学的策略

支持性教学指教师作为促进学生主体性发展的外部推动力，运用多样的教学方法和策略，与学生进行互动，为学生自主构建提供支持、帮助。

支持性教学策略是指教师以促进学生主体性发展为目的而采取的可以引发、维持学生主体性的行为及意向，提高学生自主性、能动性、创造性和选择性的方式、方法及其运用的程序。第一，支持性教学策略以促进学生主体性发展为目的。第二，支持性教学策略的主导者是教师。第三，支持性教学策略是为提高学生主体性而选择的一系列教育教学方式、方法及其运用的程序。它使得教学目标、内容、过程富有开放性。

传统支持性环境通常是指以一种固定的、整体的、局限于学校的物理环境的形式出现，而在新课程标准下，支持性环境应该是多维度的，既包括物理环境也包括心理环境，既包括显性环境也包括隐性环境。两者之间应该是相辅相成的关系，物理环境是根基，而心理环境是激发孩子感受、探究的活力之源。

我们认为，问题驱动下的支持性教学活动中，教师的作用是为学生的学习提供类似阳光、雨露、春风等最能激发学生学习潜能的养分（如安全的学习环境、自主的学习空间、适宜的学科方法、必要的学习桥梁、适度的思维阶梯等），支持学生的学习，提升学生的学习能力。

在问题驱动下的教学中，我们深度聚焦课堂，确定了以问题设计为载体，通过预设与课堂生成的问题，让学生投入到生生、师生互动的教学活动中去，培养学生合作、探究的意识和能力，通过问题设计，为学生的课堂学习添加"引擎"，助推学生在师生、生生的合作交流中自主学习，自主构建，持续发展。

支持性教学不是单一重复的教学，而是逐步深入、螺旋上升的一种教学模式。因此，我们从呈现知识、提供学习支架、训练能力、促进协作交流、反馈与评价以及强化学生学习体会六个角度设计了"问题驱动下的支持性教学研究"课堂评价标准，归纳了支持个性化学习的教学策略，见表6-1。

表 6-1　"问题驱动下的支持性教学研究"课堂评价标准

授课人：　　　　内容：　　　　评分人：　　　　时间：

指标	标　准	得分
问题设计 （30分）	师生共同构建问题	
	准确把握核心问题	
	问题串的设计科学，符合学生学情	
	培养学生发现问题、提出问题、分析问题、解决问题、反思问题的能力	
教学支持的 策略 （30分）	氛围的支持：营造民主、和谐、互动、开放的学习氛围	
	动机情感的支持：激发学习兴趣，能充分调动全体学生积极参与学习活动，关注学生的积极态度和愉悦的情感体验	
	学习方式的支持：留有足够的时间和空间让学生进行自主合作、探究	
	学习方法和思维的支持：渗透学科的思想和方法，激活学生思维，学生能大胆质疑问难，发表不同意见，善于讨论、交流	
	教学媒体的支持：合理运用白板辅助教学；注重各种教学资源的开发与整合	
教学效果 （40分）	达成三维目标	
	学生有积极、愉悦的情感体验，参与度高	
	学生能够进行较充分的自主学习	
	学生深度学习，学习能力有所提升	
总分		

"1+1"听课意见或建议：

评分建议：得分在 90 分及以上为优；得分在 80 至 90 分（包括 80 分）为良；得分在 80 分以下为中

一、激发动机——支持"我想学"

（一）激发兴趣，产生期望

教学过程始于导入环节，它就像一台好戏的序幕，如果合理安排和设计，就会起到吸引学生注意力的功效。开课的成功与失败，取决于孩子的学习积极性和学习主动性，而兴趣就是培养孩子积极性的一个先导。兴趣是最好的老师，兴趣的来源是多方面的，除了知识本身的魅力、教育艺术的感染外，设计符合学生心理活动的导向性问题也是激发兴趣的关键之一。

在《流动的画》的教学中，教师抓住学生们喜欢画画的兴趣，开课时就让学生们画出自己外出旅游或坐车时所看见的喜欢的东西。此时学生们很认真地画出自己喜欢的东西，有房子、远山、森林等，接着教师提出引导性问题，激发学生思考："你们见过会流动的画吗？"望着学生们疑惑的眼睛，听着他们叽叽喳喳地议论声："画会动，不可能吧？"此时，教师知道他们想听自己的答案了，教师告诉他们今天就带他们去看看这幅流动的画，并请他们将自己心中的疑问提出来："为什么说这幅画会动？这幅画是谁画的？"这样教师可以很顺利地进入教学，同时也让学生们都带着问题和好奇进入学习。教师可以以图画故事、活动语言等各种教学手段，通过问题支持，引起悬念，制造冲突，诱发思维，启迪智慧，使学生的心理处于兴奋状态，产生对学习的期望，引发他们的学习动机。

在《圆柱体的体积》的教学中，教师从生活情境入手，让学生根据生活经验说说可以用哪些办法求出一个圆柱形学具的体积。如将圆柱浸没水中，使水面上升，引导学生观察思考，直观感知体积的概念，同时意识到过去学的排水法可以用来求圆柱的体积；紧接着再以图片形式出示生活中两个圆柱形桥墩，让学生想办法比较哪个体积大，学生意识到前面所说求体积方法的局限性，从而产生思维困惑，进而产生探究圆柱体积计算方法的欲望。这样的导入不仅为学生创造了一个十分宽松的生活化学习环境，还为学生后面构建数学模型、发现圆柱体积公式奠定了基础。

（二）引发疑问，调动思考

教师在对学习内容深度理解，以及对学生情况充分了解的基础上设计可持续深入探究的焦点问题，引发学生疑问，调动学生自主思考。小学生在探究该焦点问题的过程中要有针对性、实践性（即学生不仅要动脑还要动手），并且以真实的、没有标准答案的问题为主要目标，以问题为基础进行学习。

这意味着在支持性教学中对问题的设计需要考虑以下三个方面。第一，为帮助学生对问题进行深入理解、提高学生提问的积极性、引导学生多角度思考，教师需要创造一种促进学生思考的焦点问题情境。第二，为了解决这样的焦点问题，学生需要学习与其有关的知识与技能。第三，为了解决这样的焦点问题，学生需要尽可能独立地寻找解决方案并体验解决问题的过程。

在《认识角》的教学中，基于对教材的分析，为了更好地支持学生的学习，教师和学生们在教学过程中，很自然地生成了一系列问题串，首先生成了本课的核心问题：什么样的图形是角。围绕这个核心问题，设计了三个二级问题：初步感知什么样的图形是角；角由哪些部分组成；角应用在哪些地方。其后，围绕二级问题设计三级问题，见图 6-1。

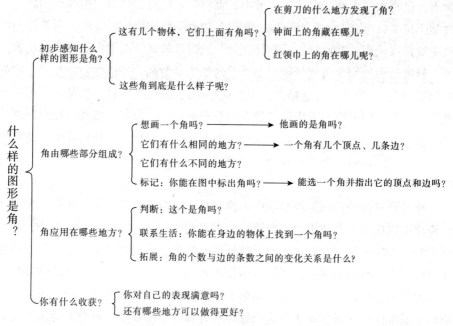

图 6-1 《认识角》教学设计问题串

通过这样的问题串，让孩子对角的认识逐步明晰、深入，最终让孩子在头脑中形成角的几何图样。接着，通过"辨角、找图形中的角"来巩固对角的认识，在辨角的过程中同时设置正例和反例，进一步加深对角的认识。

在《圆的定义》的教学中，教师提问："车轮：是什么形状的？"学生们都笑着回答："还用问，当然是圆的。"教师接着问："为什么要造成圆形呢？难道不能造成别的形状，比如说三角形、四边形吗？"同学们一下子被逗乐了，纷纷回答："不能！它们无法滚动。"教师再问："那就造成鸭蛋的形状吧！行吗？"同学们始而茫然、继而大笑起来："若是这样，车子就会忽高忽低呢！"教师继续追问："为什么造成圆形车轮行走起来就不会忽高忽低呢？"同学们又一次活跃起来，议论纷纷，最后终于找到答案："因为圆形车轮上的点到轴心的距离相等！"这样自然而然地引出圆的定义，学生学得省力且记忆深刻，兴趣大增，余味无穷，起到了较好的教学效果。

在数学课堂《精打细算》的问题驱动设计中，教师引导学生在情境中发现数学信息，继而引发数学问题，即核心问题："哪家商店的牛奶便宜？"。在核心问题的引导下，让学生自主生发出两个子问题："甲店牛奶每袋多少元？"和"乙店牛奶每袋多少元？"。

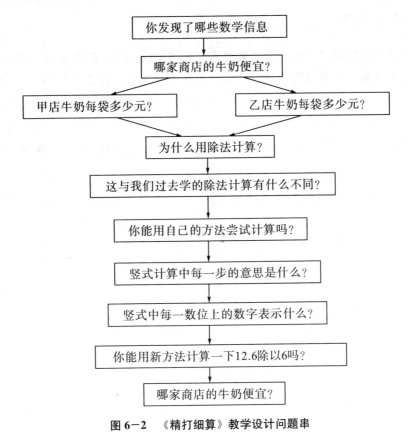

图6-2 《精打细算》教学设计问题串

学生根据问题列出算式：$11.5 \div 5$ 和 $12.6 \div 6$。教师让学生分析为什么使用除法计算，揭示除法的意义就是要将被除数平均分成几份；再让学生深入观察这两个除法算式与过去所学的除法有什么不同，引出所学的小数除法计算。在揭示这三个主要问题和对除法意义的学习后，学生在教师的带领下深入分析和解决问题："甲店牛奶每袋多少元？"在引出问题后，大部分学生都能利用旧知识来解决这个问题，这时要充分挖掘学生的已有知识，让学生用自己的方法来尝试计算。

通过学生独立解决问题的过程，发现要想解决被除数是小数的除法问题，先要将小数化成整数。这中间也会有一部分学生对于小数除法竖式有一定了解，师生一起分析得出小数除法的竖式并一起分析每一步的意思、每一数位上数字表示什么。在这节课中，教学的重点和学生掌握的难点都是对于小数除法竖式算理的理解。以问题来驱动学生主动思考，使学生在相互学习与交流中将自主思考进行得更深入，从而更好地理解算理。

（三）挑战任务，引发操作

挑战任务的设计，符合学生爱思考、爱挑战的天性，能有效激发学生学习的兴趣、开阔学生的视野。通过巧妙的设计学习任务，引发系列操作，支持学生进行学习，学生的学习方式会从传统的被动式学习转化为更加主动的学习，这有助于提升学生的学习能力，更好地完成教学目标。在不同的课堂，布置不同的学习任务，融入不同的设计，让课堂变得更加丰富多彩，提升课堂效率。

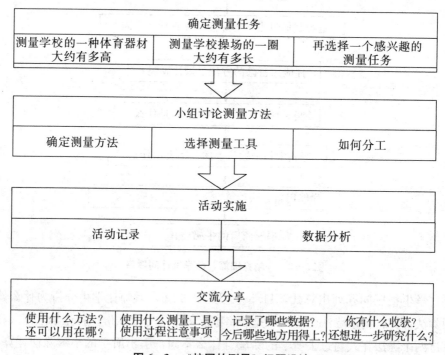

图6—3 《校园的测量》问题设计

在《校园的测量》教学中，学生在拥有大量基础知识和生活经验的前提下，教师给他们布置了两项任务：测量学校的一种体育器材大约有多高？测量学校操场的一圈大约有多长？同时，教师给予学生自由发挥空间，给出自选任务，即在校园里再选择一个他们感兴趣的测量任务。学生知道这两项任务和自选任务后非常兴奋,学习兴趣浓厚。通过布置任务,引发学生思考讨论:可能有哪些测量方法?活动时选择哪些工具?数据如何记录?如何分工?任务的布置随即也牵扯出许多问题,引发了系列操作。在这个过程中,学生人人参与,热烈讨论,更加主动地进行学习。

(四)制造冲突,促进探究

在面对一个未知事物时,学生必然会因此产生疑问,这也是思维发生的根源。根据现代教育学理论,问题是推动学习的根本动力。如果缺乏问题,难以激活学生的求知渴望;如果不能感觉到问题的存在,也难以生成思考。所以,在对知识再创造的教学实践中,可以利用问题架设桥梁,通过搭建问题情境的方式关联新旧认知,以此制造矛盾,促使学生求解问题,既是为了实现认知平衡,也能够促使学生自主思考。在教学过程中,教师能够准确合理地设计问题,把握教学契机,以合理活动制造认知冲突,这可以成为支持学生深度学习的重要方式,能够唤醒其探索渴望,使其展开积极主动的思考,快速实现对新知的理解与掌握。

在《诺曼底号遇难记》的教学中,教师引导全班学生交流逃生时间是否够的问题。

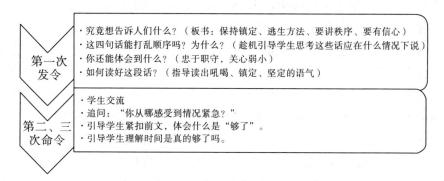

图6-4 《诺曼底号遇难记》问题设计

前期引导学生体会逃生时间的紧迫性,最后注重引导学生体会文中出现"够了"一词的表面意义与实际意义。通过想象体会,让学生对之前"时间够了"的观念产生冲突,促进了对诺曼底号遇难救援逃生的难度和人物情感的进一步探究。冲突问题的设计更有效地激活了学生的认知驱动力,使其产生浓厚的探索热情,同时还有助于促进学生思维的纵深拓展,这样的课堂充满活力和智慧。

在《成吉思汗和鹰》的教学中,教师先引导学生理解这是一只怎样的鹰。

学生很快找到答案：这是成吉思汗的宠鹰。于是，自然引出矛盾："这是成吉思汗的宠鹰，而成吉思汗为什么要把它杀了？"学生自然产生了一个强烈的疑问："为什么成吉思汗会杀鹰？"在阅读文本后，学生找到了答案，因为鹰四次打翻了成吉思汗的水杯。可是，在继续深入阅读和理解后，学生不禁再次质疑："这是成吉思汗很宠爱的鹰，难道仅仅因为鹰撞翻几次水杯，让他没喝到水，他就会气得失去了理智，要杀了它吗？"于是，学生带着强烈的愿望再次深入阅读文本，然后全班交流。冲突问题的制造调动了大家探寻结论的渴望与热情，支持学生展开主动思考，有助于提高学生的学习兴趣，也保障了课堂教学的效能。

二、转变方式——支持"我能学"

（一）提供独立学习的机会

学生的自主学习能力主要体现在主动与独立两个方面。结合学生个体实际，设计有效合理的问题，给学生提供独立学习的机会，培养学生自主学习的能力，培育其学习的欲望和独立能力，让学生的思维体系得到完善，引导学生在进行知识学习的过程中构建起自己的人生价值观，培养学生学习知识的兴趣和爱好，从而使学生形成积极学习的动力，将被动学变为主动学。

在《太阳》的教学中，基于学情和教材，我们引导学生独立思考，发挥想象，激发情感，支持情感，提出问题："假如没有太阳，人类会怎样？"让学生初步感受太阳与人类的密切关系。引导学生想象 130 万年、6000 摄氏度等具体的数字，进行体验，支持学生的深度想象和思维。通过思考焦点问题找到了教学的关键，我们尝试在以下几个方面提供支持学生学习活动的机会，着力于促进学生基于独立自主的深度学习。一是走进学生思维情感的深处，将积极的情感体验和理性的深度思考相结合。二是深入学科的本质，紧靠《太阳》第二课时的教学目标，从太阳与人类的关系拓展到环保和生态的话题中，"向前走半步"的活动设计将学科精华的部分逐步呈现在学生的视野中。三是锁定支持，教师的帮助者身份得到进一步强化和展现，学生的自主学习更加充分。四是促进学生的自主发现和深度学习。教师以此方法使学生体会科普类说明文的文体特点，领会说明方法的精妙作用，并通过学生的讨论和交流，教师的及时点拨引导实现支持。

在《晏子使楚》的教学中，教师指导学生学习晏子与楚王的第一次交锋，并与学生一起总结学法，即先勾出关键句子，再体会巧妙之处，最后有感情朗读。之后，教师再提供学习导航以支持学生自主、合作探究解决第二、三次交锋。这个环节形成了良好的全员参与意识，学生把握了恰当的学习途径，能疑善疑，自主合作，在汇报环节更是百花齐放，"疑"事"疑"人成了解决核心问题的关键，以"疑"贯穿始终，在"疑"的过程中寻求到学法，找寻到解决问题的途径。

（二）提供小组合作的机会

小组合作学习能为学生创造一个宽松自由的"小环境"，支持学生畅所欲言并大胆表述个人观点，在各抒己见中讨论认知。因此，提供小组合作学习的机会能促进学生的参与能力、探究能力、协作能力和交流能力的全面发展。

在《荷花》的教学中，教师把学生分成四人一组，让学生根据教师出的学习思考题进行合作学习，把在学习过程中不理解的问题在小组中提出来，大家一起讨论解决。在学习过程中，学生们纷纷发表自己的意见，取长补短，讨论热烈，课堂的气氛十分活跃。学生们在合作学习中不仅锻炼了自己的口头表达能力，还提高了学习的能力。特别是他们在回答小鱼和蜻蜓会告诉荷花什么的时候，想象力特别丰富，比如有的学生回答小鱼会说："荷花，请你和我做朋友好吗？我们一起在池塘里跳舞行吗？"有的学生认为蜻蜓会说："荷花姐姐，你真漂亮啊！你能和我一起飞行吗？"教学过程以小组合作学习为载体，支持学生通过小组合作学习与深度学习、深度交流结合的方式等，积极探究高效课堂的科学构建，切实促进小学生的知识积累、积极合作、主动探究、自觉交流和快乐成长，推动学生实现全面发展。

在《认识长方形和正方形》的教学中，教师改变以往在低年级课堂教学中学生默默观看，教师忙忙碌碌操作演示的被动学习模式，给学生提供一个探究的氛围和操作的空间，提供多种操作工具，让学生以小组为合作单位，先观察长方形边和角的特点，并做出猜想，然后通过动手操作，验证自己的猜想。在轻松愉悦的环境中，引导学生动手操作：用三角尺上的直角来验证四个角是直角；用折一折的方法来验证对边相等；用直尺测量来验证上下边是一样长的、左右边是一样长的。由此，学生兴趣更浓，学习能力也有所提升，一堂课得到的不是抽象的数学结论，学生在多种感官的协同下有所发现，并提高了学生探究"空间与图形"问题的兴趣。对于小学低段学生来说，小组内合作既是一种乐趣，也符合他们的心理需求。

（三）提供分享提升的机会

小学课本中的古诗，大多意境优美，诗情中可读出画意。在古诗词教学中，除了让学生在诵读的过程中品味作者的思想感情外，还可让学生闭上眼睛想象古诗所描绘的画卷，语文组教师通常让学生诗画结合，根据自己的想象，把古诗的意境画在图画本上，并在图画上留出足够的位置题写诗句，此时学生往往还会在画中加入自己的理解。其后，教师可让学生将画作在小组内分享，并选出最佳作品在班级中展示。画画可以说是小学生的最爱，在语文课上如果让学生把画笔拿出来，会使学生兴趣浓厚，这样的方法很适合让学生体会诗句含义，进行深度学习。组内与班级的分享，让学生发散想象，进行思维碰撞，获得深度支持。

（四）提供回顾反思的机会

在传统的课堂教学中，大多数时候是由教师概括本节课的内容，强调重点，指明关键，给学生留下一个清晰的整体印象，让他们便于记忆、理解、掌握本节课的内容。但在这样的教学中，学生始终被动接受。如果给学生提供课堂小结、回顾反思的机会，他们会主动归纳、概括、总结课堂新知，将新知识内化，强化记忆，这样有助于促进学生思维的发展与完善。

在《单位面积的换算》的教学中，教师教学即将结束时，让学生回顾整节课的学习过程，研究平方米和平方分米、平方分米和平方厘米之间的关系，并提问："你的问题都解决了吗？还能提出什么问题？"这时会有学生提出："平方米和平方厘米之间又有怎样的关系呢？"在回顾、反思、交流的过程中，将课内知识延伸到后续内容或课外，生成新的问题，通过这样的延伸架起知识和兴趣的桥梁，保持学生对后续内容的兴趣，引导学生对课外学习产生兴趣，让学生感到"课已尽，意无穷"。

三、促进认识——支持"我会学"

（一）共构问题，支持学生解决问题

1. 呈现原型（生活原型、已有的认知基础）

教师应针对学生已有的认知基础，从学生生活实践中提出问题，培养学生理性思考问题的能力。

在六年级的《分数与小数的互化》一课中，教师不是直接提问"怎样把分数化成小数"，而是设计了以下四个问题：

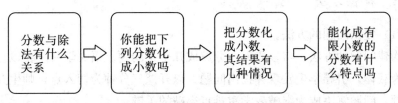

图6-5 《分数与小数的互化》问题设计

在原有分数与除法关系的基础上，学生们能顺利解决问题，第三问则为下一环节能化成有限小数的分数特征的探索提供了研究方向，支持学生进一步学习。

在《认识角》的教学中，教师首先为学生提供了学习和生活的原型，支持学生的学习兴趣。教师在新课引入环节中遵循我校"有"的学生观，针对学生在图形认识方面已有的知识，出示了一些学生熟悉的图形（长方形、正方形、三角形、平行四边形）来引入新课，让学生在熟悉的情境中进入今天的学习。之后，教师出示了学生生活中常见的"剪刀、钟面、红领巾"等物品，使其直观地感知角，支持学生的学习。

在《外面的世界》这一开放性单元的教学中，教师相机指导学生制作"生活集字本"，从报纸、广告单、食品包装袋上剪贴新认识的字，并通过外出实践活动，誊抄地名、广告牌等眼见之字，还在每周设立"识字交流时间"，让学生交流识字成果，评比"识字大王"。通过学生的生活常识和知识接触，让学生在学习活动中积极参与，在动手、思考、交流、合作中轻松识字，这是学生自己亲手摘得的劳动果实，记忆也远比教师的课堂讲解来得真实和深刻。

2. 搭建梯子（深入认识内容）

在《认识角》的教学中，教师将这些生活中的"角"抽象成数学中的"角"，利用学生活动来支持学生的学习思维，为学生的学习搭建梯子。在初步认识了"角"之后，教师请学生利用手中的工具画一个角。学生们之前并没有真正认识数学中的"角"，而是利用之前教师提供的抽象出的角这个支架来试着画一画，在学生的实际操作中，教师进一步让学生明晰"角"的特征是什么。在观察对比中，学生认识了"角有两条直直的线，两条线合拢会形成一个尖尖的地方"。这些词虽然不够严谨和准确，但却是学生最真实的感受，学生的学习就是像这样先从个人的感性认知开始，逐步建立起理性思维模型的过程。这也是教师逐步提供支持的一个过程。

3. 提供方法

(1) 提出问题的方法。

构建问题的方法：将核心问题分解成几个子问题。语文学科主要以预习导航单为载体，引导学生发现并提出问题，以开课三分钟为切入点，师生共构核心问题。问题解决成为突破教学重难点突破的关键。

在《太阳》的教学中，核心问题是作者是怎样说明太阳的特点、太阳与人类的关系十分密切的，为解决这个问题，教师和学生共构了 3 个子问题：①太阳的特点、太阳和人类的关系是怎样的？②作者是怎么写这些特点的？③作者为什么要这样说明？

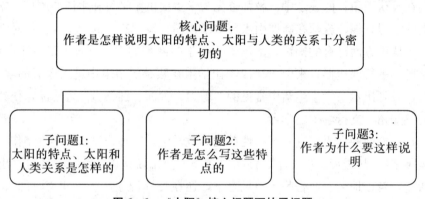

图 6-6 《太阳》核心问题下的子问题

(2) 解决问题的方法。

教师的引导、学生的独立思考、学生之间的交流合作以及集体的汇报都是帮助学生解决问题的方法。在提出问题之后，首先应该给予学生充分的独立思考时间，关注学生的个人思维能力，看看学生能想到用什么样的方法来解决问题。

在《面积单位换算》的教学中，教师在学生探究问题之前，可以提问："他们之间有什么关系呢？你准备怎么研究，先想一想。"这个问题给出先确定探究方法的指示，意在给孩子提供方法的支持，并且给学生提供了充裕的时间，学生想到了摆一摆、画一画、算一算、数一数等方法。之后，教师要给学生提供交流与合作学习的机会。针对课堂教学中出现的质疑质量不高的情况，让学生采取合作学习，可有效提升质疑质量。在学习新内容时，由于学生认知水平、感受体验的差异，其质疑的内容往往五花八门，而教学的时间有限，教师不可能详尽地解答所有学生的问题。通过合作学习，可以解决一些细枝末节的问题，把一些有价值的问题筛选出来，进行全班讨论。在这种情况下，学生往往能找出多种答案，甚至是创新地发现解题的方法或答案，并从中获得合作成功的喜悦。

（3）小结反思的方法。

教学中的小结在一节课中有着画龙点睛的作用，可以使学生逐步获得学科基本的思想方法并自主生发新问题。我们认为在小结时教师也应该给学生提供一些有价值的问题。教师可以请同学梳理思考过程。

在《面积单位换算》的教学中，探究平方分米和平方厘米的关系之后，教师引发学生自己回顾、梳理思考过程，小结思考方法，帮助学生习得探究面积单位之间进率的方法，如画一画、摆一摆、算一算等，提升了学生的思维品质。在探究第二个问题"平方分米和平方米的关系"的时候，很少有学生再用画一画、摆一摆的方法，因为一平方米很大，摆起来、画起来都很麻烦。因此，学生直接在前面的基础上进行想象（把一平方分米想象成一平方米，把一平方厘米想象成一平方分米），并进行推理（根据长度单位之间的进率关系，推理得到面积单位之间的进率关系）。

由此可见，这个时候学生的思维水平跟最初探究时的思维水平已经不在一个层次了，其由直观的操作走向了想象推理。

教师也可以通过追问让学生不断地反思——在探究平方分米和平方米的关系时，有学生直接在前面的基础进行想象、推理，教学并不能止于此，要提升学生的思维水平，就必须追问：你这样想象或推理的依据是什么？让学生的思考有理有据，水平不断提高。

4．课堂整理，支持内化

适时对学习过程进行回顾、梳理，形成知识网络，内化已学习的新知识。

在《诺曼底号遇难记》的教学中，学生理解了船长哈尔威的崇高品质后，教师再引导学生掌握课文，在一次次赏读中，学生提出这样的问题："哈尔威为什么在能离开客轮的时候却和轮船一起深入大海呢？"此时教师抓住这个具有拓展性的研发点，组织学生进行探究，通过讨论、交流，学生形成这样的感悟：哈尔威一生严格要求自己，忠守职责，在生死关头和轮船共存亡，这是多么崇高的精神啊！

5. 评价引导，促进生成

教师在教学进行中适时进行点拨，引导学生思考，促进新问题的生成。

在《太阳》一课的教学中，基于学情和教材，教师找到支持的节点如下：一是假如没有太阳，人类会怎样？由此引入，激发并支持学生的情感。让学生初步感受太阳与人类的密切关系。二是引导学生想象 130 万年、6000 摄氏度等具体数字，进行体验，支持学生的深度想象和思维。到了教学的节点后，教师尝试在以下几个方面支持学生的学习活动，着力于学生基于自主的深度学习。一是走进学生思维情感的深处，使积极的情感体验和理性的深度思考相结合。二是深入学科本质，紧靠《太阳》第二课时的教学目标，从太阳与人类的关系拓展到环保和生态的话题中，"向前走半步"的活动设计将学科的精华部分逐步呈现在学生的视野中。三是锁定支持，教师的帮助者身份得到进一步强化和展现，学生的自主学习更加充分。四是促进学生的自主发现和深度学习。

在《什么是面积》的教学中，教师可以从两个问题出发，让学生产生强烈对比：一个是关于周长的问题，一个是关于面积的问题。对于周长问题，学生能够用已学知识来解决，关于面积的问题则是一个新的内容，这样一对比，激发出学生的求知欲。接下来就是让学生认识面积，首先，让学生摸摸常见物体的面，并比较它们的大小，这个活动是学生非常感兴趣且很容易完成的。通过这个活动，教师告知学生刚才他们摸的这个面的大小就是其面积，让学生说谁的面积比较大，这个环节给学生提供了经验的支持。学生有了这个基础后，再进行探索比较图形面积的大小的方法。这个活动设计的问题串是：结果是什么？你是怎么比的？还有其他方法吗？这个环节给学生提供了动手操作的支持。

通过这样的设计，调动学习的积极性，化难为易，在课堂中不断生成新问题，内在驱动深度教学。

第三节　课堂操作的基本模式

一、问题驱动的支持性教学课堂的基本样态的特点

（一）问题驱动，支持性强

问题驱动是支持性教学的重要标志，也是盐小东区课堂的重要标志：师生共构问题，学生自主尝试解决问题，教师搭建支架、提供支撑，师生共同反思解决问题，教师找到合适的点作为支撑，撬动学生主动学习，为其提供强有力的支持。

（二）以学定教，自主性足

要更好地支持学生的学习，就要根据学生的认知特点、学习基础等学习情况来确定教学的内容、手段、方法等，以"学"情来确定"教"情。这样的教学能充分调动学生的积极性，发挥学生的自主性和能动性，学生在整个学习过程中会非常主动，自主性很强。

（三）分享交流，生成性多

支持性教学过程中，少不了学生间各种形式的分享交流，包括同伴交流、小组交流、全班交流等，在分享交流的过程中，难免会生成许多与教学内容相关或无关的新知识，甚至生成一些与后续学习有关的知识。所以，这样的课堂具有生成性。

（四）协作学习，整体性高

支持性教学离不开各种形式的协作，包括师生之间的协作、生生之间的协作、学生和家长之间的协作、学生和其他小伙伴之间的协作等。通过协作学习，学生之间相互学习、相互帮助，整个团体的水平会有一个整体性的提高。

（五）回顾小结，反思性强

支持性教学，要求学生们在课堂上要时时进行回顾、小结和反思：回顾探究的路程，小结学过知识和收获的方法，反思所思所得，积累经验，改进不足，不断进步，不断提升。因此，支持性教学的反思性很强。

二、实践成果

（一）梳理"一驱三轮"的操作模式

"一驱"即问题驱动，"三轮"即激发动机、转变方式、促进认知（如图6

－7所示）。为了更好地实现将学生的学习由外驱转化为内驱，教师以学生现有的认知水平、教材的重难点等为起点，以问题作为课堂教学的"引擎"，驱动学生思考，激活学生思维，激发学生学习的愿望和潜能，促进学生思考问题、分析问题、解决问题。问题的设置依据以下三点。

①尽可能设计典型的、可以进行实际探究的，同时能引起学生极大兴趣的问题。

②要重视内容之间的协调性，并做到量与度的适中。

③要突出主题性，明确层次性，着力于发展性。

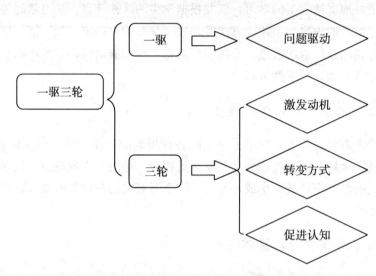

图 6－7　"一驱三轮"操作模式

（二）探索形成基本模式

1. 纵向看

通过实践和梳理，我们将问题驱动下的支持性教学概括为以下模式，如图：

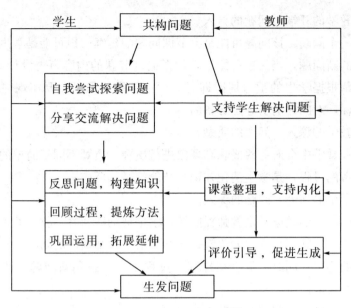

图6—8 问题驱动下的支持性教学

"教"的模式：共构问题→支持学生解决问题→课堂整理；支持内化→评价引导；促进生成→生成问题。共构问题可以基于课前预习生成，也可以结合情境在开课时生成，还可以在问题推进过程中完善对问题的共构。课中，教师适时进行点拨，引导学生思考，促进新问题的生成，如由本课学习延展到将来的学习、课外的学习等。

"学"的模式：共构问题→自我尝试探索问题与分享交流解决问题→反思问题，构建知识；回顾过程，提炼方法；巩固运用，拓展延伸→生成问题。

由此可见，问题驱动的支持性教学不是单一重复的教学，而是逐步深入、螺旋上升的一种教学模式。

2. 横向看

问题驱动的支持性教学主要可以通过以下六个环节展开。

（1）问题教学的前期准备：问题的预设。

教师在组织教学活动之前，对教学的内容、过程、学生个体状况进行全面细致的研究，由此来确定教学的目标体系，设计出贯穿教学中心内容的问题。

(2) 教学的开端：问题的导入。

选用一个问题，该问题可能是上节课问题的延续，也可能是学生上节课探究所产生的新问题，当然也可能是教师根据这节课的内容事先设计好的问题，或者是教师根据学生的预习情况即时产生的问题。但是，要实现"问题教学法"的目标，对问题的引导是必备的。

(3) 教学的深入：问题的质疑。

学生在教学中会对一些概念和现象进行质疑。质疑不同于简单的提问，它是一个思考的过程，是学生消化知识与技能的必然反应。

(4) 学生的探究：问题的深入。

问题驱动下的教学不是教师提问题让学生被动地回答、教学的主动权掌握在教师的手中。问题教学法的关键是让学生根据教师提出的问题进行探究，寻求出问题的答案。同时，学生在探究的过程中，会碰到新问题，产生出新思想，掌握新技能。

(5) 引导释疑：问题的发散。

教学中强调学生主体地位的同时，也要强化教师的主导地位。学生在对问题的解释与探究过程中，会受到自身知识结构与能力水平的限制，所以，无论是探究问题还是解释问题，都可能会产生偏差。这种偏差仅靠学生自己也许很难解决，而这种不足恰恰是学习之大忌。在问题教学中，教师需要对学生操作的不足进行剖析，通过对知识与技能的分析，让学生看得更远，视野更开阔。

(6) 总结反思，引发新问题：问题的升华。

问题驱动下的教学的最大特点并不是以提出问题为开始、以解决问题为结束的，其最大的特点是以问题为开端、以问题为主线、以解决问题为目标、以引发新问题为教学的最终结果。

（三）实际操作中的常规模式

1. 直线型问题驱动模式

在已有知识的基础上，从简单的问题着手，激发兴趣，层层递进，引发疑问，提出挑战，制造冲突。由此，在教师的支持性作用下，为学生提供独立学习的机会、提供小组合作的机会、提供分享提升的机会、提供回顾反思的机会，逐渐凸显核心问题并解决核心问题。

图 6-9　直线型问题驱动模式

2. 思维导图型问题驱动模式

以核心问题为载体，围绕核心问题依次衍生出需要解决的子问题。通过解决子问题，达到解决核心问题的目的。课堂是预设与生成的动态活动。围绕核心问题进行教学活动，教师的追问、点拨、评价及激励作用的发挥对核心问题的解决起到至关重要的作用。

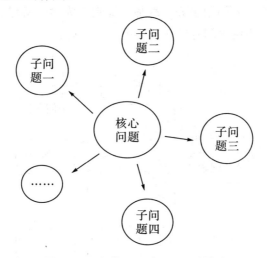

图 6-10　思维导图型问题驱动模式

3. 条款型问题驱动模式

学生在课前进行预习，如阅读课文、完成预习单等。教师在开课时和学生共同构建当堂课的问题，并在教学过程中抛出核心问题，借助子问题或子问题串驱动学生思考，从而获得知识、习得方法，并能围绕核心问题进行反思、总结，逐步获得学科的基本思想方法并自主生发新问题。

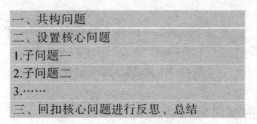

一、共构问题
二、设置核心问题
1.子问题一
2.子问题二
3.……
三、回扣核心问题进行反思、总结

图6-11　条款型问题驱动模式

4.括号型问题驱动模式

以核心问题引领主问题，以主问题带子问题，以大概念包含小概念，呈现扇形布局，为解决核心问题服务。教师在课堂上为学生搭建梯子、提供方法，学生才能更容易获得解决问题的途径、手段、工具。

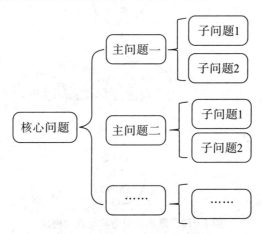

图6-12　括号型问题驱动模式

（四）修正完善盐小东区课堂评价标准

基于以上成果，盐小东区修正完善了课堂评价标准，把评价的重点放在了"问题设计、教学支持的策略、教学效果"三方面。这也从正面督促了教师在教学时要做到以各级问题带动课堂、用多种支持促进学生学习。

三、各类课堂上操作的实践模式

（一）语文课堂操作的实践模式

基于问题驱动的支持性教学语文课堂操作基本模式为"五步教学法"，以

"导（导入）—学（自学）—讲（精讲点拨）—练（课堂课下训练）—总（思维导图总结）"为主要教学环节，旨在使教师上课思路清晰、教法得当；学生学习指向明确，知识记忆有方法，课下巩固有针对性，课后复习有条理。

1. 第一步：导入

良好的开端是成功的一半。在信息化网络时代，导入环节非常重要，可以是生动的、充满激情的、富有感染力的语言，也可以是别致的肢体语言，还可以是新颖的游戏、图片、视频等。这些好的导入，有助于教师抓住学生的注意力，导入新课。

（1）创设情境，导入新课。

创设一个吸引学生的情境至关重要，教师精心的设计才能让自己的课堂内容饱满而富有吸引力、精彩而生动，学生愿意学才能使课堂高效。

《荷叶圆圆》课堂教学中，教师创设了这样的情境：

师：（教师在黑板画一个大圆圈），请同学们仔细观察，老师要变魔术啦！（教师用绿色的粉笔勾勒荷叶的图案）

生：（同学们纷纷举手，开心地说）荷叶！

师：这是怎样的荷叶呢？

生：圆圆的。

生：大大的。

生：绿油油的。

师：我们一起走进这公园去看看荷叶吧。（教师使用幻灯片播放荷叶图片）

（2）抛出课题，引发思考。

根据导入情境，紧密结合学科实际，密切关联教学内容，抛出课题，引发学生思考。课题的抛出，教师要根据教学内容，自主创新，由易到难设置问题，选择恰当的方式展现给学生，提出基于授课内容的问题供学生阅读、思考、学习、探究，使学生感性地认识到要做什么，为下一步怎么做做好铺垫。此外，设计学生感兴趣的问题，能激发学生的探索欲望，如《真理诞生在一百个问号之后》课例设计导入。

师：齐读课题，边读边想，你有没有感到疑惑的地方？

生：为什么是一百个问号？

生：什么是真理？

师：让我们带着你们的问题一起走进课文，一探究竟。

2. 第二步：自学

问题驱动，自主探究，成果展示，分享交流。紧紧承接自学环节，通过提问、板演、自主发言等形式让学生展示自己学得如何。学生展示学习效果显现出的问题则可以让教师知道下一步做什么。

（1）问题驱动，自主探究。

教师根据授课内容提出问题，让学生知道学什么。以提出问题、分析问题、解决问题为线索，把这一线索贯穿整个教学过程。教师首先提出问题，学生带着问题自学教材，理解、讨论问题，最后教师根据讨论的情况，有针对性地讲解，准确地引导学生解决问题。这些问题为学生提供了一个交流、合作、探索、发展的平台，使学生在问题解决中感受学习的价值和魅力。在教学活动中以问题为线索，基于问题情境发现探索知识，掌握技能，学会思考、学会学习、学会创造，促进学生创造思维的发展。其次，问题驱动还包括另一个内容，即问题不仅仅有教师基于教学内容、知识结构、核心素养提出的问题，还有学生在自主学习、合作探究中产生的疑惑。

《荷叶圆圆》课题教学中，教师设计了这样的学习导航。

学习导航1

翻开书，一边读一边思考：

这场音乐会来了哪些小伙伴？这些小伙伴都说了什么呢？请用"〜〜〜〜"把它们说的话勾画出来。

教师通过设计两个核心问题，让每个学生带着具体的问题迅速进入学习之中。这个阶段的问题，要由浅入深地设置，略有难度梯度。

为了促进学生深度学习《荷叶圆圆》，教师设计了这样的学习导航。

学习导航2

请你再读一读课文，用"＿＿＿＿"勾画出小伙伴们都做了什么。你最喜欢谁，就把那段多读几遍，还可以自己编一编动作！

导航单中问题串的设计，环环相扣，由浅入深，给学生以自己研读的空间，既满足了学生的个性化需要，又促进学生朗读能力的提升。难易适度的任务设计，能够起到学生学习"脚手架"的作用，既让学生在完成任务过程中有获得感，又能激起学生继续深入学习的动力。

（2）成果展示，分享交流。

学生基于老师授课的内容提出问题，开展自主学习、探究式学习、小组合作等形式的学习形成自己对问题的思考与解决办法。展示环节紧紧承接自学环节，教师可以通过提问、板演、自主发言、辩论等形式检查学习效果。这个环节，教师引导学生以个人或小组为单位参与展示。由此既可以通过成功的展示提升学生的自信，也可以通过展示中出现的错误形成新的教学资源，解决问题。这一环节教师要兼顾展示面，尽量照顾到不同层次的学生，让每个学习小组都有展示的机会。对每位成员的参与度、思维活跃度、合作程度等做出鼓励性评价，要有个性化、丰富且有针对性的评价语。

《鲁滨逊漂流记》教学片断：

生：鲁滨逊是一个勇敢的人，我从他一个人在荒岛上生活，自己种粮食、建房子这些事看出来的。

生：鲁滨逊是一个聪明的人，我从他把房子建在高处且知道种小麦这些事看出来的。

生：鲁滨逊是一个善良又勇敢的人，他救了野人"星期五"。

生：鲁滨逊是一个聪明的人，他用自己刻痕迹的方法来计算时间。

师：同学们都说得很好，请大家继续思考，鲁滨逊流落荒岛能成功自救的原因是什么？

3. 第三步：讲

精讲点拨，能力拓展。针对学生的分享交流，教师对展示成果进行提问、质疑、交流、点评，在组间碰撞中解决疑难问题，或者生成新的疑点进入下一环节，精讲点拨，拓展能力。

（1）巧用资料，突破难点，再现情境，披文入情。

《送元二使安西》教学片断：

生：我查到的资料是，安西是一个地名，渭城离安西很远，在地图上是这个位置。（生指地图）

生：古代交通不发达，要走很久才能到。

生：我还知道"阳关"是古代的一个重要关口。

师：你们收集的资料很全面，老师也收集到了一些，与大家共享。渭城在陕西渭河以北，阳关在今天的甘肃省西南，在唐朝的时候，这是西边的边境，阳关再往西走就出了大唐的边境了。今天新疆库车附近，古时候称之为安西（教师用幻灯片展示沙漠图片）——满眼的黄沙，满目的荒土，大风一起，飞沙走石，人们出行都要用头巾遮着挡着。王维的朋友元二就是要到这样一个地方去，这样一首诗我们该怎么读？

(2) 精心预设，巧妙点拨，搭建阶梯，贵在精准。

《送元二使安西》教学片断：

师：就在这样一个"杨柳依依"的美丽清晨，却要发生一个让人伤感的送别故事，作者的好朋友元二就要出使安西了。同学们，当时阳关以西是一幅怎样的画面？（出示课件）

从渭城到安西这 3000 多公里，即使乘坐当时最好的交通工具——马车也要走上 100 多天，这就是安西，茫茫大漠，漫漫黄沙，朋友元二，孤身一人，与谁相伴？

师生共读：西出阳关无故人。

师：在这分别的时刻，你想对元二说点什么？

生：元二，你一定要保重身体。

生：元二，我们会想你的。

生：元二，你要记得给我们写信报平安，常回来看我们啊！

师：相距遥遥，来回就得 1 年多的时间，常回来看看只能是说说而已啊！

生：元二，你是我永远的朋友。

师：此时此刻，千言万语都在这杯酒里了。让我们一起举杯，齐读"劝君更尽一杯酒，西出阳关无故人"。

(3) 用心倾听，妙解矛盾，紧紧抓住课堂生成。

《忆江南》教学片段：

生：老师，"江南忆，最忆是杭州"，为什么最忆是杭州，而不是西湖呢？

生：西湖就在杭州啊！你连这个都不知道啊！

（一部分学生小声笑起来，还有个学生小声说了一句"真笨"，发言的学生听到后脸红了，低下了头）

师：老师知道他想表达的意思是西湖的风光很美，这位同学跟白居易这句诗里写的想法是一致的，"未能抛得杭州去，一半勾留是此湖"。这里的此湖就是指的就是——

生：西湖。（老师把话筒递给了刚才低下头的小男孩）

师：最忆是杭州，就是因为有美丽的西湖。

（那个低下头的小男孩抬起头来了，眼里又闪烁着光芒）

课堂千变万化，因为学生的参与精彩纷呈。教师的点拨既要帮助学生深入理解文本，领悟作者所表达的情感，还应该呵护每一个学生，保护他们学习的积极性。在学生自学、小组合作学、全班交流汇报之后，对于学生真正不理解的、合作学习也弄不明白的问题，或者学生因两种观点争论得面红耳赤时，教师要抓住时机出场，进行画龙点睛般的精讲。

《有趣的图像诗》教学片断：

战争交响曲 (节录)

陈黎

《有趣的图像诗》一课中，学生对《战争交响曲》的认识发生了争执。一部分学生觉得这首诗写的是士兵交战，兵器发出了乒乒乓乓的声音，最后经过激烈的战斗，他们占领了一个个山丘。另一部分学生觉得，两队士兵交战，很多士兵被打断了腿，有的是左腿，有的是右腿，还有很多士兵腿全部断了。还有一部分学生觉得他们说得都有道理。教师面对争论不休的学生，对学生说："'丘'这个字，在古代还有一个意思是'坟墓'，古诗云'晋代衣冠成古丘'，这个'丘'就是坟墓的意思。"听到此处，学生们恍然大悟，一下子理解了这首小诗的深刻含义，战争带来的危害不言而喻。

教师的适当点拨，让学生拨云见日、豁然开朗，这些精彩的生成皆是因为教师精心的备课。

（4）抓住生成，巧妙引导，促进深度思考。

教学《诺曼底号遇难记》一课时，在学生理解了船长哈尔威的崇高品质后，教师再引导学生掌握课文。在一次次赏读中，学生提出这样的问题："哈尔威为什么能离开客轮，却和轮船一起沉入大海呢？"此时教师抓住这个具有拓展性的研发点，组织学生进行探究，通过讨论、交流，学生形成这样的感悟：哈尔威一生严格要求自己，忠守职责，在生死关头和轮船共存亡，这是多么崇高的精神啊！

本节课中，老师以学定教，以学生提出的问题作为契机，即"哈尔威为什么能离开客轮，却和轮船一起沉入大海呢"，组织学生探究，最终进一步升华了对哈尔威船长这个英雄人物的认识。

（5）拓展延伸，发散思维，提高归纳总结能力。

拓展延伸的目的在于加强对教学内容的理解，在深度和广度上培养学生的探究意识和兴趣，建立科学的思维方法和探究方法，使学生认识问题和解决问题的能力得到提高，促进学生均衡而有个性的发展。课堂教学拓展的方式方法是多样的，可以是专题的，可以是不同阶段、不同梯度的，对学生可以是辩论的、文字的、肢体表演的、课内的或课外的等，采用什么方式是由教学内容决定的。

课例《千人糕》中，学生通过教师的课堂板书及展示的图片，感受千人糕的制作过程，并且根据图片理解千人糕的来之不易。教师通过有层次的图片展示，降低了学生理解的难度，也为后面学生迁移学习《千人衣》的劳动过程提供了方法，使学生能用好连接词连贯地讲述衣服的制作过程。学生通过生活实际与补充信息了解了日常生活用品都是看似简单却有很多人付出劳动的成果，这激发了学生珍惜劳动成果的情感。

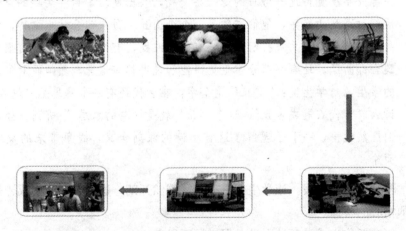

在古诗教学中，教师在开课初让学生复习、背诵五首送别诗：《赠刘景文》《黄鹤楼送孟浩然之广陵》《送元二使安西》《别董大》《送别》。请

学生自己说说这些诗歌的题目特点，诗歌中写到哪些景物，小组讨论交流自己收集的送别诗内容和特点，再进行全班交流。

通过交流，学生分享了很多有价值的发现。

生1：我发现我收集的送别诗很多都是前一句写景、后一句直接表达感情。

生2：我发现这几首诗歌都是描写和水有关的事物——云、雪、雨、江。

生3：我发现好几首送别诗都写了"柳"，我觉得柳也是一种意象。

说到这里，老师及时点拨："柳和留音相近，这是一种谐音，柳想表达的另一种意思是什么呢？"学生一听，恍然大悟："哦，希望朋友留下来！"

教师搭建了学生之间分享交流的平台，学生通过小组讨论和全班交流，生成了许多有价值的观点，课堂中频现思维的闪光点。教师的组织能力和语言能力也很重要。

4. 第四步：练

实践训练，检测评价。实践即学以致用，训练是检验学习效果的手段。每进行完一个学习任务都要及时进行巩固练习并当堂检测，对结果做出评价。有针对性地设置拓展和训练，是知识、能力学习目标达成的关键。这些练习要具有代表性、典型性，要紧扣学习内容。在训练完成后，要注重评价反馈。评价方式可采取师生间、同桌间、同组学生间互评。课堂训练检测当堂学习效果，以确定下一步授课内容。

《学弈》教学过程中，教师在课堂中设计了这样的练习单，检测学生学习的效果：

---

1. 根据课文内容解释下列词语。

（1）诲：　　　（2）鸿鹄：

（3）援：　　　（4）弗：

2. 写出下列句子中"之"字的含义。

（1）弈秋，通国之善弈者也。之：

（2）一人虽听之，一心以为有鸿鹄将至。之：

（3）思援弓缴而射之。之：

（4）虽与之俱学。之：

课后巩固训练应精心设计，根据课堂中的重点和难点设计有层次、有针对性的练习。

---

1. 朗读"为是其智弗若与"应该读出（　）的语气；"曰：非然也"应该读出（　）的语气。

A. 疑问　　　　B. 反问　　　　C. 否定　　　　D. 肯定

2. 联系课文，说说下面句子的意思。

(1) 使弈秋诲二人弈，其一人专心致志，惟弈秋之为听；一人虽听之，一心以为有鸿鹄将至，思援弓缴而射之。

(2) 为是其智弗若与？曰：非然也。

3. 你从《学弈》这个故事中悟出了什么道理呢？

4. 根据思维导图，背诵全文。

这些练习的设计图一部分来源于课后的习题，另一部分来源于教师对教材的解读，根据这些课后习题的反馈，教师会针对课文中的难点和易错点再次进行单元小卷的设计。精练易错点和再次训练，既减轻学生的负担，也让课堂更加高效。

语文的外延是生活，是更广阔的天地，应根据不同年段设计一些有趣的课外作业。深受学生喜爱的作业总是能发挥学生的潜力，带给大家更多的惊喜。

学习《中国美食》一课后，设计实践活动：争当盐小东区小主厨。

争当盐小东区小主厨

请你来当盐小东区的小主厨，给大家制定一份午餐菜单，要求：每种菜设计一个，荤素搭配，营养合理。

食材：肉类：鸡肉、鸭肉、鱼肉、牛肉……

素菜：小白菜、西红柿、茄子、芹菜……

主食：米饭、粥、面条、馒头……

我的午餐

荤菜：_____

素材：_____

汤　：_____

主食：_____

设计成都大学生运动会主题的实践活动，非常有特色。

当好东道主

"喜迎大运会，我会推美食。"认真观看视频，
思考可以从哪些方面介绍一种美食。

5. 第五步：总

导图总结，归纳记忆。学科思维导图应用广泛，是培养学生有效思维的思维工具。用思维导图提升智力、提高思维水平已被越来越多的人认可，可应用于模块知识归纳与记忆。

（1）梳理内容，总结方法，提升思维。

根据教学内容，教师构建本节课思维导图或由学生根据课堂回忆构建记忆思维导图，可培养学生思维能力，有利于帮助学生从整体上了解、把握本单元的重要概念和知识体系。

（2）归纳记忆，搭建阶梯，内化提升。

课堂小结是对课堂学习活动的回顾、总结和升华，更是实现理性认识的有效环节。总结的形式可以是教师总结，也可以让学生代表谈学习收获和感受。用思维导图总结课堂学习内容，搭建了记忆载体，供学生有条理地复习，帮助学生记忆，从而提高学习效率。

基于"问题驱动"的支持性课堂的探索的是一种实践，"五步教学法"为"导（导入）—学（自学）—讲（精讲点拨）—练（课堂课下练）—总（思维导图总结）。有了好的模式，教师还需有扎实的基本功和丰富的课堂经验，才能在课堂教学方面游刃有余，全面提高学生的语文素养。

（二）数学课堂操作的实践模式

数学学科组分析了改版修订后的北师大版教材，其主要是以"问题＋情境"的形式呈现教学内容。问题解决成为突破教学重难点的关键。因此数学组确定以"问题串为载体开展教学引案设计"研究，确定了课例研究三部曲。

案例：以北师大版二年级下册数学《认识角》为例，进行详细说明。

第一部曲：课前策划，解读教材、学情，设计问题。

教材分析——北师大版二年级下册数学《认识角》一课，属于小学数学中"空间与图形"板块的知识。在学习本课之前，学生已经在一年级直观地认识了长方形、正方形、三角形和圆等图形知识，本课将初步认识角，直观辨认直角、锐角和钝角。而在下一学段则会进一步认识平角和周角，并认识角的度量单位等知识。

学情分析——二年级学生的认识处于直观认知水平；思维水平还处于形象具体水平；但是学生已经有了迁移、观察、对比的能力，因此要利用学生的这些能力将学生直观、形象的认知引向抽象深入的学习。

确定核心问题，梳理问题串。设计《认识角》问题串如下：

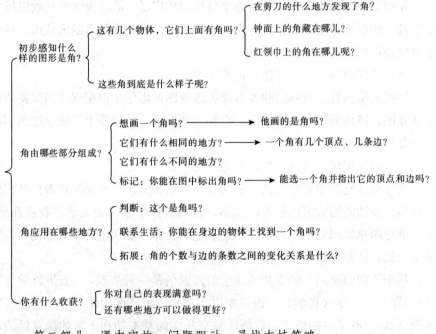

第二部曲：课中实施，问题驱动，寻找支持策略。

《认识角》一课中教师首先为学生提供了学习和生活的原型以支持学生的学习兴趣。教师在新课引入环节中遵循我校"有"的学生观，针对学生在图形认识方面已有的知识，出示了一些学生熟悉的图形（长方形、正方形、三角形、平行四边形）来引入新课，让学生在熟悉的情境下进入课堂学习。之后，教师出示了学生生活中常见的"剪刀、钟面、红领巾"等物品，使学生直观地感知角。

其次，教师提供支架支持学生深度学习。将这些生活中的"角"抽象成数学中的"角",就需要利用学生活动来支持学生的学习思维,为学生的学习搭阶梯。在初步认识了"角"之后,教师请学生利用手中的工具画一个角。在这个环节中,学生们之前并没有真正认识数学中的"角",而是利用之前教师提供的抽象出来的角这个支架来试着画一画,在学生的实际操作中学生进一步明晰"角"的特征是什么。在观察对比中,学生认识了角"有两条直直的线,两条线合拢形成一个尖尖的地方"。这些词虽然不够严谨和准确,但却是学生最真实的感受,学生的学习就是像这样从个人的感性认知开始,逐步建立理性思维模型的过程。这也是逐步提供支持的一个过程。

其三,利用拓展性练习将学生的认知引向深入。教师从学生和教材多层面进行思考并设计了几道有知识梯度的练习,利用这些有知识梯度的练习引导学生进行深度学习,进一步理解并掌握本节课的内容。

第三部曲:课后总结,梳理反思。

通过《认识角》的研究,我们逐渐明晰从教材入手、基于学情、展开教学研究,并利用生活原型支持学习兴趣;搭建思维结题支持学生的深度学习;通过方法提炼支持学法,达到"授人以渔"的效果;通过拓展性问题将学生的学习引向深入。

本节数学课,围绕"三部曲"层层深入,依托核心问题把握课堂的主方向,借助问题串在获取新知、学习重难点处、学习困惑处对学生进行适时的点拨、追问。从问题串中,可以看到每一个问题都非常简明扼要、环环相扣,每一次的教师支持也恰到好处、水到渠成。学生在师生互动、生生互动交流中提升了数学思维能力。

(三)科任课堂操作的实践模式

科任学科组结合学科特点,分具体学科进行研究。例如:科学组主要通过活动等来支持学生探究意识、探究能力的发展;英语组主要通过各种方式支持学生在情境中提高语言表达能力;美术组要支持学生欣赏、模仿、创造的能力,因此要给学生提供欣赏的素材、模仿的范画、创造的机会等;体育组要注重给学生进行动作示范,支持学生体育能力的发展;品德组要开展各种活动支持学生的体验、感悟等方面的发展。

案例一：音乐学科

教学内容	《波斯市场》（人音社十一册第三单元）	
单元主题	美丽童话	
教材特点	管弦乐作品，地域风格浓郁	
教学过程		
教师活动	学生活动	提供支持
一、听音乐，辨不同 播放《波斯市场》和《波斯猫》的音乐片段，说一说是否相同？	学生边听边思考	教师提供音乐
二、探究学习 1. 听音乐，分组讨论，感受《波斯市场》的五个音乐形象分别是什么？ 2. 能根据音乐进行合理的想象并表演 ……	1. 因为没有先入为主的情境，所以学生能够大胆想象，畅所欲言，如"骆驼商队""乞丐到处乞讨"等画面 2. 学生通过欣赏音乐理解音乐、鉴赏音乐 ……	1. 让学生通过用心聆听，感受并分析讨论，描述音乐形象特点，对旋律的试唱等方式，进行分辨，得出结论。 2. 鼓励学生积极参与探究与创造，这里的创造是非专业意义上的音乐创作，旨在开发学生的形象思维能力和创造性思维 ……
三、小结 这节课你有什么收获？小组合作中你的表现如何？	对比，思考，回答。学生自我回顾，表达与补充。	学生通过自我整理，内化知识和方法

本节音乐课上，教师提出问题激发学生的学习动机，改变以往直接告知学生答案的教学方式，让学生始终保持一种"我要学"的状态，并基于内化过程中的内部需要产生自我调动、自主生发、主动介入的自觉质疑、自我探究，更加具有主动性和积极性。教师提供和谐的课堂氛围，有助于学生敢于、乐于结合《波斯市场》的音乐自编自导自演，让音乐根植于他们心中。最后，教师通过问题，引导学生进行自我的纵向思考和学生间的横向思考，从而更好地内化知识和方法。

本案例应用了直线型问题驱动课堂模式，如图6－13所示。

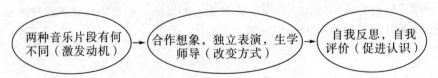

图6－13 直线型问题驱动课堂模式

案例二：科学学科

以第二单元第七课蒸发实验为例，具体问题串的设计（节选）如下。

师：首先，一起来思考一个具体的例子。平时我们洗完衣服之后，有什么办法能让衣服干得更快一些？

生：①挂在通风的地方。

②晾在有阳光的地方。

③用火烤。

④用电吹风吹。

师：（追问）用电吹风吹，用热风好还是冷风好？

生：热风！

师：还有其他办法吗？想一想。比如，一定要挂起来吗？还可以怎么晾？

生：⑤还可以摊开来。

⑥用衣架撑开来。

师：很好！（补充）可以用电熨斗吗？

生：可以！

师：大家想出了很多办法，非常不错！现在我们一起来看看，能不能把黑板上列举的这些办法归类？

生：①④都跟吹风有关；②③④和电熨斗都与温度有关。⑤⑥都是撑开了。

师：非常好！大家能不能说说这些类别与哪些方面有关？

生：空气的流动。

师：很好！蒸发指液体的蒸发，在这些情况中，空气的流动都是在液体表面的，所以严谨的表述是液体表面空气的流动。

师：第三类你们归纳说是撑开了，用科学量怎么描述？

生：表面积大了。

师：很好。这一影响因素，更严谨的表述是液体的表面积。

师：现在我们从科学的角度，表述了影响蒸发的三个因素，请依据你的生活经验，提出咱们这节课要研究的问题的假设。

生：液体表面空气的流动越快，液体的温度越高，液体的表面积越大，蒸发越快。

猜想与假设是科学探究的重要方法之一，对解决问题的方案做一定的预见性的思考，为制定探究计划、设计实验方案提供了必要基础。同时，猜想与假设对发展学生的创造性、发散性与逻辑性思维具有积极的作用。

应当指出，猜想与假设不是天马行空地乱想，而是一种有根据的预测，其中的根据，对于小学生而言，可以说大多数来源于学生对生活现象的认识。小学生思维主要还停留在感性思维，很难一下用科学语言来表述他们的猜想。因此，教师有必要设计适当的问题串，引导学生逐步思考。科学课的核心问题主要有四类：①针对要探究的问题，呈现一个学生所熟悉的生活情境，请学生依据生活经验猜测：影响这种情况的做法都有哪些？②这些做法（或现象）可以归纳为几类？③这几类做法可以分别用什么科学实验类型来描述？④请用科学语言，说说你对这节课要探究问题的猜想。

上述教学片段较好地展示了猜想与假设环节问题串的设计与运用。问题串从生活现象入手，促使学生联系生活、观察生活现象，教师继而通过适当的问题，引导学生对这些生活现象与生活中的做法进行初步归纳与思考，在此基础上，进一步让学生从科学的角度来表述现象，从而自然而然地引出探究的假设。整个问题串的设计，循序渐进，从具体到抽象，从生活到科学，从现象到科学假设，其中内隐教会学生如何思考问题的方法。

本案例应用了条款型问题驱动课堂模式，如图 6-14 所示。

一、洗完衣服之后，有什么办法能让衣服干得更快一些？
1. 除了挂起来还可以怎么晾？
2. 可以用电熨斗吗？
二、能不能把黑板上列举的这些办法归类？
1. 这些类别，分别与哪些方面有关？
2. 第三类用科学量怎么描述？

图 6-14　条款型问题驱动课堂模式

案例三：信息技术学科

以《文件》教学实践（节选）为例来谈谈问题驱动下的信息技术教学。

一、引入问题

引导学生打开绘图软件，并且在画板上画上一幅图，然后以一定的名称保存在桌面上，并提出问题：

（1）保存在桌面上的是什么？

（2）如果保存在其他地方，可以吗？引入文件夹的概念。

（3）为什么一定要有文件名？组成是什么？文件扩展名是自生成的还是我们命名的？

……

二、深入教学

在教学过程中，学生质疑了以下问题。

（1）当对文件进行剪切操作时，文件被存放在剪贴板中。而对文件进行删除操作时，文件被放入回收站中。那么剪贴板和回收站所有存储空间属于内存还是外存呢？

（2）一个半角状态下的英文字母占有一个字节，全角状态下的占有两个字节，那么，汉字在半角状态与全角状态又如何呢？

……

三、学生探究

（1）对重命名的探究。

学生通过探究发现：

①重命名有多种方法：右键命名法，双击文件名命名法。

②如果文件是写保护的，就无法进行重命名。

……

（2）对文件的移动与复制的探究。

①在同盘符下用左键拖动文件到目标文件夹中，必为移动。

②在不同盘符下用左键拖动文件到目标文件夹中，必为复制。

……

四、引导释疑

（1）有这样一个操作问题：把文件 abc.jpg（图标名）重命名为 xy.jpg。学生一看这题，觉得很简单，就把字串 xy.jpg 复制下来，然后用右键点击图标，打开右键菜单，点击重命名菜单，最后把原文件名删除，而把 xy.jpg 粘贴到文件名框中。

分析：学生这种操作看似很规范，但重命名的结果却错了。因为他没有注意其实计算机是隐藏了扩展名的，如果恢复扩展名的显示，则可以看到文件的图标为：xy.jpg.jpg，显然错了。

（2）还是重命名的问题：把文件 ab.bmp 文件改变为 xy.jpg。

学生同样采用右键点击图标，打开右键菜单，点击重命名，然后把 xy.jpg 粘贴到文件名框中。

这时，重命名使图标发生改变，而且无法打开这个文件。

分析：按照一般的情况，这样的重命名并没有错。但图标发生改变，是因为扩展名发生了改变。而扩展名的改变，使打开这个文件的程序文件发生了改变，当然会导致无法打开。

这题可以这样操作：先打开 ab.bmp 文件，然后选择"另存为"，再更改文件名，在文件类型中选据 jpg 类型即可，其实这是类型的改变。

五、总结反思，引发新问题

对《文件》进行具体问题教学后，引发了更多的问题：

1. 当把文件设置为"隐藏"后，如何能够找到该文件呢？

2. 建立文件的快捷方式，"快捷方式"是文件还是文件夹呢？

……

以上是根据《文件》的具体教学来说明问题驱动下的教学操作的几个部分。教师在课前结合学情、教材等拟定了三级问题体系，包括基础问题、提高问题、发展问题，旨在通过问题以问促学、以问解问、以问促思。问题本身就是学生需要驱动的任务，而任务也总是由若干个问题串接而成，只要问题的设置适合学生的口味，能够适应教学的具体内容，也适应教师本身的特色，就能让学生喜欢且产生很好的学习效能，这样的教学才是我们最佳的目标。

本案例应用了思维导图型问题驱动课堂模式，如图 6—15 所示。

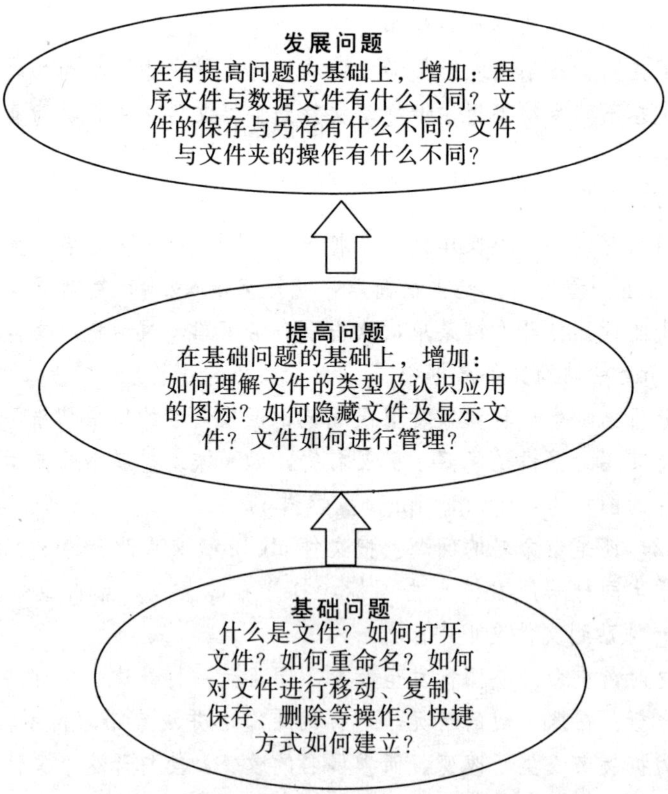

发展问题
在有提高问题的基础上，增加：程序文件与数据文件有什么不同？文件的保存与另存有什么不同？文件与文件夹的操作有什么不同？

提高问题
在基础问题的基础上，增加：如何理解文件的类型及认识应用的图标？如何隐藏文件及显示文件？文件如何进行管理？

基础问题
什么是文件？如何打开文件？如何重命名？如何对文件进行移动、复制、保存、删除等操作？快捷方式如何建立？

图 6—15　思维导图型问题驱动课堂模式

第七章 微视频促进"问题解决"的深度学习的探索

第一节 微视频促进"问题解决"的深度学习与课堂教学改革

一、深度学习前置探究中的现实问题

通过近八年的"和润"课堂教学实践探索，学校的"和润"教学研究取得了突破性的成果：问题驱动成为课堂的基本特征，支持学生问题解决的"和润"课堂基本样态初步形成。在对课堂的观察和分析中，我们发现随着课堂改革的不断深入，由于对学情的关照不够深入，对教材的解读不够深刻，在学生学习的关键点上提出问题还比较欠缺。问题没有成为课堂的"引擎"，不能有效地支撑学生的自主探究、自我构建，课堂上教师主导多，学生自主参与和自主构建少，目标达成度较低，具体表现在以下方面。

（一）课堂学习缺乏深度

在对课堂的深入观察和分析中，我们发现学科课堂中教师借助问题驱动，支持学生利用问题进行深度学习的程度还显得十分不够，课堂学习的深度还十分不足，这具体表现在：

（1）问题的内驱不强劲——具体表现在多数问题还是由教师提出，师生共构问题的数量较少，课堂缺乏用问题驱动的动力。

（2）理解浅显不深入——具体表现在基于学科的学习方法和学习策略还比较欠缺，方法单一；不能灵活运用，迁移度不够。

（3）自主学习不生动——学生在问题驱动下能开展比较自主的学习活动，但自主学习的形式还比较单一，教师对学生自主学习活动的设计和推进缺乏深度。

由此可见，我们的课堂学习缺乏深度，需要通过研究提高课堂学习的深度。

（二）学校教师信息技术与教育教学深度融合创新中的"问题解决"

从"教师信息技术应用能力提升工程 1.0"到"教师信息技术应用能力提升工程 2.0"，教师信息化能力不能简单地停留在"技术使用"的层面，教师需要在课堂教学中将信息技术与教育教学进行深度融合创新，随着区域研究和我校的信息技术创新课堂研究的进一步深入，我们发现，作为技术手段的微视频课堂与学生的深度学习缺乏深度融合。具体表现为如下几个方面：

一是微视频在强化重点、突破难点的设计与运用上缺乏研究，未达成帮助学生进行主动"意义建构"的目标。

二是微视频的制作和使用显得比较零散，缺乏学科性的系统规划和分类。

三是微视频的使用未能达到最佳的效果，没有显著促进学生在课堂中的"情思涌动"和"高阶思维"。

四是利用微视频改进课堂教学、支持学生自主学习从而实现"问题的解决"与"问题的迁移"不够深入。

学校的后续发展迫切需要提高微视频课堂运用的精准度，利用微视频的有效运用促进学生在课堂中的深度学习，从简单的技术运用到促进学生学习深度的提升。

二、深度学习

（一）深度学习的内涵

美国学者弗伦斯·马顿和罗杰·萨尔乔首次提出了深度学习的概念。之后，国外学者对深度学习进行一系列研究，但是没有形成一个明确的定义。有国外学者认为，深度学习是一种理解知识、批判性看待学习内容、联系新旧知识及经验、强调逻辑关系，以及关注证据性结论的学习方式。国内学者孙银黎认为深度学习要求学习者对学习有一种积极主动的态度，强调对知识的深层次加工、描述和理解，并且可以自由地在新旧知识间建立联系，不仅仅满足于被动接受，同时也要对学习到的知识进行反思。崔允漷认为在信息社会背景下，学生需要实现对知识信息的加工整理、意义理解、综合评价和迁移应用，因此实现知识信息的自我转换和内化才是深度学习的关键，在学习后还应时常对自己的学习进行反思。李松林认为深度学习是借助具有整合作用的实际问题，激活内在动机，理解深层意义并展开实践创新进而对学习者产生深远影响的学习样态。

纵观国内外学者对深度学习的定义可以看出，深度学习区别于浅层学习，是有效利用整合型的问题来驱动学生的内在动机、注重新旧知识的整体建构、带有批判性地学习知识、建构意义，能够进行迁移创新并且时常做出总结和反思的一种学习方式。

（二）深度学习的实质

深度学习的实质指向核心素养。核心素养具有两层意思。第一层：学科核心素养。这是学科价值的个性与学生成长的综合性、整体性的结合，是学科育人价值的具体体现，主要包括学科知识结构与问题解决的思想与方法。第二层：学生发展核心素养。其关键是培养学生的必备品格与实践能力。在学生发展六大核心素养中，"科学精神""学会学习"和"实践创新"都很关注理性思维的培养和解决问题的能力，其实质指向深度学习。众所周知，核心素养已经成为新一轮课程教学改革的指导思想，回应课改趋势，就要在实践中不断促进学生的深度学习，提高学生的核心素养。

（三）深度学习是当前课堂教学改革的重要方向

传统课堂学习中，学生是知识的传承者、消费者，学生的学习动机停留在外在层面，学习的内容停留在表层知识，学习的方式更多关注的是"知识的获取"，学习的结果也只是可以进行简单的"机械运用"；在深度学习中，学生是知识的创新者和贡献者，深度学习的课堂关注和解决学生自主、合作、探究的学习，学生的学习动机区别于浅层学习中的外在动机，转变成积极的内在动机，学习的内容到达知识的深层理解层面，学习的方式从机械记忆转变成问题解决，最后学习的结果也就到达了实践创新的层面。因此，深度学习成为当前课堂教学改革的重要方向，这就要求我们在课堂实践中采用各种措施或手段促进学生在课堂中的"意义的建构""情思涌动""高阶思维"和"迁移创新"，达成学生深度学习的目标。

项目	学习目的	学习内容	学习方式	学习结果
浅层学习	外在动机	浅层知识	知识获得	机械运用
深度学习	内在动机	深层意义	问题解决	实践创新

图 7-1　深度学习与浅层学习的四大区别

三、微视频在课堂中的运用

微视频在课堂中的运用是指以微视频为主要载体、为突破学生学习的关键节点，有效促进学生的深度学习，对学生产生以小见大、由点带面和积微成著作用的信息化技术与教育教学深度融合创新的教学方式。

我们认为微视频是指有利于促进深度学习的一切视频资源，可以在课前使用，也可以在课中使用，还可以在课后使用，目的就是要促进学生的深度学习。其基本特征是：视频表征可视化、画面呈现极简化、话题内容聚焦化。其多采用"数字故事"讲述法，具有用户参与的技术门槛低等特点，少而精，小而大，短而长，教而合。

四、利用微视频促进深度学习

（一）目标

（1）梳理出利用微视频促进深度学习的内涵和特质，在深入揭示深度学习内涵与特质的基础上，建构起微视频支持下的课堂深度学习实践模型。

（2）从"三阶问题解决实践模型"（前置学习、深度建构、实践反思）中归纳出促进深度学习的微视频类型和微视频开发策略及方法。

（3）在归纳总结微视频促进学生深度学习主要作用的基础上，探索出促进学生深度学习的微视频开发策略，建立微视频资源库和检索路径。

（4）探索出利用微视频促进深度学习的课堂评价标准，由此科学评价学生的深度学习的达成效果、教师课堂教学的效率和学校课堂教学改革的面貌。

（5）促进教师信息技术应用能力的提升，让信息技术与教育教学深度融合创新。

（二）成果

1. 深度学习的内涵和特质

我们认真学习了国内外有关深度学习的相关研究，并结合学校自身的情况，概括出符合我校实际、解决实际问题的深度学习的内涵和特质：借助问题，激活深层动机，展开深度体验和高阶思维，进而促进深度理解与实践创新、对学习者产生深远影响的学习样态。

深度学习课堂评价的四个维度为动机、过程、结果、迁移。

2. 微视频

微视频指为突破学生学习的关键节点、有效促进学生的深度学习，并能够对学生产生以小见大、由点带面和积微成著作用的数字化学习资源。我们认为的微视频是指有利于促进深度学习的一切视频资源，可以在课前使用，也可以在课中使用，还可以在课后使用，目的就是要促进学生的深度学习。其基本特征是少而精，小而大，短而长，教而合。利用微视频促进学生深度学习是指利用一切视频资源，达到以小见大、以微见著、促进学生的深度学习的效果。

3. 微视频促进深度学习的基本价值

（1）激活动机：激活学生内源性动机，使其主动学习。

（2）高阶思维：促进学生在学习过程中的"情思涌动"，产生"心流"，进而实现学习中持续的高阶思维。

（3）增进理解：微视频的使用较之于教师的讲解更能帮助学生建构深层意义的理解性学习。

（4）拓展实践：在知识整体建构的基础上促进学生进行知识的迁移运用并创新和反思。

4. 利用微视频课程促进学生深度学习的三阶问题解决实践模型

通过实践研究，我校形成了利用微视频课程促进深度学习的三阶问题解决实践模型，如图 7-2。

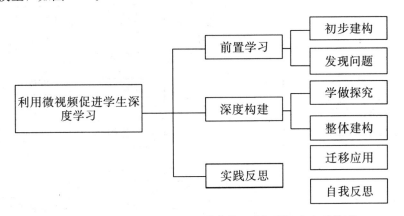

图 7-2 利用微视频促进深度学习的三阶问题解决实践模型

5. 根据问题解决的"三阶",归纳梳理促进深度学习的微视频类型

(1) 第一阶：前置学习。

问题解决前的微视频课程，主要服务于课前的前置学习，作用是促进学生初步建构知识并发现问题，为了更充分地了解学生的学习起点，更准确地设置教学目标，为学生的问题解决做好充分的准备，促进学生课前的分享交流、自主发现和对知识的浅层加工。

服务于问题解决前的前置学习的微视频课程为整体感知类和尝试解答类微视频。

(2) 第二阶：深度建构。

问题解决中，要利用微视频课程促进问题解决，通过深度建构，解决问题，实现深度探究，引导学生进行归纳整合、协作探究和独立尝试。

深度建构的过程中，可开发以下三种类型的微视频课程：讲述实操类、思维引导类、综合运用类。

(3) 第三阶：实践反思。

在问题解决后的实践反思学习中，利用微视频课程可以促进知识的整理与归纳、知识的延伸与过渡、自我的反思与调节，实现学生的自我反思、学习评价和迁移应用。

促进问题解决后的实践反思的微视频课程，可以开发为知识拓展类和主题升华类。

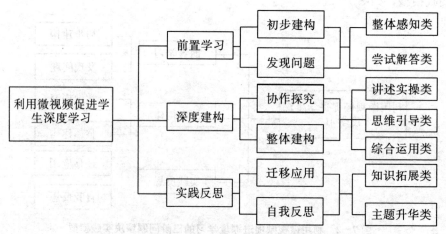

图 7-3　利用微视频促进学生深度学习的微视频类型

6. 依托课例，研究微视频课程对学生深度学习的促进作用

（1）促进学生自主学习。

将要学习的内容制作成微课，让学生通过自主学习，实现"先学后教"和课堂的"翻转"，降低自主学习认知负荷水平，教学微视频短小精悍，表现力强，短时间内即可传递大容量信息；同时，教学微视频可将抽象概念具象化，从而简化一些难以理解的教学信息，有利于学生的自主学习。

【案例导入】

在小学英语人教版四年级的《Travel Plans》课程中，教师借鉴了多个网络微视频，形象生动地给学生呈现了真实生活场景中所用的本课重点单词或短语 sea，ski，west lake，the Great Wall，row a boat 等。教师适当修改调整在网络上寻找的有关"泰国黑象"问题的微视频，形成了适合在本课中呈现的教学微视频。

【案例说明】

①为什么要用这些微视频？

课前，教师将调整好的"泰国黑象"的视频推送给学生，学生通过课前的自主探究，对《Travel Plans》里的重点句型和单词有了第一次接触，进行了课前的"浅层学习"，以"泰国黑象"作为旅行中"环保问题"的载体，依托有趣的"骑乘大象"旅游事件揭开"爱护环境，爱护动物"的主题，让学生在课前就对本课主题进行自主探究，辩证地思考问题，为课堂中的"深度建构"打下坚实的基础，明确指向英语学科核心素养中的"文化品格"。课堂中的多个小视频（sea，ski，west lake，the Great Wall，row a boat 等）则指向英语学科核心素养中的"语言能力"。

②课堂中使用时所处的位置和预设起到想要的作用。

"旅行与阅读"是一个自制的微视频，用于培养学生的英语核心素养中的"文化品格"，置于新课之前，用作新课的引入；新课中的多个小视频（sea，ski，west lake，the Great Wall，row a boat 等）用于培养学生英语核心素养中的"语言能力"，"泰国黑象"微视频放在课堂结尾，用于培养学生的英语核心素养中的"思维品质"和"学习能力"。

【案例评析】

本课例中的微视频数量比较多，来源比较广，在课例中所起的作用也多种多样，课例最开始的原创微视频"旅行与阅读"选取学生能听懂的简

单句，全英文配音，培养了学生英语核心素养中的"语言能力"这一项，同时给学生讲明两个道理：其一，阅读和旅行是人的生命中非常重要的两件事；其二，旅行其实是一种特殊的阅读——大自然就是一本书，旅行就是阅读大自然这本书的过程。这样一来，这个微视频在培养学生的"语言能力"的同时又兼顾培养了学生的"思维品质"和"学习能力"。新课讲解过程中的若干个小视频（sea，ski，west lake，the Great Wall，row a boat 等）生动形象地给学生展现了本节课的重点单词和短语，给学生搭建起了英语语言和实物——对应的高效认知模式，解决了课堂的重要知识点，有效地培养了学生的"语言能力"这一核心素养。课堂最后出示的微视频"泰国黑象"经过王隽老师多次调整，视频主题"Be a travler! Don't be a tourist!（做一名旅行家！不要做一名冷漠的游客!)"旨在培养学生的"思维品质"中的"深刻性"和"批判性"，培养学生"学习能力"中的"学习专注力、独立性和反思力"等。对于这个微视频，教师反复考虑的是"配音是用中文还是英文"。其实，核心素养里面的"语言能力"已经在课例前部分基本达成了，最后这个微视频的信息量比较大，相关的英语功能句也比较复杂，如果执意用英文配音的话，估计很多学生会听不懂，达不到预期的"思维品质"的培养。所以教师在试讲后就将英文配音转换成了中文配音，"思维品质"的培养效果显著提升。

（2）利于问题情境的优化与改进。

音乐课《洗手绢》的教学中，教师利用微课，在优美的歌曲伴奏音乐下，有感情地朗读歌词，同时出示一些对应的图片，学生再次在潜移默化中熟悉了旋律、感受歌词内容，而且可以想象出具体的画面。这使课程不仅有趣味性，而且实效性很高，用更短的时间使学生在愉悦的体验中学会了歌唱，达到了教学目的。

（3）促进突破重难点。

学生在课中自主探究、赏析关于本课重难点的微视频后，将知识与技能进行内化，从而突破重难点。

【案例导入】

（节选）

师：熊猫馆在喷泉广场的东北方向，根据你们的描述，能不能确定熊猫馆的位置呢？你觉得熊猫馆可能在哪里？上来为大家摸一摸、比一比。

师：根据你们的描述，熊猫馆的位置就在这样的一个面上，到底在哪里呢，我们一起来研究。

师：这里有个比例尺，明白它的意思吗？（在地图上这样的 1 厘米代表的就是实际的 300 米）。请四人小组借助手里的工具画一画、量一量，想办法描述出熊猫馆在喷泉广场的什么位置？

（一）感知用距离确定位置

展示东北方向 900 米。

师：这样描述和刚才的区别是什么？（有了具体的长度）

师：为什么一定要量距离？（这样才能说清位置）

师：通过他的介绍，你能确定熊猫馆的位置吗？（不能）我这里有条线，如果长度就是 900 米，你觉得熊猫馆可能在哪里？（在一条弧线上）

师：介绍清楚了距离，熊猫馆的位置就在这样的一条线上。

（二）能用方位角清楚介绍方向

有具体方向和距离的例子。

师：（北偏东 20°，900 米）能看懂吗？20°在哪里？请上来测量。

师：这样描述和刚才的区别是什么？（介绍了方向）

师：更喜欢哪种描述，为什么？

师：一起来学习这样描述方向的方法。像这样描述，是从哪开始的？（北）用北作为基准，拿手比一比，往哪里偏，偏了多少度？熊猫馆在喷泉广场的北偏东 20°方向。现在能清楚描述熊猫馆的位置了吗？边比边说。

师小结：熊猫馆在喷泉广场的北偏东 20°方向 900 米处。

（板书）

（三）感受确定位置需要用方向和夹角两要素

（微视频）介绍狮虎山在喷泉广场的什么位置。

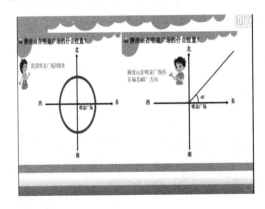

师总结：怎样描述才能确定位置？（根据方向和距离）

（出示微视频，整理回顾）

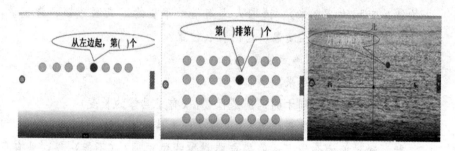

【案例说明】

第一个微视频"狮虎山在喷泉广场的什么位置"是在对熊猫馆的位置描述的基础上出示的，目的在于让学生在教师用抽象的方法讲述后感受实际生活中确定位置需要用方向和夹角两要素，视频中用坐标加上动态的圆的半径和方位中的夹角，形象地给予了学生位置空间感，明确位置描述中方向和夹角的关键性。微视频清楚地给学生展示了确定位置的先后步骤是先确定方向，再确定在方位中的夹角，有了微视频演示本课重难点，学生可将知识与技能进行内化，从而突破重难点，再通过自主探究加上小组讨论，就可以清晰地得出怎样进行位置描述、位置的关键要素是什么的答案。

第二个微视频是在课堂结束的时候出示的，新课后学生对于新知识"如何确定位置"有了较好的理解和掌握，教师出示总结微视频，将不同年段的"确定位置"的知识点进行一个有效的对比和整合，由浅入深将图文动态结合，促进学生在知识的整体建构后对知识进行迁移创新。

【案例评析】

两个微视频分别在"深度建构"和"迁移创新"两个环节出示，协助学生通过自主探究、独立尝试和归纳整合等方式对本课的重难点"如何确定位置"进行有效的突破，促进学生将知识与技能进行内化，为深度学习中的"自我反思"与"迁移运用"打下了很好的基础。

（4）促进练习的落实与拓展

这是在知识与技能巩固落实的外化过程中，根据自学、导练的问题和内容，通过微课，促进学生在知识的整体建构之上进行知识的拓展迁移，有效解决练习中的重难点，当堂对学生进行少而精的训练或拓展活动，做到"步步清、人人清、节节清"，将练习进行具体落实。

【案例导入】

《一分钟》第二课时教学设计（节选）

成都市盐道街小学（东区）瞿远莉

三、拓展研究，深化主题

（1）课后练习。

①假如你是元元，你现在会想些什么呢？

②结合课文内容完成课后第2题的练习。

师：我们的元元想了很多，看看你能猜到他后面想的是什么吗？（出示题目）

（2）师生共同小结（回顾板书）：虽然元元只是多睡了1分钟，但是这1分钟却带来了一系列的连锁反应，即"错过了绿灯—没有及时通过十字路口—错过了公共汽车—只好走到学校"。

（3）师：这下你知道为什么元元多睡了1分钟，却迟到了20分钟了吧？（取下问号）这就是连锁反应。所以你还敢贪睡吗？

（4）因为多睡了1分钟，元元上学迟到了20分钟。通过元元的故事，你体会到了什么？（生讨论，师板书"时间宝贵，珍惜时间"）

（5）时间就是生命，1分钟可以做很多事情。我们一起来看看这只小虫是怎么做的吧！（播放视频《小虫的一生》）

（6）作业：你在1分钟之中能做什么呢？（课后题第3题）

我1分钟能走（　　）步。

我1分钟能写（　　）个字。

请回家后让爸爸妈妈帮你计时1分钟，完成课文第87页的填空。

（7）总结：同学们，时间很宝贵，我们要珍惜时间，分秒必争，利用好每一分钟。让我们从现在开始，做时间的主人吧！成为一名守时惜时的好孩子！

【案例说明】

通过课堂结尾处的微视频《小虫的一生》，让学生感受到珍惜时间的重要性，知道时间的宝贵，懂得控制自己，珍惜时间，达成本课的情感目标。同时也将本课的重难点进行了迁移运用，让学生借助形象的《小虫的一生》讲述小虫"和一只浣熊做游戏""参加一个派对""从一只鸟嘴里逃生""拯救一个朋友"等生命计划，让学生感知做事有计划、珍爱时间的小虫在"一分钟的生命中"笃定而有计划地完成了自己所有的人生愿望，让学生理解到晚一分钟的连锁反应，认识到一分钟对于很多生命来说是非常短暂而宝贵的，由此教育学生要按时起床，珍惜时间。此外，让学生在微视频的基础上做实践迁移，模仿微视频中的"小虫"，用各种方法实践探索自己的"我一分钟能走（　）步，我一分钟能写（　）个字"的练习，有效地实现了学生深度学习中的"迁移创新"。

【案例评析】

"一分钟"对于低学段的小学生来说是一个比较抽象的概念，要通过较多数量生活事例的实践才能正确感知"一分钟"的本质，教师借助了形象生动的"和一只浣熊做游戏""参加一个派对""从一只鸟嘴里逃生""拯救一个朋友""观赏鲸鱼""看星星"和"成名"等"小虫的生命计划"来凸显时间的宝贵和生命的意义。在此基础上，学生在练习中进行了有效的"拓展迁移"，使我们的作业得到有效地落实和拓展。

（5）促进复习的巩固和提升。

将知识制作成微课，作为学生课后复习的一种资源，让学生通过观赏微课进行复习，巩固知识。

如五年级语文《成吉思汗和鹰》一课，在学习后利用微视频回顾本课的故事脉络，帮助学生在复习巩固的同时，提升对叙事类文章脉络的理解。再如《7的乘法口诀》教学中，微视频课程将对7的乘法口诀的认识延伸到生活中，提升学生对口诀的应用和认识。

（6）利于知识的建构与强化。

语文课《翠鸟》教学中，利用微视频呈现象声词和各种鸟的图片，帮助学生形象地感知、理解象声词。一年级语文《四季》教学中，利用微视频示范朗读，帮助学生整体感知新课内容。

7. 在实践研究活动中，归纳总结微视频课程开发策略及方法

（1）梳理已有的微视频课程资源，分类并推广应用。

（2）梳理教材知识点，有针对性地开发微视频课程资源。

（3）借鉴与改进别人的微视频课程资源，为我所用。

8. 形成利用微视频课程促进深度学习的课堂评价指南

表 7-1 《利用微视频课程促进深度学习的实践研究》研讨课评价标准（一稿）

授课人： 内容： 评分人： 时间：

指标	标　　准	得分
前置学习 （30分）	师生共同构建问题，核心问题把握准确	
	激发学生生成动机	
	培养学生发现问题、提出问题、分析问题、解决问题、反思问题的能力	
协作建构 （30分）	学习氛围：营造民主、和谐、互动、开放的学习氛围	
	深度体验：激发学习兴趣，能充分调动全体学生积极参与学习活动，关注学生的积极态度和愉悦的情感体验	
	学习方式：留有足够的时间和空间让学生进行自主、合作、探究的学习	
	学习方法和思维：渗透学科的思想和方法，激活学生思维，学生能大胆质疑问难，发表不同意见，善于讨论、交流	
	教学媒体的运用：合理运用白板辅助教学；注重各种教学资源的开发与整合；合理使用微视频	
实践反思 （40分）	达成三维目标	
	学生有积极、愉悦的情感体验，参与度高	
	学生深度学习，学习能力有所提升	
	学生能够适当进行实践创新	
总分	评分建议：得分在90分及以上为优；得分在80至90分（包括80分）为良；得分在80分以下为中	
"1+1"听课意见或建议：		

表7-2 《利用微视频课程促进深度学习的实践研究》研讨课评价标准（二稿）

教师： 内容： 时间： 评价者：

评价项目	评价指标	评价标准	评分建议	得分
课前策划（30分）	学情分析	课堂设计体现出教师对学生前期学习情况的把握（10分）	好：8-10分 较好：5-7分 待改进：0-4分	
	教学目标及重难点	教师充分依据课程标准、教材、教参，目标确定合理，重、难点明确（10分）	好：8-10分 较好：5-7分 待改进：0-4分	
	学科核心素养	教学设计体现学科核心素养的具体落点（10）分	好：8-10分 较好：5-7分 待改进：0-4分	
课中实施（50分）	问题设计	核心问题把握准确；教师能引导学生自主发现问题，以多种方式解决问题；问题串的设计和使用利于教学重难点的突破（10分）	好：8-10分 较好：5-7分 待改进：0-4分	
	活动设计	教学活动设计关注学生独立思考、小组合作、互动交流，利于学生积极参与和主动学习（10分）	好：8-10分 较好：5-7分 待改进：0-4分	
	支持策略	教师在课堂中提供多种手段或方式（如微视频的运用、教具和学具的使用等），促进学生主动参与解决问题和自我建构（20分）	好：14-20分 较好：8-13分 待改进：0-7分	
	师生关系	课堂氛围和谐，教师教态自然亲切，学习氛围积极、愉悦（5分）	好：4-5分 较好：2-3分 待改进：0-1分	
	课堂评价	教师运用多种评价方式，及时对学生的学习情况进行评价（5分）	好：4-5分 较好：2-3分 待改进：0-1分	
课堂效果（30分）	目标达成	课堂基础落实，达成课前设定的教学目标（10分）	好：8-10分 较好：5-7分 待改进：0-4分	
		教学重难点突破较好，学科素养落实有效（10分）	好：8-10分 较好：5-7分 待改进：0-4分	
	学生发展	学生课堂学习中体验到学习的成功和愉悦，不同层次学生均有收获和提升（10分）	好：8-10分 较好：5-7分 待改进：0-4分	
总分				

（三）反思

（1）理论上，进一步深入解读文献，加深对深度学习和微视频课程的解读。

（2）实践中，做到以下几个进一步。

①进一步丰富微课使用的类型。

问题解决前的知识回顾与链接类，独立的尝试与准备类。

问题解决中的思维过程的暴露与展开类，关键知识的建构与强化类，学习机会的提供与选择类等微视频课程，以突出问题解决学习的四大特质。

问题解决后的广度与线索类，反思与体会类等微视频课程。

②进一步丰富微型视频课程的来源。

③进一步研究如何更好促进学生的深度学习。深入地研究微视频课程使用的时机与内容，即用什么、在什么时候用。

首先，要将微视频浸润到各个环节中，引发孩子的思考，与学习联系，让学习方式变革，为学习提供支持。

其次，微视频课程要为核心问题提供支持。让微视频课程成为核心知识的拐杖，充分挖掘微视频课程的以下作用。

提供范例：为学生提供一种示范，如范读。

提供方法：提供学习的方法，或者学科思想方法。如，古人是如何测量的。

重构意义：加深学生对意义的重构，如科学课《声音》，学生做实验后，再让学生看视频，促进学生对知识的重构。

分解重点：将教学的重点分解，让学生一一理解。如，分步骤呈现三大步上篮，促进学生更好地掌握。

其三，促进个性化视频的运用，让微视频课程为学生的个性化学习服务，促进学生的个性化学习。

④进一步对比研究微视频课程使用的有效性。

第二节　基于"问题解决"的深度学习与项目式探究活动

学习究竟是为了什么？面对充满挑战且富有变化的时代，教师作为学生成长的引路人与合作者，不断吸纳与输出先进教育的智慧与策略，是每一位教师都需要实践反思与探究的重要命题。

深度学习是新时代背景下全面深化课程改革、落实核心素养的重要途径，对于提升学生的知识体系构建和形成良好的思维习惯具有促进作用。新时代背景下深度学习的任务主要面向学生的思维深度，根据教学内容创设相应的教学情境引发学生的认知失衡，从而让学生根据现有的知识构建更有深度的知识体系，并在具体情境中进行灵活应用。

一、深度学习与项目式探究活动的融合

（一）新一轮课程改革的回应与实践

核心素养已经成为新一轮课程改革的指导思想，回应课程改革趋势，就要在实践中不断促进学生的深度学习，提高学生的核心素养。传统学习中，学生是知识的传承者、消费者，而在深度学习中，学生是知识的创新者和贡献者。深度学习的课堂关注和解决学生自主、合作、探究的学习；从以达成三维目标为目的的学习走向以提升核心素养为目的的学习；由外控学习走向内控学习，由同质化学习走向个性化学习；学习内容、学习方式、学习时空、学习工具走向多元和整合。因此，深度学习成为当前课堂改革的重要方向，这就要求我们在实践中采用各种措施或手段，不断地促进学生的深度学习。

在对课堂的观察和分析中，我们发现随着课程改革的不断深入，由于对学情的关照不够深入，对教材的解读不够深刻，在学生学习的关键点上提出问题还比较欠缺。问题没有成为课堂的"引擎"，不能有效地支撑孩子的自主探究、自我构建，课堂上教师主导多，学生自主参与和自主构建少，目标达成度较低，这具体表现在以下方面。

1. 问题内驱不强劲

这具体表现在多数问题还是由教师提出，师生共构问题的数量较少，课堂缺乏用问题驱动的动力。

2. 理解浅显不深入

这具体表现在基于学科的学习方法和学习策略还比较欠缺，方法单一且学生不能灵活运用，迁移度不够。

3. 学生自主不生动

学生在问题驱动下能开展比较自主的学习活动，但自主学习的形式还比较单一，教师对学生自主学习活动的设计和推进缺乏深度。

由此可见，传统的课堂学习缺乏深度，需要通过研究提高课堂学习的深度。

（二）项目式探究活动的含义

"核心素养"的提出蕴含了新时代背景下学习方式和教学模式的变革，它要求教师能够创设与现实生活紧密关联的、真实性的问题情境，让学生通过基于问题或项目的活动方式，开展体验式的、合作的、探究的或建构式的学习。

项目式探究活动是一种建构主义理念下以学生为中心的教学方式。它将学科知识以项目式转化，学习的过程由被动转化为主动。学生在自己擅长或感兴趣的领域中思考，将现有的知识经验加以整合，解决一个真实世界中复杂的、具有挑战性的问题，或完成一项源自真实世界经验且需要深度思考的任务。在解决问题或完成任务的过程中，教师精心设计项目作品，规划和实施项目任务，从而使学生获得主动学习和理解的动力，进而逐步培养学生的认知能力、合作能力、创新能力等关键能力，这指向学生发展的核心素养的要求。

（三）项目式探究活动触发深度学习

纵观我们的课堂，常态是浅层学习明显：学生游离于学习之外，没有切身体验；只专注于知识获得，不能活学活用；缺乏深层动机、切身体验、高阶思维、深度理解与实践创新。

我们知道，深度学习与浅层学习不是绝对对立的，两种学习都是有必要的，但学习不能仅仅停留在浅层。深度学习不是完全以知识获得为目的的学习，而是在问题解决过程中所展开的学习，是在问题解决过程中展开情境认知和实践参与的学习。可见深度学习的基本模式就是问题解决学习。问题解决学习的实质是让学生在问题解决中学习，让学生在问题解决的过程中学会知识建构、学会问题解决、学会身份建构和高阶思维。强调问题解决学习，就是要将以知识为主线的学习翻转改造为以问题为主线的学习。

首先，深度学习的发生高度依赖问题情境。正是高质量的问题情境，才能更为有效地沟通知识与事物的联系、知识与知识的联系、知识与行动的联系、行动与思维的联系以及事物与自我的联系，从而成为深度学习发生与实现的最佳场域。其次，从知识论的视域来看，知识不仅来源于实践，而且本身就蕴含着丰富的实践意义。任何知识都不是与生存实践毫无关联的独立存在，它本身就是生存实践的一种方式。这意味着面对核心素养培育的时代诉求，人们所强调的深度学习必须回归知识的实践特性，其实质是将知识放回具体的实践情境中去，让学生在问题解决中学习。正是高质量的问题解决学习，才能更为有效地引发、维持和促进学生的深度学习。

有研究表明，基于问题、基于探究、基于项目等具有创造性和实践性的学习方式，能够有效促进深度学习。项目式探究活动可以打破学科的逻辑结构而以项目来统整课程模式。活动依托项目式问题开展，在活动方式上强调学生的探究与创作，在活动成果上则强调获得实际的作品，是指向问题解决的操作模式。项目式探究活动强调设计思维和对核心知识的理解，在实践中理解概念，形成专家思维，引发跨情境的迁移，是实现深度学习的有效学习方式。

项目式探究活动实施毋庸置疑是当前开展深度教学的有效路径，而深度教学的推进，成为破解当前教学表面化、浅层化的重要抓手。深度教学，"深"在主旨立意，"深"在情境创设，"深"在理解批判，"深"在评价反馈，教育的本质要求学生用自己的智慧深度思考、自我探究，形成对知识的真正认同。在项目式探究活动的设计中，要进一步发现和提升核心素养的落实，进而促使教学行为发生改变，提升学科教学的信度和效度，展示学科教学的魅力和影响力，发挥学科教学在促进学生成长中健全生命人格的作用。

二、探索课堂改革的盐小东区表达

在课堂改革的过程中，怎样才能兼顾学习的深度与育人的温度呢？为此，我们从学校管理机制入手，探索现代管理制度，激发创新活力源；同时尝试以问题驱动激活学生思维，在问题解决过程中、在教与学的互动过程中实践，达到思维深度与情感温度相融合，共同指向学生核心素养的培育。

（一）制度改革，机制创新

从机制上寻求突破，即改变了过去仅靠行政手段，依靠职能部门推进工作的一贯做法，采用行政引导和自主管理相结合、多部门协同以及整体推进的项目管理方式，最大限度挖掘师生潜能，指向学生成长和教师发展两大方向。面向学生成长的各项目组以促进学生深度学习为根本任务，以实践学生项目式探究为目标，以学科特点和自主自愿的原则为基础进行组建。项目组以充分赋权为特征，全面提升教师团队的课程领导力和执行力。

根据教师专业特质和实际工作能力，项目组是由教师自主申报聚合，自主管理、学校适时调控的一种基层管理组织。这种跨学科、跨部门、跨年龄的教师协作共同体，既有利于激活教师在课程建设中的自主创新，又有利于教师在自主发展过程中内在需求得到充分的尊重和关注。项目组工作的策划与实施，既加深了教师团队关于深度学习的理解，还在实践中优化了项目式探究活动的设计与研究，教师个人也经由参与、组织、引领学生实践项目式探究逐步成长为项目导师。

如今盐小东区的学生在项目组策划的一个个精品活动的引领下变得快乐自信，充满思辨和探究精神；一个个"明星教师"从盐小东区项目组的平台走出，获得了幸福的教育人生；盐小东区的校园成为成就孩子幸福童年的乐园、成就教师教育梦想的摇篮。

（二）任务驱动，整体构建

以学生"五品五会"培养目标为出发点和归宿，以项目组工作模式推进，针对学科特点、学生需求等围绕相关主题设计开展项目式探究活动，力求做到让每一个孩子都能找到属于自己的活动平台、获得平等多元参与和选择的机会，真正实现人人出彩，实现有意义的校园生活。

项目组教师团队在设计与实施项目活动的过程中以儿童生活为基础，以实际行动为中心，关注儿童主动、深入的研究，创造性地解决问题。活动通过项目导航、生活情境探究、热点对话质疑、迁移运用体验和实践创造等关键环节，引导学生展开建构与反思，强化情感驱动的非认知性学习，从而实现批判性理解和真实问题的解决以及学习内容的整合提升，实现深度学习与项目式探究活动的有机融合。

2020 年，异域文化游戏节项目组以成都成功申报 2021 年世界大学生夏季运动会为项目设计背景，以学生为主体，以自主、合作与探究的活动方式鼓励学生在真实情境中对活动主题展开探究，并运用各种工具和资源促进问题解决，最后进行项目成果发布。学生们通过查阅资料，参观考察，实地采访，深入钻研，动脑设计，动手操作，在探究中和天府文化融为一体。比如"一街一印记"项目，三年级组的学生们关注了老成都街道名，探寻历史由来、民间传说，结合大学生运动会主题和成都城市精神，主动献计，设计出了一个个精美无比的中英文对照的街道路牌，集"实用性、艺术性、科学性"于一体。在结合大运热点的同时，让孩子们深化国际理解，提升国际交往能力，在探究的体验式学习中，不断挖掘关注成都本土文化，构建合作的项目式学习，聚焦"天府文化"，最终达成深度理解（如图 7−5）。

图7-4 "一街一印记"项目式探究活动——小组合作

图7-5 "一街一印记"项目式探究活动——成果发布

（三）问题解决，以终为始

在既往开展项目式探究活动研究的过程中，我们发现项目活动存在这样一个普遍的问题——"宽有余却深不足"，其具体表现为以下方面。

1. 价值分析浅显，缺乏目的性

教师预设活动主题后，往往容易根据活动的表面价值去判断，造成项目活动的目的性不强，错失有针对性地学习与发展的机会。

2. 活动内容碎片化，缺乏关联性

教师惯以学科本位的思路来选择和设计活动内容，仅依靠自己的主观经验，缺乏跨学科、超学科意识，把项目活动变成单纯的知识大拼盘，活动脉络不清晰。

3. 实施过程随意，缺乏指导性

有教师在组织活动时，把学习的主导权完全交给学生，导致自己脱离于活动之外，使得项目活动过程缺乏有效的支持，在探究时没有给予学生相应的学科指导与活动引导。

4. 成效评价弱化，缺乏有效性

教师运用量规的工具和评价方式相对单一，评价标准不清，对师生的自省和评估效益不高。

我们都知道项目式探究活动是从一个需要解决的问题开始，以"产品"的形式结束的。活动的结果是随问题解决而形成的一个或多个显性的"产品"。有经验表明，在项目活动目标设立时必须权衡本项目最终"产品"的形式与内容，确定项目走向和切入口。这就是以终为始的思维模式。

由基于知识的学习向问题学习的转变，将学习设置于真实情境中，通过问题解决来完成学习任务，问题来源于真实世界且具有一定的挑战性能够引起学生的学习兴趣。其贯穿活动始终的特征是生成和体验。

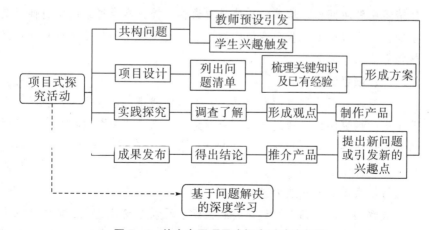

图 7-6 盐小东区项目式探究活动流程图

项目式探究活动的完成，不仅意味着驱动问题得以解决，也意味着学生的小组合作、解决问题、沟通交流、信息分析等能力，以及分析、比较等思维水平在这一过程中得到提升。在这些项目的实施中，学生不再认为学习是一种负担，而是自身的需要，让学生学会学习；学习不再仅仅是上课、作业和考试，而是生活和志趣，让学生学会生活；学习的收获不再仅仅是分数，而是他们亲身体验到的成果和快乐，让学生学会创新；学习不再是一个人背诵、思考和做题，而是在与同伴的交流与互助中发现问题和解决问题，让学生学会共处。

学习究竟是为了什么？面对充满挑战而富有变化的时代，教师作为学生成长的引路人与合作者，不断吸纳与输出先进教育的智慧与策略，是每一位教师都需要实践反思与探究的重要命题。

深度学习是新时代背景下全面深化课程改革、落实核心素养的重要途径，对于提升学生的知识体系构建和形成良好的思维习惯具有促进作用。新时代背景下深度学习的任务主要面向学生的思维深度，根据教学内容创设相应的教学情境引发学生的认知失衡，从而让学生根据现有的知识构建更有深度的知识体系，并在具体情境中进行灵活应用。

【案例导入】

夜游锦江，纸桥筑梦——小学科学（六年级）项目式学习

项目式学习是一种有效的能落实科学精神和实践能力的素养，也是以此为核心贯穿和融通其他素养的学习方式。小学科学中包含丰富的种植饲养、设计制作、实验测量等活动，都可以生成作品，十分适合开展项目式学习。将项目式学习应用于小学科学中，让学生自主学习科学知识。在具体情境中解决问题，培养学生的核心素养，提升学生思维的创造性以及动手操作的实践能力。教师亲历问题的解决过程，而不只是进行验证，促进教师专业水平发展。

一、项目背景

项目式学习能够以问题为导向，通过实践带给学生思考，在思考中培养学生的探究能力。通过本次"夜游锦江，纸桥筑梦"的项目式学习活动给学生提供一个展示和交流科学知识、技能的平台，让学生在动手中学，在动手中探索，在动手中尝试创造，进一步培养学生的科学素养，提高学生的科学素质和实践能力。

成都的"夜游锦江"线路将在大学生运动会前开通，目前锦江水上游船已开通"东门码头—合江桥"部分。成都举办大学生运动会前将开通

"五丁桥—音乐广场—望江楼公园"10公里航线，行船时间进一步增加。"夜游锦江"已成为成都的一张独特名片。请学生担任造桥大师，在成都的锦江上选择合适的桥址，以一定的科学结构，制作纸桥模型，注意保证桥下能通船。

二、项目目标

1. 科学概念目标

设计和建造桥需要综合考虑许多因素，如造桥的要求，材料的特性和数量、形状和结构等。

2. 科学探究目标

(1) 经历设计、制作、介绍交流的过程，体会设计的重要性。

(2) 应用形状结构的知识及经验设计和制作。

3. 科学态度目标

(1) 发展乐于动手、善于合作、不怕困难的品质。

(2) 发展尊重他人、认真倾听、敢于发表意见的品质。

4. 科学、技术、社会与环境目标

加强对技术工程设计与开发过程的理解，提升工程素养和技术素养，能够把理论转化为生活中能用到的产品。

三、项目准备

1. 使用的材料

以纸为主要材料，可加入少量木棒、铁丝、棉线等，制作时要注意安全。

2. 制作要求

桥跨度不少于150mm。可以用彩色笔涂抹颜色，以增加美观度。作品应力求有创造性，并能贴近实际、结构合理、制作精巧。

四、任务启动

创设夜游锦江的情境，在各班宣讲项目式学习要求，启动项目式学习。各班自行组成4～7人的小组，进行分工，可分为组长、考察员、设计师、科研员、技术员等。

五、项目实施（以六年级某小组为例）

1. 明晰问题

创设情境，确定研究问题。成都夜游锦江项目以"锦江故事卷轴"为主线，项目的主线路全程4.4公里，串联起成都各大地标。天府熊猫塔有3D全息投影，元宵节期间还举办了盛大的电子烟花闹元宵活动。学生任

187

造桥大师，在成都的锦江上择址制作纸桥模型，要求有一定的科学结构，能保证船的通过，蕴含成都元素和大学生运动会元素。

2. 实地考察与选址

学生利用周末时间进行实地考察。目前，锦江水上游船已开通"东门码头—合江桥"部分。成都举办大学生运动会前将开通"五丁桥—音乐广场—望江楼公园"10公里航线，行船时间进一步增加。学生实地考察后进行选址，选在顺江路地铁站与四川大学之间，建好之后交通会更加方便。

3. 查阅资料与设计

确定设计思路，查阅有关桥梁的资料，遵循一定的科学原理绘制设计图，写出计划。经过实地考察，建桥地址周围的环境都比较现代化，因此选择建一座现代化的斜拉桥。做桥时参考"苏通长江大桥"这座当今世界跨径最大的斜拉桥。那么斜拉桥为什么能承受重量呢？学生查阅资料后会发现桥承受的主要荷载并非它上面的汽车或者火车，而是其自重，尤其是主梁。索塔的两侧是对称的斜拉索，假设索塔两侧只有两根斜拉索，左右对称各一条，这两根斜拉索受到主梁的重力作用，对索塔产生两个对称的沿着斜拉索方向的拉力。根据受力分析，左边的力可以分解为水平向左的一个力和竖直向下的一个力；同样的右边的力可以分解为水平向右的一个力和竖直向下的一个力；由于这两个力是对称的，所以水平方向的两个力互相抵消了，剩下的竖直向下的两个力成了索塔下面的桥墩的主要荷载任务。

4. 小组实践与制作

利用学校、家庭多时空整合进行制作。选择瓦楞纸作为主要材料，先用一个扁扁的纸盒裹上素描纸做桥面；再把另外准备的几个纸箱子拆开，剪出一定的长度作为桥墩；拿一个比桥面更宽、更长的纸板裹上素描纸，作为底板（方便挪动和固定桥墩）。接下来，安装索塔、主梁，把做好的零件拼装好，涂上胶，把毛线作为斜拉索固定好。最后进行装饰，使用丙烯颜料上色，初版"星光斜拉桥"就完成了。

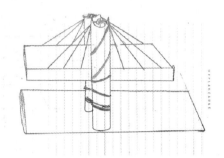

5. 交流研讨：以班级为单位，进行展示与讨论，全班同学共同分析存在的问题，集思广益，想出改进的措施，比如增加桥墩和拉索、把双面胶改成透明胶等。

6. 实验探究

得到建议后，学生进行实验探究，改进了书上的实验，从原来用手感受力的大小改为用弹簧测力计测量，这样能得到具体的数据，使实验现象更加直观。学生改变拉索的倾斜角度，使拉索从平直变得陡峭（相当于索塔越来越高），同步测量拉索受拉力的变化，记录实验数据。

表1　拉索受力与拉索倾斜程度的关系　　　　　单位：N

拉索倾斜程度	①	②	③	④
第1次	2.0	1.4	1.0	0.8
第2次	1.8	1.6	1.3	1.0
第3次	1.6	1.1	0.8	0.6

注：钩码重力均为1N。

经过实验，学生们发现，钩码质量相同时，随着拉索与桥面间夹角的增大，①②③④号拉索受力分别为2N、1.4N、1N和0.8N，依次减小。为保证实验的严谨性，共进行3次重复实验，都发现了相同的规律。这说明与拉索平直的时候相比，拉索越陡峭，索塔越高，拉索受力越小，桥的承重能力就越强。

7. 改进与再制作

根据建议和实验结果调整设计图弥补存在的问题，进行改进与再制作。

（1）结构方面。

①增高索塔，使索塔和拉索之间的夹角变小，增加承重能力。

②增加索塔和拉索之间的连接点，由辐射型变为竖琴型，更有规则、更稳定。

③增加拉索和桥墩的数量。从12根拉索变为20根拉索，1个桥墩变为3个桥墩。

（2）外观方面。

①黏贴小灯带，使桥在夜晚更美观，贴合锦江夜游的主题。

②用有大学生运动会元素的剪贴画进行装饰。

制作：使用快递箱的瓦楞纸，画好线，裁剪成对应的索塔、主梁和拉索的零件，拼接、黏贴成完整的桥，最后进行涂色和装饰，完成最终的"大运筑梦桥"。

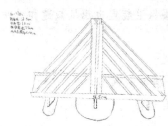

我校"夜游锦江，纸桥筑梦"科技项目式学习，历时2个月，各个项目组成员通过实地考察、精心选址、桥梁设计、科学实验、交流改进、美化造型，建成一座座精美的纸桥，并召开了成果展示会。在本次科技探究活动项目式学习中，我校秉持着"自主探究、实践创新"的精神，借助"科学探究活动中的项目式学习"来优化、整合学校、家庭、社区的资源和"大中小"科学学科与其他学科融合的探究活动以及"大中小多元学习时空"，践行"全时空"浸润式培养理念，培养学生的创新精神和实践能力。

【案例导入】

鸡蛋撞地球——我们的项目式学习
三年级（3）班侯瑞雪、王傲然、那庭诚、许晨轩、刘兮涛

前言：一颗鸡蛋，勇敢地冲向地球，但是悲剧并未发生，因为5个小不点创造了奇迹，他们就是——保卫鸡蛋少年团。今天我们要给大家隆重地介绍一下他们的项目式学习——鸡蛋撞地球。

一、项目背景

鸡蛋撞地球是初见于20世纪80年代英国科学促进协会青少年部组织的科技活动，利用生鸡蛋、降落伞材料、缓冲包装材料等制作装置使鸡蛋撞地而不碎。我们把这一项科技活动设计成了一个项目式学习，通过项目式学习来解决如何保护鸡蛋这样的一个实际的问题，让学生体验选择合适的材料的重要性，感受探究的乐趣，体会小组合作的智慧，逐渐养成大胆思考、小心验证的科学态度，同时在实践中培养团队合作精神，在公平公正的竞争中相互学习、相互提高、共同进步。

二、项目准备

1. 灵感来源

我们的灵感来源于神舟飞船的返回舱，保护航天员安全着陆的三大法宝及其作用是：降落伞起到减速作用，反冲火箭起到缓冲作用，缓冲座椅

也起到缓冲作用。于是我们的鸡蛋保卫装置也想从减速和缓冲两方面设计。

2. 制作材料

吸管做框架 —— 轻、有弹性。

泡沫球固定吸管 ——方便、缓冲效果好。

百洁布包装鸡蛋 —— 轻、有弹性。

棉线固定鸡蛋 —— 模拟卵系带。

塑料袋—— 降落伞。

美化材料：胶带、超轻黏土等。

工具：剪刀、小刀、热熔枪。

三、项目实施

1. 明晰问题

项目式学习的核心就是解决一个实际的问题，在鸡蛋撞地球项目式学习中，我们需要解决的问题就是如何让鸡蛋安全落地。

2. 确定分工

我们根据自身的特长，确定了五个人不同的分工，让我们来听听每个人的口号吧！

侯瑞雪（总控姐）：团队一心，其利断金！

王傲然（设计妹）：我的灵感一来，我自己都挡不住！

刘兮涛（制作哥）：好创意还需要哥的手才能变成奇迹。

那庭诚（材料兄）：只有想不到，没有我找不到的材料！

许晨轩（测试弟）：没有最好！只有更好！

3. 查阅资料

我们观看了大量的视频，有中央电视台的《我爱发明——鸡蛋撞地球》，有上海教育电视台的保卫鸡蛋科学实验，有节目《正大综艺·脑洞大开》中的——如何保护鸡蛋高空坠落不会碎，等等。同时，我们还查阅了很多力学方面的知识，也借鉴了航天返回舱的结构，获得了灵感。

4. 头脑风暴与设计

在查阅资料获得灵感的前提下，我们进行了头脑风暴，最终确定了制作方案：首先，用塑料吸管搭建多面体框架结构，把鸡蛋装进用百洁布做成的海绵减震装置中，再像鸡蛋中的卵系带保护蛋黄那样，用棉线将装有鸡蛋的海绵减震装置固定在框架结构中。最后，用塑料袋制成的降落伞装在鸡蛋保卫装置上，以此来减速。

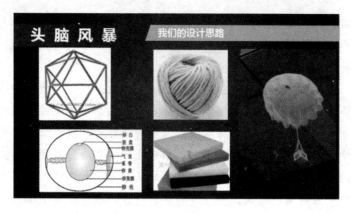

5. 初步测试—不断优化—反复测试—美化形成最终作品

作品完成后，我们进行了初步的测试。我们从三层楼将鸡蛋保卫装置扔了下来，鸡蛋完好无损，但是吸管有破裂和断裂的情况。看来这类吸管虽然轻巧，但是并不耐摔。之后我们换成了韧性更好的吸管，重新搭建框架，同时对作品进行了美化。汗水和失败带我们走向完美。最终的成品，既轻，保护效果也非常完美，你们看，它像不像一颗快乐星球啊！

6. 项目式学习的收获和总结

这次项目式学习，我们的收获非常大，不仅知道了延长鸡蛋与地面撞击时的相互作用时间可以通过选择各种缓冲材料包装鸡蛋来实现，也知道了降低鸡蛋撞击地面前瞬间的速度可以通过在包装容器上加起减速作用的降落伞而实现。

此外，我们还明白了团队合作的重要性：团队一心，其利断金！

【案例评析】

在项目式教学中，教师该做什么，不该做什么，这是每一位进入项目式教学的教师必须要厘清的问题。教师要明确自己的角色定位，首先要对项目式学习有清晰的认识。因为项目式学习是以学生为中心的学习方式，通过参与严谨的项目，学生会在收获深度知识的同时掌握 21 世纪的成功素养——批判地思考、分析信息的可靠性、与不同的伙伴协作、创造性地解决问题。

在项目式教学中，教师不再是负责传授知识、无所不知的专家，而是见多识广的指导教练、学习的引导者，以及整个探究过程的向导。鼓励学生积极地提问、保持好奇心进行深度的学习，积极创设鼓励每个学生发言的学习环境，是教师在项目式教学中应有的担当。在项目实施前，教师扮演的是设计师的角色，要根据学生的认知水平和课程标准要求，设计好项目及项目的呈现方式。一旦进入实施过程，教师就应该积极转变角色，化身为指导者，不能再事事亲力亲为了。因此，在项目实施过程中，教师应充分发挥学生的主体作用，引导学生在具体的项目实施中根据实际情况不断调整方案，以更好地实现项目的目标。

项目式学习是一种非常有效的以解决问题为研究点来促进学生深入学习的方式和手段，在整个项目式学习的过程中，学生的学习兴趣因与生活实际相联系而得到不断激发，兴趣引领下的学生会主动解决项目中的各个问题，在解决问题的过程中会发现更多新的问题，从而不断激励学生进行更深层次的学习和探究，这充分体现了学生为中心的教学理念。基于项目的学习就是这样充分为学生提供科学探究的机会，让他们在像科学家那样进行科学探究的过程中，体验学习科学的乐趣，增长科学探究能力，获取科学知识。

第三节 基于"问题解决"的深度学习与教科研转型

新一轮课改中，盐小东区基于"问题解决"的课题"利用微视频课程促进学生深度学习的实践研究"的课堂教学样态呈现出了学生在问题探讨中进行深度学习的关键作用在于培养学生的核心素养。问题驱动促进教师、学生发展已经成为新的教育教学理念，实现了教师由知识传授者到学习引领者的转变，实现了学生由被动接受者向问题探索化学习者的转变，真正实现了深度学习。教师的学科育人能力得到极大提升，促进了学生学科核心素养的形成和发展，更好地落实了"立德树人"根本任务。教师研修做到了超前思考、跨界思考，坚持素养导向、标准导向、问题导向，教师学科育人能力的提升，帮助教师获得"带得走"的理念和能力。

一、核心带动，分层管理

结合新的三年规划，实施校本龙头课题带动是盐小东区科研兴校的成功策略。学校核心课题代表着学校的办学理念、办学方向和办学特色，必须慎重确定核心课题和同一主题下各子课题的统筹安排以及动态管理，有效整合盐小东区的研究力量，使子课题紧紧围绕核心课题开展科研、教研、教学活动，保证课题研究方向聚焦，研究力量集中，研究成果更加显著。

学校办学如果没有特色规划、科研发展不聚焦就很难实现新课程改革下学校研与教的整合强化、特色凸显，所以我校的课题研究工作依据我校的实际状况，按照轻重缓急、难易程度，明确主攻方向，全校整体布局，统一规划，构成国家、省、市、区、校级五级课题组，做到"分层管理、核心带动"。我校的龙头课题"利用微视频课程促进深度学习的实践研究"是通过信息技术与教育教学深度融合创新来促进深度学习的实践研究。在此核心课题的带动下，我校多维度参与并主持了国家级子课题"核心素养下小学生阅读力提升的实践研究"以及两个成都市专项课题"新冠肺炎疫情下小学生居家心理调适的实践研究""针对疫情期间的小学美术网络教学研究"。区级课题"基于中泰交流共构双向研学旅行课程的研究"更是进一步完善了盐小东区的各级课题相辅相成的"塔式"结构。以作为"塔式"结构基础层的教师小专题"基于深度学习的小学高段数学易混易错题建设研究""基于部编版教材的低段儿童绘本阅读课程研究""STEAM 教育理念下的小学科学拓展实验开发研究""小学中段数学审辨思维培养的实践研究"等统一指向深度学习的课题系列，支撑龙头课题"利用微视频课程促进深度学习的实践研究"，明确以深度学习和核心素养为主题研究的主攻方向，整体布局。各课题组在专家的参与及组长的带领下进行了科学的开题论证，认真制定研究课题方案，有计划地开展课题研究，并进行记录、反思、总结、调整与展示汇报活动，初步形成我校的课题研究策略和框架。校级全覆盖的各个教师小专题的研究是促进教师个体成长、盐小东区科研整体提升的关键保障。我们还坚持立足课堂，让研究与课堂教学有机结合，形成从实践到理论、理论指导实践的辩证循环，营造特色，以应用性课题研究为主，边实践，边研究，边总结，不断探索，并上升为理论，构成以深度学习和核心素养为主题研究的课题引领、校级百舸争流的局面。

二、教学正育，科研反哺

（1）科研源自教学实践，科研成果也需要反哺到教学实践中。学年中，教师平时的课堂教学和所有的展示课主题要与自己参与的科研课题紧密结合，形成同一主题下的"实践—研讨—实践—提炼上升—回到实践"的"教学正育，科研反哺"模式，让教科研活动真正成为基于"教育教学问题解决"的教科研活动，实现学校基于学生深度学习的教科研转型，促进教师的发展。

（2）建立同一专题研究主题下的"教学实践＋研讨研究＋展示课"的科研模式。所有课题严格遵照"教学实践—研讨研究—理论提炼—回到实践"的科研闭合循环模式，模式中的每一个环节都要在同一科研课题的主题下进行，切实保证课题研究的逻辑性和科学性。在教学实践中发现问题，通过研究研讨提炼理论，再把提炼的理论反哺到教学实践中去。集体备课时间，选择采用同一主题下的"3＋1"或者"2＋2"的研教分配模式，在保证研教不分家的前提下，也能切实保证教师小专题研究集体研讨的时间和质量。研教结合促进教师建构深层意义的理解性教科研思维，促进教师的"从传统教科研模式进入基于深度学习的教科研模式"的转型。

（3）阻断教师教科研活动中出现的"个人智慧代替集体智慧"的现象，切实保障教师小专题研究集体研讨的质量。学校教科室将进入各个教师小专题研究的研讨现场旁听，每个参研人员都要发表自己的研讨意见。教师小专题研究中，参研人员要有分工也要有合作，最后的成果提炼要人人参与，研究活动和资料收集全部采用"署名制"，要形成实践创新的创生性教科研活动。教师小专题研究形成的成果（知识产品）要在教科室指导下在校内或较大的区域范围内进行分享和推广，要将研究成果中的教育教学规律、策略等运用到教学实践中，让教师基于原有的知识框架体系在成果反哺教学实践的过程中不断地修正与改进，实现自我知识与自我能力的更新，践行"理论指导实践—实践上升为理论—理论再次回到实践"的辩证循环，真正实现"教学正育，科研反哺"的研教高度融合。

（4）建立课题下的研讨沙龙，激发教师进行教科研活动的内在动机，解决教学实践中的实际问题，从而促进教师在学校教科研活动中进行深度研讨，改变教科研活动中的"除了课题负责人以外的其他参研人员很容易游离在研讨研究活动之外、教师的课题参与深度不够"的现象。学校以课题组为单位，就课题的研究主题进行"人人有学习，人人有分享"的课题研讨沙龙活动，保证课题组的每一位成员都要进行项目式学习后的科研输出。学校"和乐研修工作室"项目组的成员会分批参与各个课题组的研讨沙龙中，根据每个成员的沙龙发言做出评价，并将此作为教师科研工作的过程性考核评价的一环，从而避免在课题研究过程中出现"少数人的智慧代替集体智慧"的现象，以此来促进每一位教师科研能力的提升。

案例一：

动手做（二）教学设计

庄　敏

环节	教师活动	学生活动	提供支持
创设情境，激趣导入	今天，淘气、笑笑、奇思和妙想来到智慧老人的家里做客，他们在智慧爷爷的家里发现了非常好玩的东西，我们一起去看看吧！（播放微视频） 淘气等在智慧老人的家里发现了什么好玩的？后来演变成了什么？ 七巧板是我们祖先的一项卓越创造。今天，世界上几乎没有人不知道七巧板，作为中国人，我们应该为这项伟大的发明而感到骄傲！ 七巧板如此好玩，那小朋友们想去玩一下吗？	学生倾听、了解七巧板的由来、历史，简单了解七巧板演变过程及用途 有趣的桌子 七巧板 想	兴趣是最好的老师。《数学课程标准》指出，数学学习必须从学生的生活情境和感兴趣的事物出发，为他们提供参与的机会，使他们感到数学就在身边，对数学产生亲切感。通过创设故事情境，从而使学生产生情绪高昂的学习需求，积极投入认识七巧板的活动中
探索新知，认识七巧板	1. 七巧板的组成 为什么我们要把这几个图块叫作七巧板呢？ 观察七巧板，它是由哪些图形组成的，你能在里面找到我们学过的图形吗？ 你怎么判断出它是三角形的？ （板书：贴三角形） 你还从七巧板里发现了哪些我们学过的图形？ 你怎么判断出它是正方形的？ （板书：贴正方形）	因为有7块板 非常有趣、巧妙 三角形，1、2、4、6、7号是我们学过的三角形 尖尖的 我发现了正方形，5号是正方形 它是方方正正的	这个设计是有意让学生运用已学过的知识结合自己的理解来了解七巧板的组成。进一步熟悉学过的平面图形并初步认识平行四边形。这不仅使旧知识得到复习，还使学生意识到知识是互相联系的，同时培养了学生的观察能力

环节	教师活动	学生活动	提供支持
探索新知，认识七巧板	小朋友们真厉害，在七巧板里找到了我们学过的三角形和正方形，那这里面还有没有我们没学过的图形？	3号没学过	
	3号是我们今天要认识的新朋友，它的名字叫作平行四边形，和庄教师读一读，平行四边形 （板书：贴平行四边形）	平行四边形	
	请小朋友们仔细观察，这个平行四边形和我们之前学过的哪些图形比较像啊？	正方形、长方形	
	那它和正方形、长方形相比有什么不一样的地方吗？	正方形是方方正正的，长方形是长长的，而平行四边形有两条线是斜斜的	
	小朋友们的眼睛真亮，真会观察，现在记住平行四边形是什么样的小朋友坐直。我们的七巧板中几号是平行四边形？	4号	
	我要出几道题考考大家，愿意接受挑战吗？ 2. 练习 七巧板由_____种图形组成，其中有_____个三角形	愿意 由3种图形组成，三角形、正方形、平行四边形	
	哪两个图形完全一样？ 什么叫作完全一样？形状一样吗？那1号和4号都是三角形，它们完全一样吗？ （板书：贴1号、2号，4号、6号）	形状、大小都一样 1号和2号完全一样，形状都是三角形，大小一样，所以完全一样 4号和6号完全一样	

环节	教师活动	学生活动	提供支持
动手操作，深入探究	1. 独立拼正方形 现在小朋友们已经认识了七巧板，想玩一玩吗？ 那我们一起来玩一玩！ 我们说七巧板非常巧妙，它可以不停地变化，下面我们来进行第一场魔术比赛，请同学们从七巧板中任意选择几块板，看看用它们能拼出我们学过的正方形吗？ （师巡回指导） 指定学生上台拼一拼，展示不同的拼法。 （学生上台拼正方形） 2. 小组合作，拼三角形 刚才我们用七巧板可以变出这么多"魔术"，还想玩一玩吗？ 难度升级了，现在请小朋友们和同桌两人小组合作，利用七巧板拼出三角形，至少找到两种拼法 选同桌两人上台，展示不同的拼法 总结三角形拼法（两块板、三块板、四块板、五块版、七块板）	想 能 学生动手操作拼正方形 学生边演示边介绍自己是用七巧板中的哪几个图形来拼的，其他小朋友当"小教师"判断拼出的正方形是否正确 想 学生小组合作交流，找到至少两种拼法 学生边演示边介绍自己是用七巧板中的哪几个图形来拼的。其他小朋友当"小教师"判断拼出的三角形是否正确	学生的个性不同，智力水平、身体素质、情趣爱好都有差异，为学生创设自由、民主的氛围，突出学生的主体地位。开展魔术比赛，可以激发学生的学习热情。通过自己拼摆，建立表象认知 使学生积极参与拼摆活动，不仅可以培养合作学习的精神，而且可以达到互相学习、互相补充的目的。将学生的各种拼法展示出来，有利于学生观察、比较，培养学生的求异思维

续表

环节	教师活动	学生活动	提供支持
欣赏美图，发挥想象	1. 照样子，拼一拼 刚才小朋友们变了这么多魔术，我也给大家变个魔术，一起来看一下 （用幻灯片出示小房子、小鸭子、舞蹈的人、"七"字、"巧"字等图，让小朋友们猜一猜） 七巧板不仅可以拼出我们学过的图形，也能拼出动物、人物、植物，还能拼出我们学过的汉字，这说明七巧板非常有趣和神奇 小朋友们想试试神奇的七巧板吗？ 出示图片，请小朋友们从这几幅图中选择一幅最喜欢的，照样子拼一拼，请同桌猜一猜你拼的是什么？ 师巡视并指导 公布图案名称 2. 拼图大赛 七巧板除了能拼出刚才出现的图案，还可以拼出各种各样的图案。现在我们进行一个拼图大赛，利用你的七巧板拼出一个你喜欢的图案，并让同桌猜一猜，然后给它取一个好听的名字，看看谁最有创意。	学生猜图 想 独立拼图，同桌相互辨认 发挥想象，独立拼图，同桌交流 学生上台介绍设计作品的名称，以及它是用了七巧板中的哪几个图形拼成的？为什么想拼这个图案呢？	使学生进一步感受到七巧板的神奇与有趣。照样子、拼一拼，为后面的创造性学习做好准备 这部分的时间完全属于学生，给他们一个自由结合、自由想象、自由学习的"自由世界"，使不同能力的学生有不同的发展。让学生在操作、展示、交流中直接发展审美想象力、审美情感活动能力和审美评价能力，在学习过程中潜移默化地培养其审美情趣与合作交流的能力

环节	教师活动	学生活动	提供支持
巩固 练习	1. 练一练 小朋友们觉得七巧板神奇吗？七巧板不仅可以拼图案，还能讲故事呢！我们一起来看看这个故事《守株待兔》。 （播放视频） 刚才视频里讲了一个什么故事？ 我们还可以用七巧板把这个故事讲出来 四人一小组，合作拼出守株待兔的故事 师巡视并指导 请学生上台表达 2. 生活中的应用 七巧板在生活中有哪些应用呢？ （用幻灯片展示七巧板在生活中的应用）	神奇 守株待兔 小组合作完成"守株待兔"的故事 上台表达	锻炼学生的语言表达能力 联系生活实际，寻找生活中的数学知识
课堂 小结	小朋友们，你们觉得七巧板有趣吗？ 你喜欢七巧板吗？ 你想对七巧板说些什么？ 七巧板千变万化，为我们展现了一个奇妙的世界。只要大家善于观察，勤于动脑思考，就会拼摆出更多更美的图案，大家都能和七巧板成为好朋友	有趣 喜欢 七巧板谢谢你！让我看到了这么多美丽的图案 （自由发言）	培养学生语言表达能力的同时使学生进一步体会到七巧板的神奇

在学习本节课前，学生已有用正方形、长方形、三角形、圆等形状的纸拼出一些简单、有趣的图形的经验，这是本节课学习的前提。对于教材中的七巧板，学生并不陌生，大多数学生自己有七巧板，或是玩过七巧板，能正确地数出七个图形，也能找出其中完全一样的图形，基本上会拼摆比较简单的图形。本节课就是在此基础上，借助拼七巧板的活动来帮助学生巩固认知几种平面图形，并利用已经学过的图形创造出独具个性的新图形，同时还引导学生对七巧板进行比较。这些活动有助于发展学生的空间观念，体会图形之间的关系。学生积极参与到拼摆活动中，不仅可以培养合作学习的精神，而且可以达到互相学习、互相补充的目的。将学生的各种拼法展示出来，有利于培养学生的求异思维。

最后的"拼图大赛"时间完全交给学生，给他们一个自由结合、自由想象、自由学习的"自由世界"，使不同能力的学生有不同的发展。让学生在操作、展示、交流中直接发展审美想象力、审美情感活动能力和审美评价能力，在学习过程中潜移默化地形成审美情趣、合作交流的能力。

但在动手拼各种图形的过程中，学生的训练还不够，没有给学生充足的时间去思考，实际操作中学生并不能很轻松地拼出书中的各个图形。因此，在今后的学习中应该加强这项训练，多让学生进行动手操作。

学习平行四边形的过程所花时间太少，学生了解得很片面，没有让学生充分理解平行四边形两条斜边的特点，所以在对正方形、长方形和平行四边形进行比较时，学生没有清楚地说出其区别。在后面的教学中，特别是新知识的教学中应注意细节，把基础知识详细化，联系生活，让学生自己去体会其特点，这样学生才会理解深刻、记忆深刻。

教师层面

问题设置独具匠心，引导学生层层深入。教师通过设置问题串，让抽象的几何知识与学生现有的感知能力接轨，把知识点用一种喜闻乐见的方式传递给学生，使学生能学且乐学。本节课的一大特色是通过学生拼摆七巧板的活动，使学生能够更好地认识和理解几何知识，从而积累有关拼图的经验。

学生层面

通过动手拼摆七巧板，能激发小朋友的想象力，拼出更加有创意的图形。通过动手拼一拼，层层递进地解决教师提出的问题串，学生对图形的组合、分解有了一定的认识，而本单元《认识图形》又提供了三角形、正方形等图形的基本知识，让学生初步掌握了图形知识，也为后续学习几何知识打下基础。

专家意见

（1）教师教导有方。通过用七巧板拼图的活动，使学生初步认识平行四边形，进一步熟悉学过的平面图形。

（2）培养学生的思维能力、初步的空间观念、动手操作能力和创造力。

案例二：

莱西回家之路——《灵犬莱西》导读课
曾 岚

1. 细读开头，抓暗示性语言预测

（1）今天，老师将和同学们分享一本书，名字叫《灵犬莱西》。

（2）莱西是一条苏格兰牧羊犬，是这部长篇小说的主角。读长篇小说，读懂开头至关重要。今天第一个环节就来学习怎样读懂开头。老师给大家几分钟的时间迅速浏览发给大家的第一章节，找出关键信息填在后面的表格里，并完成问题。

（3）交流问题：这条狗在这个村子里很出名的三点原因是什么？

（4）这是咱们捕捉到的关于这条狗的信息，非常重要。好，接下来，我们来梳理表格里的其他信息。其中，你觉得最需要关注的信息是什么？（卢道林公爵很想买山姆家的狗）

（5）以上就是我们从文章开头捕捉到的信息。同学们，第一章的最后还有一段很重要的话没有呈现。（出示课件）

（6）看看这段话，想一想这个开头似乎在暗示着什么？抓关键词，结合我们刚才了解的信息，推测故事会如何发展。你是从哪儿猜出来的？

（7）咱们是不是猜对了呢？抓住一些具有暗示性的语言可以帮助我们预测故事情节发展。（板书：暗示性语言）

（8）这就是读长篇小说的开头。第一，我们要捕捉关键的信息；第二，根据暗示性的语言大胆预测。

2. 分析形象，抓人物性格特点预测

（1）我们接着往下读，莱西被卖到卢道林公爵家后，因为思念乔，它数次逃跑，第一次公爵把它关在犬舍里，那是一个很高的犬舍，围栏足有两米高，于是莱西悄悄地挖了一个坑，从围栏下钻出来偷跑了，准时来到学校门口坐着，接乔放学，结果被乔的父亲山姆送了回去；第二次看守她的人在她上次挖坑的地方埋上了铁丝网，没想到莱西拼命地抓挠、撕咬，咬破铁丝网又挖了一个坑逃跑了，又准时蹲坐在乔的学校门口，但它又一次被山姆送回了公爵家；第三次看守者用更粗的铁丝加固了围栏，又在旁边打上了结实的木头桩子，这次不管莱西怎么抓挠，都无济于事。它在犬舍里四处尝试，结果它想到了一个好办法：从另一端快速起跑，利用冲劲跳上围栏的半腰，用爪子抠住看守者加固的铁丝网，再艰难地用自己的爪子一点一点费力地爬上去，它终于成功地翻越围栏逃了出去，赶上了乔放学的时间。通过看这三次逃跑，你们觉得，这是一条怎样的狗？有着怎样的性格特点？（忠诚、守时、不怕困难、不放弃……）

（2）可惜，莱西还是被遵守交易规则的山姆送回了卢道林公爵处。这一次，公爵干脆把她带到了遥远的苏格兰。那是什么样的地方呢？我们来看看地图。（出示课件）苏格兰在英格兰的北部，公爵的庄园在苏格兰最北部，而乔住的这个地方叫格林奥桥村，这两个地方的直线距离是400英里。而实际路程里有荒野，有山坡，有河流，有湖泊，要兜兜转转，至少得走1000多英里。1000英里是什么概念呢？换算成我们用的单位，差不多是1609公里，这大概要走多久呢？举个例子，北京到成都的距离约1800公里，现在我们开车走高速公路都差不多要一天，走路的话走上2个月都不一定能到得了。而且我们人有交通工具、有导航仪器，莱西却什么也没有，被带到了离家这么远的地方，它会怎么办？根据前文中你们对莱西的认识，你们推测接下来会发生什么？为什么你有这样的预测？（板书：性格特点）

（3）让我们来看看大家的预测对不对呢？（出示课件）所以说，按人物的性格特点来推测情节也是很科学的，因为面对同样的情况，不同性格的人可能会做出截然不同的选择。

3. 联系上文，结合生活环境预测

（1）莱西跋涉千里，回到了小主人的身边，让我们继续大胆推测：它从苏格兰的庄园回到格林奥桥村的一路上，可能会遭遇哪些困难？请大家认真阅读下面的提示段落，以其中出现的内容为依据进行预测。

（2）生交流自己的预测：雷雨、闪电、荒野、饥饿、追捕、疾病……

（3）咱们已经预测了很多个莱西可能会遇到的困难，你们的猜测对吗，它到底经历了怎样的路途？让我们一起看这段视频。

（4）你们猜对了哪些情节？猜到了莱西生病、受伤、被抓……看来根据生活环境推测故事发展也是非常可靠的。（板书：生活环境）

4. 设置悬念，根据情感走向预测

（1）师配乐读：一路艰辛，一路跋涉，经过了7个多月的日日夜夜，莱西终于在平安夜回来了，终于到达校门口那个属于它的地方，瘫倒在地，一动不动了。它是那么虚弱，它想抬起头，但抬不动；想摇摇尾巴，伤痕累累的尾巴上挂满了荆棘和苍耳。父亲山姆跪在莱西身边，摸着它那消瘦的骨架。终于，父亲开口说："是肺炎，现在它的身体非常虚弱，挺不住了……"整个晚上，乔坐着看它。莱西直着身子躺着，唯一活着的迹象，是那微弱的呼吸。他一次又一次轻轻地呼唤着它，一次又一次默默地祈祷着，祈祷莱西不要离开……此时此刻，乔会在心里对莱西说些什么呢？看着拼了命都要回到主人身边的莱西，父亲山姆的心中又会想些什么呢？

（2）值得庆幸的是，后来，在山姆一家的精心呵护之下，莱西真的活过来了。到这里，这个故事并没有结束。卢道林公爵发现莱西不见了，他会怎么做？父亲山姆每次都把逃跑的莱西送了回去，这次他又会怎么对待长途跋涉回家的莱西？让我们根据本书的情感走向大胆地推测，你觉得结局有可能会是怎样的？

（3）那么结局到底是怎样的呢？我不告诉你们。同学们可以自己去读这本书，你会读到更多精彩的情节。如果书读了，不过瘾，你还可以看电影，有两个版本，都拍得非常好。大家可以边看边对比，是书写得好，还是电影拍得好。

5. 看微课，总结预测阅读策略

我们常说"授之以鱼，不如授之以渔"。曾有人说过："导读的使命就在于教师如何千方百计地让儿童喜欢阅读一本本陌生的好书，进而自主、投入地反复阅读。"然而，导读课的目标如果仅仅是"导兴趣"，则完全没有必要花上四十分钟的宝贵时间。三五分钟或者十来分钟也就足够。我觉得，导读课，特别是小学高段的导读课的核心任务，在于"导策略"——通过试读精彩片段，让学生掌握阅读这本书的某一方面的策略。

教师层面

法国著名作家、哲学家萨特曾说过，"阅读时你在预测，也在等待。你预测句子的末尾，预测下一个句子，预测下一页书。你等待它们来证明你的预测是否正确"。的确，阅读的过程，就是不断预测与验证的过程。尤其是阅读侦探类或者悬疑小说，就是根据书籍里的线索并结合生活经验不断预测的过程。其实，预测阅读，是一种高级阅读策略。在阅读策略系统中，完整称呼是"预测与推论"——根据已有的信息对故事的结局、情节的发展、人物的命运、文章观点等多方面进行预测和验证。可以说，熟练地运用预测阅读的策略，可以让阅读像探险一样有意思。

那么，怎样引导学生合理预测呢？看封面预测、看目录预测、看内容提要预测、看插图预测等，都是常见的预测策略。

学生层面

一步步引导学生推测故事情节发展来感受阅读的乐趣，增强阅读兴趣。从学生的情感状态和学习行为审视，这节课的导读目标完全达成。从"导兴趣"转向"导策略"，不仅是必要的，也是可行的。预测阅读，教师就像一个向导，带领着学生在书籍的世界探险，领略阅读的乐趣。

专家意见

曾老师在这节导读课中重点渗透了预测阅读的四种策略。

（1）根据开头的暗示性语言预测。

长篇小说的开头，在整部作品中起着至关重要的作用，其往往交代故事发生的环境、时间、相关人物以及重要线索。而且，很多长篇小说，在开头常有一些暗示性话语，这些话语，往往暗示着故事的走向，预示着人物的命运。抓住这样一些暗示性的开头，大胆预测，美好的阅读之旅便悄然开启。本课教学的第一个板块，就是让学生在细读开头的基础上，捕捉重点信息，然后根据暗示性的语句，去预测整个故事的走向。从学生的课堂发言来看，他们是能够抓关键词句，做出相对准确的预测的。

（2）根据人物性格特点预测。

"一千个读者就有一千个哈姆雷特。"同样，一千个人物角色，就有一千种面对岔路口的抉择。不同的人物性格，在面对一模一样的问题时完全可能做出截然不同的选择。因此，根据人物的性格特点推测后文情节发展是预测的重要策略。本课第二个片段就是基于阅读的这一特质设计的。在阅读过程中，学生根据莱西的三次逃跑对狗的脾性有了基本了解，然后参与预测，结果都正确地推测到了莱西会坚持不懈地克服一切困难跋涉千里，回到小主人的身边。

（3）根据生活环境预测。

预测，并不是胡思乱想，而是依据相关的线索和信息进行的。除了人物形象本身对事件走向的决定，周边的自然环境和社会环境都在或直接或间接地对故事情节产生影响。因此，本节课的第三个预测阅读策略，聚焦"根据生活环境预测"。让学生根据文中对莱西返家地形地貌的描述，以及对社会环境的描写，结合生活经验，进行大胆预测。实践证明，学生们所预测的种种困难，和原文几乎如出一辙。有了这样的预测，学生们再次阅读这本书时，容易和文本产生强烈的共鸣。

（4）根据情感走向预测。

每一本书，都有它的情感走向和情节脉络，根据前文的情感铺垫和已有的线索，去预测故事高潮或结局，也是一种很重要的预测阅读策略。本课最后环节，教师借助视频展示人犬深情，师生被深深卷入，情感达到新的高点。教师的动情描述吸引了所有孩子，有好几个孩子都流下了感动的热泪。这时，再让学生走出文本，根据书的情感走向和已有线索，让学生预测大结局，便是水到渠成之事。学生不同的预测，印证了预测阅读的魅力。当然，一般情况下，学生充分预测之后，教师不要当堂公布真相，留有悬念是最好的。

三、教师向学习型、研究型转变

深度学习课堂模式跃出了大部分教师以往的教学模式舒适区。在实践过程中，教师把课堂还给学生后，最初会对教学进度、教学实效产生犹疑，担心学生成绩下滑等种种可能，个别教师有走回头路的现象。

一个教师的成长需要持续的、深度的学习，学校必须注重教师个人专业化的内涵发展。近几年，盐小东区由教师发展室和教科室牵头，组织建立教师个人成长档案，印制教师成长记录册。教师自主制定个人成长计划，通过自主学习提高理论水平、提高课堂教学艺术、提高教学效果，力争达到学习型、研究性、专家型教师。另外，在课题引领下，学校还坚持实行教学反思制度，教育工作实际上是一个需要精耕细作的劳动，反思课堂教学心得、学情问题解决情况、潜在问题分析、学生学习能力评估等，能帮助教师养成理论学习和实践反思的习惯，促进教师课程开发和建设能力的提高，使其日常教学工作和教学研究、教师专业成长融为一体，帮助教师形成在促进学生深度学习状态下的职业生活方式。研究的深入让全体教师对深度学习有了更加深刻的理解。我们认为，深度学习是一种内源性学习，是在理解学习的基础上，学习者通过批判性的吸收、重构与迁移，达到解决实际问题的一种学习样态，是学科核心素养在课堂教学中落地生根的重要途径。

案例三：

《京韵》教学设计
陈传喜

1. 播放歌曲《说唱脸谱》

2. 导入新课

（1）刚才这段音乐叫什么题目？（《说唱脸谱》）

（2）你们在哪里看到过脸谱？（在戏曲里）

（3）了解戏曲知识：戏曲在我国具有悠久的历史，它是一种综合艺术，是集文学、音乐、美术、表演、武术等为一体，是我们传统文化的重要组成部分。我国戏曲剧种有三百余种，京剧是其中最具影响力的一种戏曲。

（4）谁能说说"京剧"中的"京"代表什么意思？（北京）

（5）那么你们知道"京剧"是怎么形成的吗？

（6）京剧的真正源头在安徽，它的前身是安徽的徽剧。清乾隆五十五年（1790）起，原在南方演出的几大徽班相继进入京城演出，他们吸收了汉调、秦腔、昆曲等剧目曲调和表演方式，融合、演变出一种新的声腔，称为"京调"。晚清民国之际，上海的戏院全部为京班所掌握，"京剧"之名逐渐为大众认可。

（7）你对京剧有哪些了解呢？

（8）让我们从以下几个方面来了解一下京剧。

①京剧服装：哪个同学说说京剧的服饰包括哪些？（京剧服饰包括一衣——外套；二衣——里面穿的和靴子；三衣——佩饰及其他装饰物件，用箱或盒装）（出示头饰、靴子、服饰等图片）

②京剧脸谱：脸谱是京剧特有的舞台化妆艺术，主色一般象征某个人物的品质、性格。

红脸——表示忠勇正直，如关羽。

白脸——表示奸诈狠毒，如曹操。

黑色——表现刚正不阿，如包公。

蓝脸和绿脸——中性，表示草莽英雄。

金脸和银脸——表示神秘，代表神妖一类，如孙悟空。（讲解的同时出示脸谱）

③票友（粉丝）经常参加看戏和演出活动，会唱戏但不收钱，有时还自己倒贴钱。据说慈禧太后作为票友，专门为看戏而搭过7米高的戏台。京剧的票友一般在演员出场或者演出精彩的部分在台下喝彩叫好。

（练习：老师唱一句，学生喝彩和叫好）

3. 京剧的行当（角色）

以多媒体演示，教师讲解。

京剧根据人物的性别、个性把人物分成四大类，称为四大行当。

生：男性正面形象，可分为老生、小生、娃娃生、文生和武生。

旦：女性正面形象，可分为青衣、花旦、武旦、老旦。

净：性格鲜明的男性人物，可分为花脸、武花脸。

丑：滑稽、幽默、机敏、活跃的人物，可分为文丑、武丑，女性可叫丑旦。

4. 京剧的功夫，即京剧的表演形式

（1）京剧不仅在角色上内容丰富多彩，还有形式多样的表演形式，我们一般把它叫作四大功夫，即唱、念、做、打。

①唱：演唱。

②念：念白，具有音乐性，像唱歌。

③做：只表演，不出声，有节奏性，像舞蹈。

插入介绍锣鼓经《慢长锤》。

念：	仓切	台切			仓切	台切	
鼓：	X X X X				X X X X		
钹、木鱼：	O X O X				O X O X		
锣：	X	O			X	O	
小锣：	X X				X	O	

练习锣鼓经的演奏方法，并抽几个同学跟老师配合演奏，抽几个同学在锣鼓经的伴奏下在教室里走圆场。其余同学当票友，在座位上喝彩叫好。

④打：打斗时的表演动作。（介绍，看微视频）

（2）欣赏《华容道》片段，请学生分辨四大功夫。

一边来欣赏演员的精彩演出，一边分辨四大功夫，并请全体学生做票友，在精彩的地方鼓掌、喝彩、叫好。

教师做适当的旁白介绍。

5. 欣赏《都有一颗红亮的心》

（1）初步感受现代京剧《都有一颗红亮的心》。

（2）简介剧情后，再听，感受剧中人物的高尚品格。

（3）分句学唱，体验京剧的韵味。

①提醒学生用假嗓演唱，音量不要太大。

②适当点拨每句的情绪的起伏。

③拖腔出，要提醒学生仔细聆听、认真模仿，这是唱出京剧韵味的关键。

④随录音完整地跟唱。

6. 介绍京剧的发展，激发学生对京剧的自豪感

京剧已经有二百多年的历史，但它始终随着时代的进步而不断发展。在现代，京剧除了古装的传统戏以外，还编了许多现代戏，像著名的《红

灯记》《沙家浜》《智取威虎山》等，它们的唱腔并没有变。京剧被外国人称为东方歌剧，还有的被改编成歌曲，很受大家欢迎，像《说唱脸谱》《我是中国人》等已传唱大江南北。同学们可在课外多听、多看、多学，为弘扬我国传统的京剧艺术出一份力。

教师层面

京腔京韵对于南方学生来说比较陌生，教师这方面的知识也比较浅显，为了上好这一课，教师课前查阅大量资料，知道了传统京剧、现代京剧以及通过改革演变成的戏歌；知道了西皮快板、生旦净丑；知道了京剧的服饰、脸谱、角色；知道了水袖、上马、推门、挂画、驾舟等表演方式；也知道了京剧与民乐、歌曲、舞蹈等艺术相互融合呈现出的风采。教师由传授型转变成学习型。为了让学生们能更好地体验京剧艺术的魅力，教师还需要通过视频方式学习基本技巧，以吸引学生们的学习兴趣。

学生层面

通过体验式以及对教师提出问题的层次思考，使学生从原来的不喜欢到喜欢，从喜欢到感兴趣，学生收获的不只是学会几句唱腔，表演几个动作，走了几圈台步，更多的是对京剧艺术的喜爱，对音乐、对美好生活的追求。通过学习模仿亲自体验到京剧的唱念做打，亲身体验到国粹的魅力和对祖国传统文化的了解和热爱。

专家建议

艺术课需要全才教师。教师课前要做大量的功课，才能使得课堂氛围变得活跃而不失控，学生通过参与体验获得真实感受和体验，微视频课程以及有趣的图片让学生在美的氛围中进行探究，和谐的音乐课堂促进了师生共同进步。

通过对深度学习的研究，学校在利用微视频课程为突破学生学习的关键节点，有效促进学生在深度学习上取得了长足的进步：全体教师统一了思想，转变了观念，明确了微视频课程及深度学习的内涵和研究的价值；初步形成了利用微视频课程促进学生深度学习的三阶问题解决实践模型；根据问题解决的"三阶"，归纳梳理了促进学生深度学习的微视频课程的类型；同时依托课例，研究微视频课程对学生深度学习的促进作用。

案例四：

品三国，惜英雄——《三国演义》阅读交流课教学设计

覃 聪

1. 歌曲导入，激发情趣

师：我们课外阅读了《三国演义》，现在一起听听电视剧《三国演义》的主题曲，它的歌词也是小说的卷首词——《临江仙》。

2. 了解本书基本情况

《三国演义》读得怎样？先出几题考考大家？

(1)《三国演义》的作者是谁？

(2)"三国"指哪几个国家？三国鼎立时他们的君主分别是谁？

(3)"宁教我负天下人，休教天下人负我"是谁说的？

(4)"既生瑜，何生亮"是谁的临终一叹？

(5)水镜先生所说的卧龙和凤雏分别是谁？

3. 品味英雄形象

(1)同学们，你心目中的三国英雄是谁？

(2)冰心奶奶七岁读《三国演义》，她这样说：我第一次读到关羽死了，哭了一场，把书丢下了。第二次再读到诸葛亮死了，又哭了一场，又把书丢下了。

(3)这两个英雄人物有哪些故事也让你牵肠挂肚？

4. 关羽

(1)说说武圣关羽的故事？

(2)这些故事中，关羽给你留下了怎样的印象？

(3)忠肝义胆关云长，你是从哪些故事感受到的？

(4)袁本初败兵折将，关云长挂印封金。

(5)美髯公千里走单骑，汉寿侯五关斩六将。

(6)关云长义释曹操。

5. 诸葛亮

(1)现在来说说智绝诸葛亮的故事。

(2)这些故事中，诸葛亮给你留下了怎样的印象？

(3)你从哪些故事感受到的？

(4)草船借箭。

(5)火烧赤壁。

　　（6）空城计。

　　（7）读《蜀相》。

　　（8）同学们回忆一下，刚才我们在分析诸葛亮这个人物时，是采用什么方法来品味的？（理清故事情节、把握人物形象、品味精彩语言）

　　6. 教师总结

教师层面

　　（1）声影激趣，营造氛围。《三国演义》原著是文言文，学生读起来较困难，因此，教师借助影视主题曲《滚滚长江东逝水》，带领学生进入金戈铁马的战争场景，增强了学生阅读兴趣。

　　（2）趣味先导，引导回顾。教师以与《三国演义》有关的趣味歇后语、问答题引入，让学生饶有兴致地回顾精彩情节和书中众多人物形象。

学生层面

　　整本书阅读的"整"具有整体、完整的意思。从"质"上来看，既包括对整本书的故事脉络和理论体系的全盘把握，也包括对组成故事的框架、情节或理论支撑点、论点的了解。"本"在这里不仅仅指一本书，还指一系列相关的书。"阅读"，可以是深读、浅读，也可以是精读、略读，还可以是课内阅读和课外阅读。

专家意见

　　读书交流对学生的课外阅读兴趣有着重要作用，教师指导学生阅读时，要对阅读主题的个性特征做充分了解，掌握第一手资料，针对各自差异有的放矢。引导学生根据自身特点，选取合适的阅读方式，提高阅读效率。对学生的阅读提出明确要求，养成做读书笔记的良好习惯。教师注重引导学生抓住关键句子和有代表性人物，如诸葛亮和关羽，抓精彩情节感悟英雄形象。不足之处为应更加精心地筛选视频内容，其画面不太清晰，且音效不佳。

四、教科研转型促进教师整体科研素养的提升

　　通过深度学习的课程研究，学校为教师构建了专业成长的平台，促进了教师的二次成长。学校把教师专业发展作为管理关注的焦点，作为学校可持续发展的工作重点。制度建设是促进教师深度学习、实现教师二次成长进而培养名师的有力保障。

　　提高校本研修质量。在搞好传统教研活动的前提下，教研活动不再是单一地传承教学经验、统一教学目标进度和规范教学行为，而是建立了专业引领、直接对话、同伴互助、分享交流的研修制度。这实现了从实践到理论再指导实

践的行为过程，从而打造有效课堂并提高教师专业水平。

完善教学反思制度。深度反思要求教师养成理论学习和实践反思的习惯，促进课程开发和建设能力的提高，使日常教学工作和教学研究、教师专业成长融为一体，形成深度学习状态下的职业生活方式。

建立骨干教师培训制度。现代骨干教师应能引领教研朝校本研修方向转化，并能够带头突破教学改革中的典型难题。在青蓝工程中发挥骨干教师示范作用，促进师资队伍整体水平的提高，从专业技术提升到专业精神和专业境界提升，从而增强社会对教育的信心，强化教师专业素养提升。

课堂教学研究促进学生的发展，也成就了教师的成长。通过课题研究的实施，学校教师在各级各类微视频课程评比、创新互动大赛及各类赛课说课等活动中，均取得不错的成绩，微视频课程在学科教学中的运用区级研讨活动在我校进行；来自北京和四川的金堂、甘孜、凉山、富顺、达州、炉霍等多地的兄弟学校多次到校参观学习，学校就微视频课程在学科中的运用做专题发言。在全国创新互动课堂大赛、省市区各级微课大赛、一师一优课比赛、锦江好课堂大赛、盐小教育集团青年教师赛、四川省首届微课大赛等活动中，学校有近一半的教师分获一、二、三等奖。学校部分骨干教师如练雪、王燕、邵雨、崔志娜、何艳、曾晓英、罗蓉等20多人分别赴金堂、炉霍、阿坝等地的兄弟学校送课送教，并就学科课堂的研究做专题讲座。刘建周、赖晶、林源、罗蓉、王燕等50多人在省市区各级各类论文评比、案例评比中获得多项奖项；多名教师受聘参与兼职教研员工作，团队教研、学科研究能力和具有学科引领性的教师培养初见成效。

展望 以全时空育人理念推动学生主动学的课堂研究

"教学时空壁垒、师生互动隔阂、课程育人堵点是目前学校课程建设和教学研究面临的突出问题。学生在哪里，教育就应在哪里。"①

在学校2020—2022年的三年发展规划中，学校也明确提出：以学生为中心的学习不仅限于有围墙的学校，更应该拓展到校园之外的家庭和社会中。如何从课程整体架构的视角推动教学研究向纵深发展？学校将继续深耕课堂，以学生主动学的课堂样态研究为抓手，逐步构建基于学科教学的"小课堂"、基于学校生活的"中课堂"和基于家庭社会的"大课堂"，思考育人目标在学校课程建设和课堂研究中的落地方式。

学校"全时空育人"理念丰富了育人的参与面，其充分利用各种教育的载体，通过育人的多样途径和手段，对学生进行引导和教育，蕴含在教育教学的全过程和学生成长成才的全过程。

前期，学校在整合推进学校三级课程、提升课程整体育人功效上做了一些探索，取得了显著的成绩：学生课程体验丰富多元，学生成长生动，教师课程领导力明显提升，学校教育教学质量显著提高，社会认同度和美誉度日益提升。新形势下，特别是在"十四五"教育规划实施的大背景下，实现五育并举、学科融合，还需要在学校课程建设的不断优化和完善上寻找到课程育人的切入点和增长点，让学校的课程设计和课程实施真正落实到对人的关注上，帮助学生在课程的学习中逐渐获得关键能力，习得必备品格。

前期探索中，无论是和润教学的实践研究，还是问题驱动下的支持性教学研究，以及利用微视频促进学生的深度学习，其出发点多落在研究教师如何教，较少关注未来学习和学生发展。因此，在经历了三轮的教师如何教的重点研究后，学校已将研究的视角逐步转向学生如何主动学的研究中去。

---

① 摘自《以全时空教学 全过程互动 全课程育人实现守正创新》，作者：南宁师范大学马克思主义学院院长、教授曾令辉

我们认为，学生学得主动，主要表现在以下四个方面。

一是学生的学习兴趣浓厚。兴趣是最好的老师。课堂中，学生的学习情绪高涨，学习热情持续，是学生主动学的最直接表现。

二是学生的学习过程主动。主动的学习样态表现在学生对学习的内容感兴趣，对学习的方式能参与，对学习的探究能深入。只有让学生"身在其中"学习，才能让学生真正有所得。

三是学生的学习方式优化。课堂中，促进学生主动学，除了设计适宜参与的活动，学生的学习方式是否优化，也直接影响着学生的课堂学习是否主动。

四是学生的学习效果好。我们不仅要关注学生学习的过程方法，还要关注结果。结果是否达到预期也是衡量学生学习是否主动的重要标准。

我们期待在未来的课堂中，从兴趣激发、主动参与、过程优化、效果优异等几个方面着力开展研究，促进学生主动学、生动学！